나는 왜 불안한가

불안한 감정의 실타래를 풀어줄 **심리철학 에세이**

나는 왜 불안한가

조영우 지음

머리말

인간은 불완전한 존재다. 그래서 완벽할 수 없고, 완벽할 필요도 없다.

인간은 유한한 존재다. 그래서 영원히 존재할 수도 없고, 영원한 나의 것은 없다.

인간은 혼자 살아갈 수 없는 존재다. 그래서 공동체 안에서 서로 기대며 살아가야 한다.

인간은 결국 죽는다. 그래서 인간은 본질적으로 불안을 안고 살아간다.

이 모든 조건들이 인간을 연약하게 보이게 하지만, 오히려 그 조건들 때문에 인간의 삶은 더 고귀하다. 삶은 불완전하고 짧지만, 그렇기에 더 의미 있고 소중하다.

살아가는 동안 우리는 수많은 관계를 맺는다. 사랑과 이별, 기대와 실망, 상처와 회복이 반복된다. 사랑을 갈망하면서도 외로움에 익숙해지고, 이해받고 싶어 하면서도 마음을 숨긴다. 그리고 때로는 '나'조차도 잘 알 수 없다는 막막함 속에서 길을 잃은 듯한 감정을 경험하게 된다. **그 불안은 감정이 되고, 감정은 생각이 되며, 결국 말과 행동으로 나타나 우리의 삶을 구성한다.**

그러나 그 혼란과 흔들림은 잘못도 아니고, 실패도 아니다. 오히려 그것은 우리가 살아 있음을 증명하는 징표다. 이 책은 인간이 본질적으로 불안한 존재임을 인정하는 데서 출발한다. 그 불안을 억누르거나 숨기려 하지 않고, 오히려 그것을 이해하고 마주하며 살아가는 길을 탐색한다. 그리고 그 여정을 혼자가 아니라 '함께' 걸어갈 수 있다는 사실을 말하고 싶었다. 우리는 살아가며 스스로에게 묻는다.

"나는 누구인가?"

"왜 이렇게 불안하고 힘든가?"

"어떻게 살아야 하는가?"

이 책은 이러한 질문들에 완전한 해답을 주지는 않는다. 하지만 함께 묻고, 함께 고민하며, 함께 걸어가 보자는 제안을 담고 있다. 당신이 지금 어떤 감정 속에 있든, 어떤 상황에 처해 있든, 그 모든 순간은 결코 혼자만의 것이 아니다. 당신의 눈물은 이상한 게 아니다. 당신의 불안은 틀린 게 아니다. 그저, 당신이 '인간'이기 때문에 겪는 일이고 인간이라면 누구나 겪고 있는 문제이다.

삶은 결코 단순하지 않고, 마음은 언제나 복잡하다. 그러나 우리가 서로를 향해 손을 내미는 순간, 그 불완전함은 약점이 아니라 연결의 통로가 된다. 그 고통은 고립의 언어가 아니라 공감의 가능성이 된다. 그래서 이 책은 이렇게 시작하려 한다.

괜찮지 않아도 괜찮다.

기억하자! 당신이 겪는 불안은 당신이 이상해서가 아니라, 당신이 인간이기 때문이다.

저자 조 영 우

CONTENT

- 머리말 · 4
- 프롤로그 · 12

| PART 01 |
이해하기

CHAPTER 01
인간

- 인간은 왜 태어났는가 · 19
- 인간은 존엄하다 · 22
- 인간은 복잡하다 · 24
- 몸과 마음 그리고 뇌 · 26
- 몸과 마음, 그리고 뇌의 긴밀한 연결 · 28
- 인간의 감각과 감정 · 31
- 마음, 인간을 인간답게 만드는 선물이자 짐 · 35
- 인간의 뇌는 불완전하다 · 38

CHAPTER 02
불안

- 불안한 인간 · 43
- 불안은 모든 감정의 아버지 · 45
- 불안의 뿌리, 죽음의 공포 · 49
- 문제가 있다는 것, 그것이 인간이다 · 52
- 완벽하지 않기에, 우리는 허용이 필요하다 · 53
- 오늘 걱정은 오늘 하고,
  내일 걱정은 내일 하자 · 56
- 과거를 후회하는 인간,
  미래를 불안해하는 인간 · 59

CHAPTER 03
감정

- 감정 조절은 평생의 과제다 · 63
- 겉과 속이 다른 인간, 그리고 감정의 투사 · 66
- 감정을 숨기지 않아야
  마음이 병들지 않는다 · 68
- 질투, 나의 부족함을 마주할 때 생기는 감정 · 71
- 집착, 결핍이 만들어 낸 파괴적 감정 · 74
- 우울함, 조용한 감정의 그늘 · 77
- 분노, 자신을 보호하려는 감정의 폭발 · 79
- 상실감, 마음의 빈자리를 마주하는 시간 · 82
- 두려움, 생존의 감정에서 자유의 감정으로 · 85
- 기쁨, 순간을 살아 있게 만드는 감정 · 87
- 행복함, 머무르려 하지 말고 느껴야 할 감정 · 90

| PART 02 |
다스리기

CHAPTER 01
마음근육

- 마음의 근육을 키우는 긍정의 힘 · 97
- 자기성찰과 메타인지 · 101
- 자족(自足) 하기 · 103
- 문제가 문제인지를 아는 힘 · 106
- 사랑, 마음의 에너지 · 108

CHAPTER 02
정체성

- 정체성, 마음근육의 뼈대 · 113
- 정체성, 소통의 출발점 · 116
- 정체성, 내가 나로 살아가는 힘 · 119
- 정체성, 행복은 같은 대상 앞에서
  　다른 방식으로 살아가는 일이다 · 122
- 정체성, 인내와 성실로 만들어진다 · 125

CHAPTER 03
자기발견

- 자기 이해가 타인 이해의 출발점이다 · 131
- 선과 악, 정답이 아닌 균형과 조화의 문제 · 135
- 비교의 덫에서 벗어나기 · 137
- 사람은 멀리서 보면 특별해 보인다 · 140
- 자기 자신을 먼저 돌아봐야 하는 이유 · 142
- 경쟁은 나쁜 것인가 · 145
- 상처의 깊이에 따라 달라지는 해석 · 148

CHAPTER 04
경험, 정보

- 경험은 인생의 자산이다 · 153
- 정보가 넘쳐나는 시대, 휘둘리지 않기 위해 · 155

CHAPTER 05
**고난,
인내, 성실**

- 고단한 삶, 그러나 견딜 만한 이유 · 161
- 인내는 어디에서 오는가 · 165
- 마음의 면역력, 고난이 길러주는 삶의 저항력 · 170
- 미래는 공포가 아니라 가능성이다 · 172
- 너무 잘하려 하지 않아도 괜찮다 · 175
- 완벽한 준비는 없다 · 177
- 작은 일을 잘하는 사람이 큰일도 잘하게 된다 · 180

| PART 03 |
회복하기

CHAPTER 01
성장, 배움, 훈련

- 성장해야 하는 인간 · 187
- 실패로 배우는 인간, 사람으로 성장하는 인생 · 190
- 지식은 간접경험이고, 지혜는 직접경험이다 · 192
- 좋은 사람, 좋은 선생이 인생을 바꾼다 · 195
- 훈련을 통해 얻는 기술 · 198

CHAPTER 02
칭찬, 격려

- 칭찬과 격려는 마음의 자양분이다 · 203
- 뇌의 부정적인 신호와 마음의 회복 · 206
- 마음으로 생각하기 · 208
- 스스로를 존중하는 훈련 · 211
- 사랑은 사람을 건강하게 만든다 · 213

CHAPTER 03
휴식, 멈춤, 생각의 전환

- 아무것도 할 수 없을 만큼 아플 때는 쉼이 먼저다 · 217
- 가치 있는 사람이란 누구인가 · 220
- 뇌에게도 휴식이 필요하다 · 223
- 생각의 전환 · 225
- 세상에는 당연한 것이 없다 · 228

CHAPTER 04
자기존중

- 관계에서 나를 지키는 법 · 233
- 착한 사람이 될 필요는 없다 · 236
- 거절은 나쁜 일이 아니다 · 239
- 따돌림, 아이의 생존을 위협하는 심리적 위기 · 242
- 좋은 직업이라는 환상 · 246
- 인생에는 다양한 길과 방법이 있다 · 248

CHAPTER 05
철학

- 돈에 대한 철학은 인생의 균형을
  지키는 나침반이다 · 257
- 인생의 길 위의 사람, 사람 속의 길 · 260
- 하루가 더욱 소중해지는 이유 · 263
- 심은 대로 거두리라 · 266
- 세 살 버릇 여든까지 간다 · 268

CHAPTER 06
공동체

- 함께 살아야 하는 존재, 인간 · 273
- 가장 연결된 시대, 가장 고립된 인간들 · 277
- 정치와 나 · 280
- 가족의 진짜 가치는 어디에 있는가 · 284
- 남녀의 차이, 갈등이 아닌 이해의 출발점으로 · 287
- 부모와 자식,
  가장 가까우면서도 가장 멀어질 수 있는 관계 291
- 좋은 친구를 만나고 싶다면,
  먼저 좋은 친구가 되어야 한다 · 293
- 결혼은 기적이고,
  부부는 서로를 성장시키는 인생의 동반자다 · 296

CHAPTER 07
공감

- 공감, 마음을 여는 열쇠 · 301
- 공감, 다름을 인정하는 태도 · 304
- 공감은 배려와 사랑에서 시작된다 · 307
- 사람은 믿음의 대상이 아니다 · 310

**CHAPTER 08
소통**

- 인간은 관계 속에서 살아가는 존재이다 · 315
- 관계에는 선이 있다 · 318
- 비뉴턴 유체와 같은 인간의 마음 · 320
- 오감의 일치와 소통의 정확성 · 323
- 소통은 같아짐이 아니라, 다름을 이해하는 기술이다 · 325
- 가까운 사이일수록, 소통은 더 어렵다 · 328
- 작지만 지속적인 말의 폭력 · 330
- 믿음은 가지는 것이 아니라 받는 것이다 · 333
- 디지털 시대, 소통의 위기와 회복 · 336

- 에필로그 · 340

◆ 프롤로그

불완전한 존재, 함께 살아가야 하는 인간

인간은 완벽한 존재가 아니다. 완벽할 수도 없고, 완벽할 필요도 없다. 인간은 태생적으로 불완전한 존재이며, 그 불완전함을 서로 채워주며 살아가야 하는 존재다. 혼자서는 살아갈 수 없기에 공동체를 이루고, 함께할 때 비로소 안정감을 가지며 생존할 수 있는 존재가 인간이다.

인간의 불완전함은 곧 '불안'이라는 감정으로 드러난다. 불안은 인간이 느끼는 가장 원초적인 감정이며, 그 위에 다양한 감정들이 자란다. 기쁨, 슬픔, 분노, 상실감 모두 이 불안이라는 바탕 위에서 생겨난다. 인간은 이 감정의 소용돌이 속에서 때로는 행복하기도 하고, 때로는 불행하다고 느끼기도 한다. 결국 **감정이란 삶을 살아가는 인간에게 주어진 자연스러운 신호이자, 존재의 증거다.**

그러니 너무 잘하려 애쓰지 않아도 된다. 성공만을 목표로 삼아 자신을 몰아붙이지 않아도 된다. 삶은 유한하다. 시간과 에너지는 한정되어 있고, 결국은 누구나 죽음을 맞이하게 된다. 이 짧은 인생을 끊임없이 비교하고, 타인의 기준에 자신을 맞추며 고통받기보다는, 자신만의 길을 찾고 자신만의 속도로 살아가는 것이 더 중요하다.

사람마다 타고난 능력도 다르기 때문에 모두가 같은 목표를 향해 달릴 필요는 없다. 누구는 눈에 띄는 역할을 감당하고, 누구는 보이지 않는 곳에서 조용히 자리를 지킨다. 어떤 이는 머리가 되고, 또 다른 이는 그 머리를 보호하는 머리카락의 역할을 한다. 심장이 아니어도 괜찮다. 심장을 지탱하는 혈관이 되어도, 몸을 지키는 백혈구가 되어도 충분하다. 중요한 것은 '존재하는 것' 그 자체다. **보이지 않는다고 하찮지 않으며, 드러나지 않는다고 무가치하지 않다.**

그러므로 무엇보다 자신을 쓸모없는 실패자로 바라보지 않아야 한다. 내가 있음으로써 공동체가 안정적으로 유지되고 있다고 생각한다. 존재 그 자체로 누군가에게는 소중한 사람이 될 수 있고 필요한 사회 구성원이기 때문이다. 외부의 기준으로 자신을 재단하지 말아야 한다. 나는 나다. 내가 원하는 일을, 내가 할 수 있는 범위 안에서, 나만의 속도와 방식으로 해내면 그것으로 충분하다.

행복도 그렇다. 행복은 외부에서 주어지는 어떤 성취나 조건이 아니라, 내면에서 피어오르는 감정이다. 누군가는 단돈 만 원으로도 행복을 느낀다. 반면 어떤 이는 고급 승용차 열 대를 소유하고도 공허함을 느낀다. 결국 행복은 '무엇을 가지는가'가 아니라, '무엇을 느낄 수 있는가'의 문제라 할 수 있다. 만족할 줄 아는 감수성, 지금 이 순간을 충분히 누릴 줄 아는 능력이 행복을 만든다.

세상의 모든 것을 가졌다고 해도 인생은 길지 않다. 백 년 또는 천 년을 살아도, 결국 모든 것은 내 것이 될 수 없다. 우리가 지금 누리는 것들은 모두 '잠시' 나에게 주어진 것일 뿐이다. 그러니 하루하루를 낭비하지 말자. 하고 싶은 것을 하며, 조금 더 즐겁고, 조금 더 따뜻하게 살아가 보자. 시간은 돈으로도 살 수 없는 귀한 자산이다. 누구에게나 똑같이 주어지지만, 누구나 똑같이 잘 쓰는 것은 아니다. 시간을 헛되이 보내지 말고, 의미 있고 가치 있게 살아보자.

우리가 살고 있는 지금 이 세상은 외모와 물질을 지나치게 강조한다. 겉으로 보이는 것에만 가치를 두고, 속마음의 상처는 방치된 채 살아가는 이들이 많다. 이 시대는 마음의 병을 앓고 있는 사람들이 점점 더 늘어나고 있다. 겉으론 멀쩡해 보이지만, 속은 텅 빈 사람들, 웃고 있지만 지쳐 있는 사람들. 바로 그런 사람들에게 작은 위로와 용기를 전하고 싶었다. 이 책은 바로 그런 마음으로 쓰였다. "함께 살아가자", "조금 느려도 괜찮다", "혼자가 아니다"라는 메시지를 전하고 싶었다. 그러니 나 자신에게, 그리고 주위 사람들에게 이렇게 말해보자.

"괜찮아."

"그럴 수도 있어."

"실수할 수 있지."

"지금으로도 충분히 잘하고 있어."

말은 단순한 소리가 아니라 에너지다. 그래서 이 말들은 단순한 위로 이상의 힘을 가지고 있다. 이런 말들이 우리를 살게 한다. 서로를 격려하며, 비교하지 않고 응원하며 살아가는 삶이 결국 우리가 지향해야 할 삶이다.

남의 실패를 보고 속으로 기뻐하지 말고, 남의 성공을 시기하지 말자. 남을 위한 일은 결국 나를 위한 일이기도 하다. 타인의 아픔은 언제든 나의 아픔이 될 수 있다. 한 사람의 고통은 공동체 전체의 약화로 이어질 수 있다. 우리는 결국 연결되어 있기 때문이다. 대한민국이라는 나라는 그 연결의 힘으로 이만큼 성장했다. 일제강점기, 전쟁의 폐허 속에서도 누구도 포기하지 않았고, 수많은 이름 없는 사람들이 제 자리를 묵묵히 지켰다. 그리고 지금, 세계가 인정하는 나라로 성장했다. **그것은 우리 국민 개개인의 힘이고, 바로 당신의 힘이다.**

아플 수도 있다. 남들보다 느릴 수도 있다. 그렇다고 낙심하거나 자신을 버리지 말자. 조금 여유를 가지고, 자신의 마음을 들여다보자. 자신의 정체성을 먼저 발견하고, 나에게 맞는 일을 찾아 인내하며 나의 시간표에 맞게 걸어가 보자. 조급해하지 말고, 성실하게 나아가자. **무엇보다 당신의 마음이 먼저다. 마음이 건강해야 삶이 지속될 수 있다.**

PART 01
이해하기

◆ 우리는 존재하기에
의미가 있고
살아 있기에 가치가 있다.

CHAPTER 01

인간

인간은 왜 태어났는가

나는 왜 이 세상에 태어났는가?
그저 목적 없이, 실수처럼 우연히 세상에 던져진 존재일까? 아니면 하루살이처럼 살다 덧없이 사라지는 존재일까? 필자는 인간의 존재는 결코 무의미하지 않다고 주장한다. 단지 생물학적 우연의 산물로만 보기엔 그 내면에 담긴 신비와 경이로움이 너무도 크기 때문이다.

무엇보다 인간의 출생은 지극히 낮은 확률 속에서 이루어진 기적에 가깝다. 수억 개의 정자 중 단 하나가 난자와 만나 수정되고,

그것이 자궁에 착상되어 생명이 자라는 과정은 놀라운 우연이자 필연이다. 그 모든 과정을 통과해 '나'라는 존재가 지금 여기 살아 있다는 사실만으로도 이미 인간은 의미 있는 특별한 존재임을 증명하고 있다.

더 나아가, 인간은 단지 부모로부터 태어난 생물학적 존재가 아니다. '나'라는 존재는 최초 인류의 조상으로부터 한 번도 끊긴 적 없는 유전적 계보를 통해 이어져 내려와 이 땅에 존재하게 되었다. 수천 년, 수만 년 전의 조상들이 각기 살아내며 자신들의 DNA를 후손에게 물려주었기에 지금 이 순간의 내가 존재할 수 있는 것이다. 그런 이유에서 **인간은 말하자면 살아 있는 역사요, 진보의 산물이자 유전의 수신자이며 전달자다.**

고고학에서 하찮아 보이는 과거 시대의 도구 하나가 현대에서는 수천 년의 세월을 담고 있다는 이유로 귀중한 유물이 되는 것처럼, 우리 안에 간직된 유전적 DNA 정보 또한 인류의 시작을 증명하는 살아 있는 유물이라 할 수 있다. 단지 그 사실 하나만으로도 인간은 존엄하며, 그 존재 자체로 의미를 가진다고 할 수 있다.

예로 고조선 시대에 사용되었던 식기 그릇은 현대에 일상적인 물건으로서 큰 가치를 지니지 않지만, 오랜 역사의 흔적을 간직하고 있다는 이유만으로도 매우 높은 가치를 지닌다. 이와 마찬가지로, 고조선 시대를 살았던 조상들의 DNA는 세대를 거쳐 현대를 살아가는 우리에게 그대로 전달되었다. 오랜 시간이 지났음에도 불구하고, 그 시대의 문화와 언어가 우리도 모르는 사이에 영향을 미쳐 여전히 우리의 삶 속에 전파되어 사용되고 있다. 즉, 우리는 역사 속 모든 조상들의 DNA를 그대로 간직한 존재들로서, 그 사실만으로도 엄청난 가치를 지니고 있다고 보아야 한다.

이러한 관점에서 보면, 인간은 결코 목적 없이 우연히 태어난 존재가 아니다. 우리는 누군가의 실수가 아니라, 태초부터 이어져 온 생명의 흐름 속에서 '의미 있는 존재'로 선택되어 태어난 것이다. 그 의미는 누군가 외부에서 부여해 주는 것이 아니라, 존재 그 자체에서 비롯된다.

그러므로 '인간은 왜 태어났는가?'라는 질문 앞에 더 이상 망설이지 않아야 한다. 우리는 이미 살아 있음으로써 그 물음에 대한 가장 근본적인 답을 가지고 있기 때문이다.

'우리는 존재하기에 의미가 있고, 살아 있기에 가치가 있다.'

이 단순하지만 명백한 사실을 받아들일 때, 비로소 인간은 자신이 누구인지, 왜 살아야 하는지를 새롭게 이해할 수 있게 된다.

인간은 존엄하다

인간은 단지 존재한다는 사실만으로도 이미 깊은 의미와 고귀한 가치를 지닌다고 할 수 있다. 이러한 가치는 세상의 기준이나 성과에 의해 주어지는 것이 아니다. 성적이 우수하다거나, 돈을 많이 벌거나, 값비싼 명품차를 타거나, 궁궐 같은 집에서 살거나, 사회적 지위가 높다거나, 어떤 특정한 능력을 가졌기 때문에 생겨나는 것이 아니다.

공부를 잘하지 못하더라도, 가난하더라도, 혹은 세상이 정한 기준에 미치지 못하는 삶을 살아가고 있다 하더라도, 결코 그 사람의 존재 가치를 낮게 평가할 수는 없다. **인간의 존엄성은 외부 조건에 따라 가감되거나 판정되는 것이 아니라, 그 존재의 본질로부터 비롯되는 것이기 때문이다.**

현대 사회는 끊임없이 비교와 경쟁을 부추기며 인간의 가치를 '성과'나 '능력'으로 환산하려 한다. 그러한 분위기 속에서 많은 사람들이 자신을 하찮게 여기거나, 무가치하다고 느끼며 살아가는 경우가 많다. 그러나 이러한 사회적 판단은 인간 존재의 본질을 왜곡하는 것이다.

인간은 누군가와 비교되기 이전에, 세상에서 유용하다고 평가받기 이전에, **'존재하는 존재'**로서 그 자체로 이미 충분히 의미가 있고 존귀하다. 우리는 각기 다른 DNA, 다른 얼굴, 다른 목소리, 다른 삶의 궤적을 가지고 이 세상에 태어났다. 그 누구도 대신할 수 없는 고유한 존재로, 이 세상에 단 한 번만 나타나는 독특한 생명체로 살아간다. 이런 존재를 두고 '쓸모없다'거나 '가치 없다'고 말하는 것은 마치 예술작품을 가격으로만 평가하는 어리석음과도 같다.

인간은 단순히 '사회에 도움이 되기 때문에' 소중한 것이 아니라, 존재 자체가 기적이며, 시간과 역사를 관통한 생명의 계보 속에서 탄생한 유일한 존재이기 때문에 소중한 것이다. 그 누구도 그 존재를 대신할 수 없으며, 각각에게 의미 있는 역할이 있다. 따라서 인간은 그 자체로 존엄하다 할 수 있으며 이러한 진리를 받아들이는 순간, 우리는 스스로를 함부로 낮추지 않게 되고, 다른 사람의 삶 또한 가볍게 여기지 않게 된다. 이는 인간에 대한 올바른 이해로 나아가는 출발점이자, 진정한 관계와 건강한 소통의 시작점이기도 하다.

인간은 복잡하다

인간은 매우 복잡한 존재이다. 이 복잡함은 인간의 사고와 감정, 행동에서 나타날 뿐 아니라, 인간 내부의 구조적 본질에서도 비롯된다. 우리는 일상에서 "너무 복잡해. 무엇을 먼저 어떻게 해야 할지 모르겠어."라고 자주 말한다. 그 이유는 인간이라는 존재 자체가 단순하지 않기 때문이다.

왜 인간은 이토록 복잡할까?

그 근본적인 이유는 **인간은 단일한 요소로 구성된 단순한 존재가 아니라 '몸(육체)'과 '마음(정신)', 그리고 '뇌(중재자)'라는 세 가지 주요한 속성으로 이루어진 복합적 존재이기 때문이다.** 이 세 요소는 각기 독립적인 역할을 수행하면서도 상호 긴밀히 연결되어 하나의 전체로서 인간을 형성한다. 이들 요소가 유기적으로 조화를 이룰 때, 인간은 신체적 건강뿐만 아니라 심리적 안정과 인지적 통합을 이룬 온전한 삶을 살아갈 수 있다. 반대로, 이 중 어느 하나라도 균형을 잃게 되면 신체적 질환뿐 아니라 정신적 혼란, 인지적 왜곡 등 다양한 형태의 고통과 불행으로 이어질 수 있다.

미국 심리학자 조지 엥겔(George L. Engel)은 1977년 발표한 논문 「새로운 의학모델의 필요성 : 생물의학의 도전」에서 기존의 생물의학적 모델(Biomedical Model)이 인간을 단지 신체적 질병의 관점에서만 바라보는 한계를 지적하고, 생물학적·심리학적·사회적 요소를 통합한 '생물-심리-사회적 모델(Biopsychosocial Model)'을 제안하였다. 이 모델은 인간의 건강과 질병을 단지 육체적 차원에서가 아니라, 심리적 상태와 사회적 맥락까지 포괄적으로 고려해야 함을 강조함으로써, 인간 존재의 복합성과 균형의 중요성을 학문적으로 뒷받침하고 있다.

현대 신경과학 연구에서도 뇌가 단순한 신체기관이 아니라 정신과 육체 사이의 복합적 중재자 역할을 한다는 점이 강조되고 있다. 정신의 작용은 뇌의 신경회로와 밀접하게 연관되어 있으며, 둘 사이의 기능적 불균형은 우울증, 불안장애, 조현병 등 다양한 정신질환으로 발현될 수 있다고 주장한다.

이처럼 인간은 단순한 생물학적 개체가 아니라, 육체와 정신, 그리고 뇌의 상호작용 속에서 존재하는 복잡한 유기적 존재이며, 이들 구성요소 간의 조화와 균형이 인간 삶의 질과 직결된다는 사실이 다양한 학문적 근거를 통해 확인되고 있다. 따라서 우리는 인간의 존재 자체가 지닌 복합성과 통합성을 인식하고 자신의 정체성을 발견하며 타인과의 소통과정에서 나와 다를 수밖에 없는 차이를 인정할 때 건강한 소통과 삶을 살 수 있게 된다.

몸과 마음 그리고 뇌

인간은 시공간이라는 물질의 세계 속에 존재한다. 생존을 위해 육체를 갖고 태어났으며, 이 육체는 외부 환경과 상호작용하며 살아간다. 우리는 몸을 통해 일하고, 움직이며, 감각을 통해 세상을 인식한다. 이 '몸'은 생리적 욕구와 필요를 기반으로 작동하며, 인간 존재의 가장 기초적인 기반이라 할 수 있다.

그러나 인간은 단지 육체로만 이루어진 존재는 아니다. 우리의 내면에는 눈에 보이지 않지만 분명히 존재하는 '나'라는 주체가 있다. 기뻐하고 슬퍼하는 등 감정을 느끼고 판단하는 '의식의 주체'로서의 존재 말이다. 이것이 바로 '마음' 혹은 '혼(魂)'이라 불리는 정신의 세계이다. 이 정신은 물질처럼 만질 수 없고 과학적 도구로 정확히 측정할 수는 없지만, 누구나 자기 안에 '내면의 나'를 인식하며 살아간다. 감정과 의지, 사고를 담당하는 더 깊은 차원의 자아라 할 수 있다.

문제는 이 두 세계, 곧 물질의 세계(몸)와 정신의 세계(마음)는 서로 다른 차원에 존재하기 때문에 직접적으로 소통할 수 없다는 점이다. 그래서 이 둘을 연결해주는 중재자의 역할을 하는 것이 바로 뇌이다.

뇌는 생물학적으로는 몸에 속한 물질의 일부이지만, 동시에 정신

활동과 깊이 연결되어 있다. 인간의 뇌는 감각 정보를 처리하고, 기억을 저장하며, 감정과 사고를 조절하고, 외부 세계와 내면 세계를 이어주는 다리 역할을 한다. 즉, **뇌는 인간의 몸과 마음을 이어주는 '다차원적 소통의 허브'라고 할 수 있다.**

이처럼 인간은 몸과 마음, 그리고 뇌라는 세 요소가 서로 밀접하게 연결된 복합적 존재이다. 그러나 이 세 가지가 항상 균형을 이루는 것은 아니다. 몸이 병들거나, 마음이 상처를 입거나, 뇌의 기능이 손상되면 균형을 잃고 고통을 겪기도 한다. 예를 들어 몸은 건강한데 마음이 지쳐 우울증에 걸리는가 하면, 정신은 온전한데 뇌의 기능적 장애로 인해 자신의 상태를 인지하지 못하는 경우도 있다. 결국 인간의 복잡함은 이 세 가지 속성의 상호작용과 불완전성에서 비롯된다고 할 수 있다.

이런 이유에서 이해하기 어려운 인간의 행동, 모순적인 감정, 예측할 수 없는 반응들 또한 이 복합적 구조에서 기인한다. 그러므로 인간을 이해하기 위해서는 단순히 겉으로 드러나는 행동만을 보는 것이 아니라, 몸과 마음, 그리고 이 둘을 이어주는 뇌의 작용까지 통합적으로 바라보아야 한다. 인간은 단일 구조가 아닌 통합적 존재이기 때문이다.

몸과 마음, 그리고 뇌의 긴밀한 연결

필자는 지난 20여 년간 시각디자인을 가르치는 교육자로 살아왔다. 시각디자인은 흔히 그림을 그리거나 예쁜 이미지를 눈으로 보기 좋게 만드는 작업으로 오해받지만, 본질적으로는 '비주얼 커뮤니케이션 디자인(Visual Communication Design)', 즉 시각적 수단을 통한 소통을 다루는 학문이자 실천 디자인이다. 그렇기에 필자는 '소통'이라는 주제에 대해 오랜 시간 고민해 왔고, 이를 실제 교육 현장에 적용하며 다양한 연구와 경험을 통해 많은 통찰을 쌓아 왔다.

특히 시각디자인 분야의 국가자격시험을 준비하는 학생들을 지도하면서 '마음의 상태'가 결과에 얼마나 큰 영향을 미치는지 수많은 사례를 통해 확인할 수 있었다. 실력적으로는 충분히 합격할 만한 학생이 낙방하는 경우도 있었고, 반대로 기대하지 않았던 학생이 오히려 좋은 결과를 내는 경우도 있었다. 그 차이는 단지 기술의 유무뿐만 아니라, 시험 당일의 '심리적 컨디션', 즉 마음의 준비 상태에 의해 많은 영향을 받는 것을 알 수 있었다.

시험장에 들어서는 순간, 갑작스러운 긴장과 불안으로 인해 손에 힘이 들어가지 않거나, 머리가 하얘지는 등의 증상을 겪는 학생들이 많은데, 필자는 이를 '시험 증후군'이라 명명했다. 심리적 긴장은 신체 근육을 수축시키고, 뇌의 합리적 사고 영역인 전두엽 기능을 일시적으로 저하시킴으로써 제대로 된 실력 발휘를 방해한다. 이는 몸과 마음, 뇌가 그만큼 밀접하게 연결되어 있음을 보여 준다.

이와 같은 현상은 비단 학생들만의 일이 아니다. 과거 태릉선수촌에서 국가대표 선수들을 지도하던 관계자들의 말에 따르면, 훈련장에서 보이던 기량만 유지하면 세계 대회에서 모두 좋은 성적을 낼 수 있는 실력을 갖춘 선수들이 많았다고 한다. 그러나 실제 국제대회에서는 낯선 환경, 관중, 압박감 등의 외부 요인으로 인해 심리적으로 위축되고 긴장하면서, 자신의 실력을 발휘하지 못하는 경우가 종종 있었고, 반면 기대하지 않았던 선수가 '자신의 주 종목이 아니어서 부담 없이' 출전했는데 오히려 메달을 따는 경우도 있었다. 심리적 여유와 긴장감의 부재가 오히려 최고의 경기력을 이끌어내는 상황이 된 것이다. 이는 심리 상태가 실력 발휘에 얼마나 결정적인 요소가 되는지를 잘 보여주는 사례다.

세계 최정상급의 실력을 자랑하는 대한민국 양궁 국가대표팀은 단순히 활을 잘 쏘는 기술적 역량에만 그치지 않는다. 이들은 실제 경기에서 흔들림 없는 집중력과 긴장 통제 능력을 갖추기 위해 체계적인 심리 훈련을 병행한다는 점에서도 세계적인 주목을 받고 있다. 대한민국 양궁 국가대표팀은 실제 경기와 유사한 상황을 연출하는 환경 훈련을 통해 마음의 근육을 단련한다. 수천 명의 관중이 몰린 경기장에서 쏟아지는 환호와 함성, 상대의 고의적 심리전, 바람과 날씨 등 다양한 외부 변수 속에서도 평정심을 유지하고 최고의 집중력을 발휘할 수 있도록 훈련한다. 예를 들어, 실제 경기장의 음향 환경을 인위적으로 조성하여, 소음과 긴장감이 가득한 상황에서도 정확한 사격이 가능하도록 반복적으로 훈련에 임한다. 이러한 훈련은 단순한 정신력 강화가 아닌, 뇌와 신체, 감정의 반응을 조율하는 고도화된 정서 조절 훈련이자 심리 탄력성 구축의 과정이다.

그 결과, 대한민국 양궁 국가대표팀은 올림픽이나 세계 대회와 같은 중압감이 극심한 무대에서도 흔들리지 않고 압도적인 성과를 거두는 것으로 잘 알려져 있다. 세계 최강이라는 타이틀은 재능이나 노력만으로 얻어지는 것이 아니다. 외부 자극에도 흔들리지 않는 '마음의 단단함'을 함께 훈련하고, 스스로를 통제하는 고도의 자기관리 능력이야말로 진정한 실력의 핵심임을 대한민국 양궁 국가대표팀은 잘 보여주고 있다.

이러한 사례들은 모두 하나의 중요한 사실을 말해준다. 실력이 준비되어 있어도, 마음의 상태가 불안정하면 결과가 달라질 수 있다. 마음이 조급해지면 몸은 긴장하고, 뇌는 생존 모드로 전환한다. 결국 **몸, 마음, 뇌는 하나의 시스템이며, 어느 하나라도 균형**

을 잃으면 전체가 흔들리게 된다. 기술적 완성도와 함께, 심리적 안정과 정서적 회복력은 이런 이유에서 현대인이 반드시 갖추어야 할 중요한 역량이라 할 수 있다. 몸의 건강만큼이나 마음의 건강을 챙겨야 하는 이유가 여기에 있으며 진정한 실력은 오직 '심리적 평형' 위에서 온전히 발휘된다.

인간의 감각과 감정

인간은 외부 세계로부터 수많은 정보와 자극을 받아들이며 살아간다. 이러한 정보는 시각, 청각, 후각, 미각, 촉각이라는 오감을 통해 감지된다. 그러나 오감은 매우 제한적이며 유한한 수단이다. 우리는 세계 전체를 감각할 수 없고, 우물 안의 개구리처럼 오직 일부만을 받아들일 수 있다.

오감을 통해 들어온 자극은 곧바로 뇌로 전달된다. 뇌는 이 정보를 수집하고, 분석하고, 기존 기억과 비교하며, 의미를 해석한 후, 정리된 데이터를 마음으로 보낸다. 마음은 이 정리된 정보를 바탕으로 감정을 느끼게 된다. 즉, **감정은 단순히 '느껴지는 것'이 아니라, 외부 자극 → 감각기관 → 뇌 → 마음이라는 복잡한 단계를 거쳐 만들어지는 것이다.** 반대로, 마음이 원하는 방향이나 생각이 있을 때, 그것은 다시 뇌에 명령으로 전달된다. 이때 뇌는 마음의 요청을 받아들이기도 하지만, 무조건적으로 따르지는 않는다. 여기에는 뇌의 중요한 속성이 작용한다.

뇌는 오직 한 가지 목표, 즉 몸의 생존을 최우선으로 삼는다. 생존에 위협이 된다고 판단되면, 마음의 명령이라 하더라도 이를 거부한다. 예를 들어, 마음으로 "숨을 쉬지 말자"거나 "눈을 깜빡이지 말자"는 명령을 내릴 수 있지만, 뇌는 이러한 지시를 받아들이지 않는다. 이는 뇌가 생존 본능에 따라 자율적으로 작동하는 생명 유지 시스템이라는 사실을 보여준다. 따라서 뇌는 단순한 전달자가 아니라, 몸과 마음을 연결하는 독립적이면서도 필수적인 중재자라 할 수 있다.

뇌는 단순히 정보를 분석하고 전달하는 역할만 하지 않는다. 오히려 그 정보가 생존에 유익한지 해로운지를 판단하며, 이를 '좋은 정보' 혹은 '나쁜 정보'로 분류하여 기억 속에 저장한다. 이 기억은 다음에 비슷한 정보나 자극이 들어왔을 때 해석의 기준이 된다. 이러한 기억의 차이로 같은 사건이나 환경이라도, 사람마다 다른 감정을 느낀다. 어떤 냄새가 누군가에게는 아련한 추억을 떠올리게 하지만, 다른 사람에게는 두통을 유발할 수도 있는 것처럼 말이다.

또한 뇌에 저장된 기억은 쉽게 바뀌지 않는 특성을 가지고 있다. 특히 어린 시절, 가장 순수하고 필터링 되지 않은 상태에서 형성된 기억은 이후 인생 전반에 걸쳐 깊은 영향을 끼치기도 한다. 유년기에 들어온 감정, 경험, 환경이 한 인간의 정서적 구조와 사고방식에 뿌리 깊게 작용하기 때문이다. 이 점에서 어릴 적 경험이 인간의 삶에 지대한 영향을 미친다는 사실은 결코 과장이 아니다. 초기 기억은 인간이 세상을 어떻게 인식하고 감정을 해석할지를 결정짓는 기초가 되며, 성장 이후 형성되는 인간관계와 소통 방식에도 직결되기 때문이다.

최근 많은 사람들에게 큰 공감을 주는 오은영 박사의 부부 상담 프로그램을 필자도 자주 시청한다. 다양한 사연을 가진 부부들이 출연해 갈등을 털어놓고 상담을 받는다. 그들의 갈등은 대부분 표면적으로는 사소해 보이는 일상의 충돌에서 시작되지만, 대화를 들어보면 진짜 문제는 '소통의 부재'에 있었다.

특히 인상 깊었던 장면이 있다. 서로 끊임없이 다투고 상처를 주던 한 부부가 있었다. 처음에는 단지 성격 차이로 보였다. 남편은 아내가 늘 비난한다고 생각했고, 아내는 남편이 자신을 무시한다고 느꼈다. 말은 오갔지만, 마음은 닿지 않았다.

그러나 상담이 깊어지면서 놀라운 사실이 드러났다. 아내는 어린 시절, 정서적인 안정이 부족한 환경에서 자라며 늘 혼자 참고 견뎌야 했다. 사랑받기 위해선 잘해야 한다는 강박이 있었다. 남편은 반대로 늘 부모의 기대를 채우지 못했다는 열등감과 외로움이 있었다.

이런 감정들이 쌓여 상대의 말과 행동에 민감하게 반응하게 되었고, 서로를 공격하거나 무시한다고 느끼게 된 것이다. 서로의 아픈 과거를 이해하게 된 순간, 표정이 달라졌다. 단지 싸움을 멈춘 것이 아니라, 서로를 바라보는 시선 자체가 부드러워졌다. 아내는 남편의 무뚝뚝함 뒤에 있는 상처를 보게 되었고, 남편은 아내의 날카로운 말 뒤에 있는 외로움을 느끼게 되었다.

그 이후 두 사람은 이전과는 다른 방식으로 서로를 대했다. 물론 갈등이 완전히 사라지진 않았다. 그러나 이제는 싸우는 이유가 "당신 때문"이 아니라, "우리가 서로를 잘 몰랐기 때문"으로 바뀌었다. 그리고 그것은 회복의 시작이었다.

결론적으로, 인간의 소통은 매우 복합적이다. 감각기관, 뇌, 마음이라는 세 가지 요소가 유기적으로 상호작용하며 감정을 만들고 표현한다. 이 구조를 이해하지 못하면, 우리는 타인의 감정이나 반응을 쉽게 오해하거나 왜곡할 수 있다. 감정은 어느 날 갑자기 툭 튀어나오는 것이 아니라, 기억과 해석의 결과물이다. 그리고 그 기억은 뇌라는 중재자의 판단 아래 저장되며, 인간의 생존 본능과 깊이 연결되어 있다. 따라서 인간의 소통은 단순한 말이나 행동 이상의 것이다. 그것은 생존, 감정, 기억, 그리고 존재 자체와 맞닿아

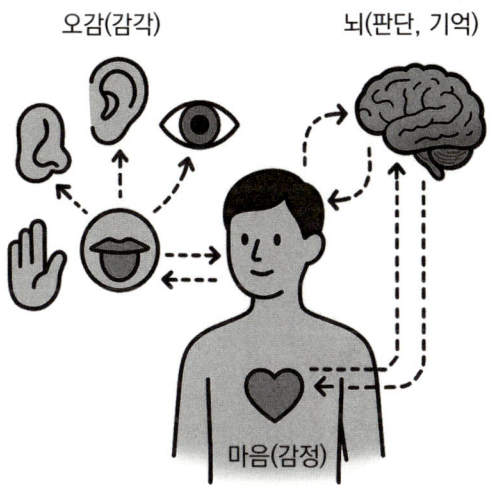

있는 고유한 표현 방식이며, 인간이 인간다울 수 있도록 하는 중요한 과정이라 할 수 있다.

마음, 인간을 인간답게 만드는 선물이자 짐

앞에서 언급했듯 인간은 '몸'과 '뇌'라는 물리적 기관뿐 아니라, '마음'이라는 비가시적 존재를 가지고 있다. 이 마음은 인간만이 가진 독특한 속성이며, 우리 존재의 본질과 깊이 연결되어 있다.

   뇌는 생존을 위한 기관이다. 뇌의 최우선 과제는 몸의 안전성 담보와 살아남는 것에 있다. 모든 판단과 반응은 생존 가능성을 기준으로 이루어진다. 반면, 마음은 생존보다는 가치에 따라 움직이는 영역이다. 뇌가 감각기관을 통해 수집한 정보를 마음에 전달하면, 마음은 그 정보와 기억, 관계, 경험 등을 종합해 감정을 만들어 낸다. 이 감정은 인간만이 가진 고유한 반응 체계로, 동물과는 전혀 다른 차원의 정서적 복잡성을 갖고 있다.

동물 역시 불안과 안정감이라는 가장 원초적인 감정은 가지고 있다. 하지만 이는 오직 생존과 관련된 반응에 국한되어 있으며, '기억'이나 '의미', '자기성찰'과는 거리가 있다. 동물은 오늘 경험한 고통이나 배신을 내일의 감정으로 끌고 가지 않는다. 반면, 인간은 단순한 불안에서 시작해 기쁨, 분노, 슬픔, 수치, 죄책감, 외로움, 사랑, 혐오 등 수많은 감정을 만들어 낸다. 이처럼 **복잡하고 다층적인 감정의 스펙트럼은 인간의 특권이자 짐이다.** 때로는 인간을 깊이 있게 만들고 타인을 공감하게도 하지만, 감당하기 힘든 고통과 아픔을 안겨주기도 한다. 사랑과 기쁨은 곧 상처와 배신의 가능성을 내포한다.

동물은 절대 배신하지 않는다. 자신에게 먹이를 주고 돌보는 대상에게 평생 의존하고 충성을 바친다. 그러나 인간은 다르다. 인간은 배신할 수 있는 존재이다. 그것도 가장 가까운 이, 가장 사랑했던 이에게서 배신을 경험하는 경우가 많다. 왜 그럴까? 그 이유는 인간에게 자기중심적인 가치 판단을 하는 '마음'이 있기 때문이다. 마음은 상황에 따라 가치의 우선순위를 바꾸고, 감정에 따라 판단을 달리할 수 있다. 이로 인해 인간은 배신도 하고, 거짓말도 하며, 때로는 자신조차도 속인다.

그러나 역설적으로, 마음은 사랑과 희생이라는 고귀한 선택도 가능하게 한다. 가령 극한의 배고픔에 시달리는 상황에서 뇌는 생존을 위해 음식을 먹으라고 마음에 신호를 보낸다. 그러나 마음은 뇌의 요구를 거부할 수도 있다. 사랑하는 사람에게 음식을 양보하거나, 심지어 목숨까지도 내어줄 수 있다. 이것이 바로 인간다움이며, '마음'이 가진 고차원적인 자유 의지의 표출이다.

이런 이유에서 **마음은 단순한 감정의 그릇이 아니다. 마음은 인간의 정체성 그 자체를 형성하는 중심이다.** 사람이 무엇을 느끼고 어떤 가치를 따르며, 어떤 판단을 내리고 어떤 선택을 하는지는 모두 마음의 작용에서 비롯된다. 외모나 환경, 지위가 아무리 화려하더라도 그 속에 담긴 마음이 탐욕과 기만으로 가득하다면, 그는 결국 그 마음의 정체성대로 평가받게 된다. 고급 양주병에 소주를 담아놓았다 하더라도 결국 그 술은 소주인 것처럼, 어떤 마음을 품고 사는지가 그 사람의 진짜 모습을 결정한다.

이렇듯 인간의 마음은 뇌와 달리 생존을 위한 도구가 아니라, 인간이 '사람다움'을 완성해 가는 본질적인 공간이다. 마음은 복잡하고 고통스러울 수 있지만, 동시에 아름답고 고귀할 수 있다.

그래서 우리는 감정과 마음을 단순히 '힘든 것', '통제해야 할 것'으로 보지 말고, 오히려 성찰하고 길들여야 할 내면의 거울로 받아들여야 한다. 그럴 때 비로소 인간은 자신의 정체성을 건강하게 세우고, 더불어 살아갈 수 있는 존재로 성숙하게 된다.

인간의 뇌는 불완전하다

인간의 뇌는 본능적으로 '부정적 정보'에 더 강하게 반응하는 성향을 가지고 있다. 이는 단순한 심리적 경향이 아니라, 수만 년 동안 생존을 위해 발전해 온 진화적 구조의 결과다. 고대 인류에게 생존은 곧 위험을 얼마나 빠르게 감지하고 회피하느냐에 달려 있었고, 그에 따라 뇌는 긍정적 자극보다 부정적 자극에 더욱 민감하게 반응하도록 설계되었다. 이를 심리학에서는 '부정성 편향(Negativity Bias)'이라 부르며, 이는 왜 누군가의 사소한 비난에 쉽게 상처받고, 뉴스 기사 한 줄에도 깊은 불안감을 느끼는지를 설명해 준다.

실제로 뇌파(EEG) 실험에서는 부정적 이미지나 단어가 긍정적 자극보다 더 강한 전기적 반응을 유발한다는 사실이 밝혀졌고, 뇌의 활동을 측정하는 fMRI 연구들 역시 동일한 결과를 보여준다.

부정적 자극은 그 자극이 실제로 위험한 것인지 여부와 무관하게 감정, 기억, 주의력 등을 담당하는 뇌의 영역들을 더 강력하게 활성화시킨다.

문제는 이와 같은 뇌의 성향이 현대 사회에서는 오히려 독으로 작용할 수 있다는 점이다. 우리는 하루에도 수십, 수백 개의 정보에 노출되며 살아간다. 그중 상당수는 충격적이고 자극적인 방식으로 전달되는 부정적 뉴스나 소문이다. 심지어 그 정보가 거짓이라고 인지하고 있어도, 뇌는 이미 그것을 강하게 각인하고 쉽게 지우지 않는다. 그렇게 뇌는 스스로를 방어하기 위해 불안과 긴장을 유지하고, 이는 점차 스트레스와 정신적 피로로 이어진다. 그 결과 일부 사람들은 가짜뉴스, 음모론, 사이비 종교, 가스라이팅, 중독과 같은 현상에 쉽게 노출되며, 스스로 판단하기보다는 외부 자극에 휘둘리는 상태에 빠지기도 한다.

그러나 다행히도 이러한 편향은 어느 정도 통제할 수 있다. 뉴욕 포스트는 긍정적 경험을 뇌에 '설치'하는 구체적인 방법을 소개한 바 있다. 예컨대 누군가의 작은 칭찬을 받을 때, 단순히 넘기지 않고 그 말을 마음속으로 몇 초간 '음미'하는 것이다. 이처럼 짧은 순간이라도 긍정의 감정을 의식적으로 붙잡고 내면화하면, 뇌는 그 감정을 더 오래 기억하게 된다. 반복적으로 감사의 마음을 표현하고 기록하는 습관 또한 뇌의 기억 구조를 서서히 변화시키며, 부정적 정보에 편향된 반응을 완화하는 데 도움을 줄 수 있다고 보도했다.

중요한 것은, 인간의 뇌는 결코 완전하지 않다는 사실을 인정하는 것이다. 불안은 뇌의 결함이 아니라, 생존을 위한 적응이 남긴 흔적이다. 그러므로 불안을 제거하려 애쓰기보다는 이해하고 다루는 방법을 배우는 것이 더 현명한 태도라 할 수 있다. **뇌는 변화할 수 있고, 마음은 길들일 수 있다.** 그리고 그 시작은 아주 사소한 긍정의 순간을 '깊이 받아들이는 일'에서 출발한다.

◆ 인간은 마치 불안이라는 모래 위에
인생이라는 집을 짓고 살아가는
존재라고 할 수 있다.

CHAPTER 02

불안

불안한 인간

인간은 태어날 때부터 불안이라는 감정을 지닌 존재이다. 인간의 감정 중 가장 원초적이고 근원적인 것이 있다면, 그것은 바로 불안이다. 이것은 단순한 느낌이나 감정의 문제가 아니다. 인간 존재 자체에 내재된 본질적 조건이며, 이 불안은 인간의 삶 전반에 영향을 미친다.

성경에 "모래 위에 집을 짓지 말라"는 구절이 있는데, **인간은 마치 불안이라는 모래 위에 인생이라는 집을 짓고 살아가는 존재라고 할 수 있다.** 즉, 인간의 감정과 정신 구조는 탄탄한 기반이 아닌, 항상 흔들릴 수 있는 모래 위에 놓여 있다. 이러한 불안은 우리가 성장하면서 만들어지는 것이 아니라, 태어나는 순간부터 함께 존재하는 원초적인 감정이다.

예를 들어보자. 막 태어난 아기는 세상에 나오자마자 울음을 터뜨린다. 흔히 산소를 처음 마셔서 그렇다고 말하기도 하지만, 조금 더 내면을 들여다보면 그것은 완전히 새로운 환경에 대한 두려움과 낯섦, 곧 불안의 표현이라고 볼 수 있다. 뱃속이라는 안전하고 일관된 세계에서 벗어나, 빛과 소리, 차가운 공기, 낯선 존재들로 가득한 외부 세계로 갑작스레 던져진 그 순간, 아기는 자기 존재를 지키기 위한 첫 반응으로 울음을 터뜨리는 것이다. 이처럼 **불안은 인간 존재의 출발점이다.**

인간은 살아가면서 두려움, 외로움, 분노, 질투, 슬픔, 열등감, 집착 등 수많은 감정을 겪게 되는데, 이 모든 감정들은 따지고 보면 결국 불안이라는 하나의 감정에서 분화되어 나오는 가지들이다. 이러한 불안한 감정은 곧 인간이라는 존재가 유한하고 제한된 조건 속에서 살아간다는 증거이다. 그 유한성과 제한 속에서 우리는 의미를 찾고, 관계를 맺고, 신을 찾으며 살아간다.

불안을 회피하려는 시도는 오히려 불안을 더 크게 만들며 불안을 이해하고 직면하고 다루는 법을 배울 때 비로소 인간은 자기 자신과의 깊은 만남을 시작할 수 있다. 따라서 감정을 이해하고,

자신을 이해하고자 한다면 가장 먼저 물어야 할 질문은 이것이다.

"나는 왜 불안한가?"

이 질문에 대한 답을 찾는 여정은, 곧 인간 존재의 본질을 향한 탐구이자, 건강한 감정의 삶을 회복하는 첫 걸음이 될 것이다.

불안은 모든 감정의 아버지

불안한 감정은 단지 인간만의 특성이 아니라, 육체를 지닌 모든 생명체에게 공통적으로 나타나는 생존 감정이다. 동물들도 위험을 감지하고 생명을 유지하기 위해 본능적으로 불안을 느낀다.

인간이 느끼는 대부분의 감정은 불안을 어떻게 조절하느냐에 따라 다양하게 분화된다. 불안을 잘 조절하여 다루면, 마음은 안정감을 느끼게 되고, 그 안정감 위에 기쁨, 사랑, 만족감, 평안함과 같은 긍정적인 감정이 자연스럽게 피어날 수 있다. 반면, 불안을 제대로 조절하지 못하면, 우울, 분노, 상실감, 공포, 무기력감 등의 부정적인 감정으로 이어진다. 이로 인해 인간은 외부 자극에 과도하게 반응하거나, 관계에서 왜곡된 해석을 하며, 일상에서도 불균형을 경험하게 된다.

결국 **불안은 감정의 중심축이자 뿌리이며 모든 감정의 아버지**

라 할 수 있다. 우리는 흔히 감정을 하나하나 따로 떼어 이해하려 하지만, 실은 감정 대부분이 '불안'이라는 중심에서 출발해 각각의 방향으로 흘러가는 가지들에 불과하다. 특히 유아기와 아동기, 즉 인생의 초기 단계에서 경험한 불안은 인간의 감정 구조를 형성하는 데 매우 큰 영향을 미친다.

어린 시절, 안정적이고 보호받는 환경 속에서 자란 사람은 기본적인 심리적 안정감을 갖추게 된다. 이들은 성인이 되어서도 불확실한 상황이나 관계 속에서 자신을 잘 다스릴 수 있는 내면의 중심을 형성할 가능성이 높다. 반대로 어린 시절 자주 불안정한 환경에 노출되었거나, 반복적인 상실, 위협, 외면, 폭력 등을 경험했다면, 이들의 마음은 성장 과정에서 불균형하게 자랄 확률이 높다. 불안지수가 높아진 채로 어른이 되며, 사회적 관계나 감정의 조절, 스트레스 대응 능력에서 심각한 어려움을 겪게 되는 경우를 많이 볼 수 있다.

불안은 인간이라면 누구나 느끼는 자연스러운 감정이다. 그렇기 때문에 **불안하다는 사실 자체를 부끄러워하거나 숨길 필요는 없다. 불안은 죄가 아니라, 다루어야 할 '훈련의 대상'이다.** 우리가 불안하다는 것은 곧 정상적인 생존 시스템이 작동하고 있다는 증거이기도 하다. 다만, 불안을 잘 다루기 위한 방법을 배우지 못하고 방치하면, 인간관계, 자기 이미지, 삶의 의미, 일의 성취감 등 다양한 영역에서 문제를 일으킬 수 있다.

불안은 자연스럽게 사라지는 감정이 아니다. 마치 기술처럼, 불안 조절 능력은 연습과 훈련을 통해 길러진다. 소통에도 기술이 필요하듯, 불안 조절 또한 시간과 노력, 반복 학습이 필요한 기술인 것이다. 훈련 없이 감정을 다스리려고 한다면, 마치 체력 훈련 없이 마라톤에 나서는 것처럼 무모한 일이다. **불안은 피할 대상이 아니라 다스릴 대상이다.**

인간은 누구나 불안과 함께 살아간다. 불안을 제거하려는 시도는 현실적이지 않다. 대신, 불안을 어떻게 인식하고 다루는가가 감정의 질을 결정짓는다. 불안을 조절하는 능력은 배울 수 있는 기술이며, 누구나 훈련을 통해 향상시킬 수 있다. 우리는 더 이상 '불안하지 않기'를 목표로 삼기보다, 불안 속에서도 중심을 잡고 살아가는 훈련을 해야 한다. 그것이 바로 성숙한 마음의 첫걸음이 되기 때문이다.

불안지수 0~100 행복이란 불안하지 않은 감정 상태이다.

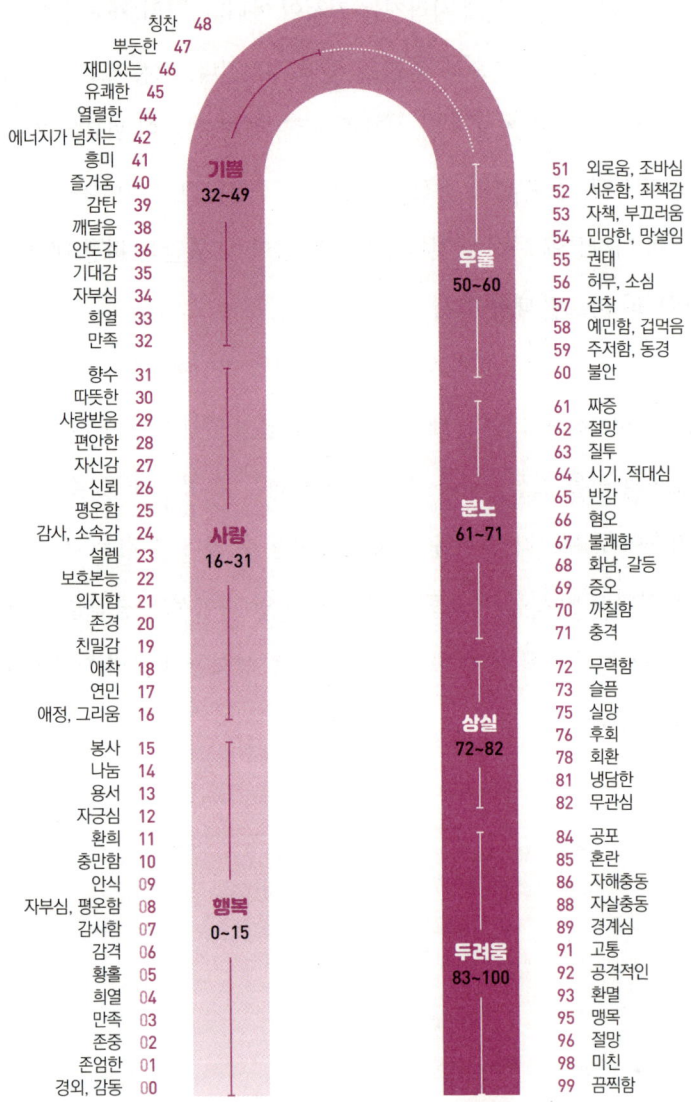

점수	감정		점수	감정
48	칭찬		51	외로움, 조바심
47	뿌듯한		52	서운함, 죄책감
46	재미있는		53	자책, 부끄러움
45	유쾌한		54	민망한, 망설임
44	열렬한		55	권태
42	에너지가 넘치는		56	허무, 소심
41	흥미		57	집착
40	즐거움		58	예민함, 겁먹음
39	감탄		59	주저함, 동경
38	깨달음		60	불안
36	안도감		61	짜증
35	기대감		62	절망
34	자부심		63	질투
33	희열		64	시기, 적대심
32	만족		65	반감
31	향수		66	혐오
30	따뜻한		67	불쾌함
29	사랑받음		68	화남, 갈등
28	편안한		69	증오
27	자신감		70	까칠함
26	신뢰		71	충격
25	평온함		72	무력함
24	감사, 소속감		73	슬픔
23	설렘		75	실망
22	보호본능		76	후회
21	의지함		78	회환
20	존경		81	냉담한
19	친밀감		82	무관심
18	애착		84	공포
17	연민		85	혼란
16	애정, 그리움		86	자해충동
15	봉사		88	자살충동
14	나눔		89	경계심
13	용서		91	고통
12	자긍심		92	공격적인
11	환희		93	환멸
10	충만함		95	맹목
09	안식		96	절망
08	자부심, 평온함		98	미친
07	감사함		99	끔찍함
06	감격			
05	황홀			
04	희열			
03	만족			
02	존중			
01	존엄한			
00	경외, 감동			

기쁨 32~49
우울 50~60
사랑 16~31
분노 61~71
상실 72~82
행복 0~15
두려움 83~100

불안의 뿌리, 죽음의 공포

인간은 본질적으로 불안이라는 원초적인 감정을 품고 살아간다. 이 불안의 근원에는 다양한 이유가 있겠지만 인간이 반드시 죽는 존재라는 데에 있다. 우리는 태어나는 순간부터 죽음을 향해 나아가는 존재이다. 그런데 이 죽음은 언제 닥칠지 알 수 없으며, 피할 수 없는 운명이기 때문에 그 자체로 공포와 불안의 원인이 된다. 다시 말해, **인간의 불안은 단순히 어떤 사건이나 상황 때문이 아니라, 근본적으로 죽음을 인식할 수 있는 존재이기 때문에 발생하는 당연한 감정이라 할 수 있다.**

죽음은 불편하고, 무겁고, 고통스러운 감정과 연결되어 있기 때문에 인간은 죽음이라는 주제를 회피하려 한다. 많은 사람들은 죽음에 대해 이야기하는 것을 금기시하고, 삶에서 밀어내려 한다. 그러나 죽음을 외면한다고 해서 불안이 사라지는 것은 아니다. 오히려 우리는 죽음을 정직하게 마주하고, 인생의 일부로 받아들일 때 비로소 불안을 다스릴 수 있는 내면의 힘을 얻게 된다. **죽음은 인생의 끝이 아니라, 오히려 인생의 완성이자 삶을 성찰하게 하는 거울이다.** 우리가 반드시 지나가야 할 생로병사의 과정 속에서 죽음은 인간을 겸손하게 만들고, 욕망을 정화시키며, 진정한 자기 성찰의 기회를 제공한다.

이를 설명하는 고전적인 예가 바로 '맹모삼천지교(孟母三遷之教)' 이야기다. 많은 사람들이 이 일화를 단순히 환경의 중요성에 대한 교훈으로 받아들이지만, 그 배경을 깊이 들여다보면 중요한 메시지를 발견할 수 있다.

맹자의 어머니는 처음에 아들을 공동묘지 근처에 살게 했다. 이것은 단순히 어쩔 수 없는 주거 조건이 아니었다. 그녀는 아들에게 죽음의 본질과 의미를 먼저 가르치고자 했던 것이다. 맹자의 어머니는 아들에게 이렇게 말했을지도 모른다.

"맹자야, 저 무덤 속 사람은 살아 있을 때 높은 지위를 가졌던 부자란다. 하지만 그도 결국 이렇게 죽었다. 인간은 누구나 죽음을 맞이하는 존재란다. 그렇다면 너는 어떤 삶을 살아야 하겠니?"

그녀는 죽음을 교육의 가장 우선순위에 두었다. 죽음을 깨달은 사람만이 겸손을 배우고, 진정한 삶의 태도를 가질 수 있기 때문이다.

그 후 맹자의 어머니는 시장의 소란스러운 거리로 이사했다. 시장은 삶의 욕망이 분주하게 교차하는 곳이자, 다양한 사람들과의 소통을 통해 인간관계를 익힐 수 있는 공간이다. 맹자는 이곳에서 사람들 사이의 갈등, 상거래, 감정의 교류, 인간의 삶 등을 자연스럽게 배웠을 것이다.

그리고 마지막으로 서당으로 이사했다. 죽음과 삶의 관계를 알고, 사람들과 소통하는 능력을 갖춘 이후에야 지식이 제대로 뿌리내릴 수 있다고 판단했던 것이다. 이는 **교육의 순서가 '지식 이전에 인생의 본질을 깨닫고, 인간을 이해하는 것'임을 보여준다.**

그러나 현대 사회는 이 순서를 역행하고 있다. 삶의 한계성을 가진 인간은 죽음을 외면한 채 지식을 추구하고, 경쟁에만 몰두하며, 자아를 지식과 소유로만 채우려 한다. 우리는 이제 다시 죽음에 대해 진지하게 생각해야 할 시점에 와 있다.

죽음을 부정하고 회피하는 사람은 결국 삶에서도 불안을 벗어나기 어렵다. 그러나 죽음을 인생의 한 모습으로 받아들이고, 삶의 유한함을 인식한 사람은 현재를 소중히 여기고, 남은 시간에 대한 존엄을 느낄 수 있게 된다. **죽음을 이해하는 사람은 삶의 욕심을 줄이고, 비교와 집착에서 벗어나며, 자존감을 회복할 수 있게 된다.**

역사 속에서 한 사람의 인생은 하나의 작은 점에 불과하다. 그렇다면 그 짧은 인생에서 정말 중요한 것은 무엇인가? 좋은 집, 좋은 직업, 좋은 차 같은 것들이 과연 영원히 내 것이 될 수 있을까? 그것들이 자신의 삶의 목적이자 추구하는 가치가 되어야 하는가? 결국 아무것도 가져가지 못하고 떠나는 것이 인생이라면, 죽음을 성찰하는 시간이야말로 가장 인간다운 시간이 될 수 있다.

죽음을 직면한다고 해서 삶이 암울해지는 것은 아니다. 오히려 그것은 불안으로부터 자유로워지는 첫걸음이다. 죽음을 두려움이 아닌 성숙의 기회로 바라볼 때, 우리는 비로소 삶의 중심을 되찾고 진정한 자아를 향한 길로 주도적으로 나아갈 수 있다.

문제가 있다는 것, 그것이 인간이다

인간은 본래 완전한 존재가 아니다. 완벽하려는 시도 자체가 어쩌면 인간 본성에 어긋난 일일 수 있다. 우리는 본질적으로 수많은 약점과 불안, 실수와 결핍을 안고 살아간다. 그러나 바로 그 '불완전함'이 인류를 발전시켰다. 문제가 없었다면 문제를 해결하려는 시도도 없었을 것이고, 그 시도가 없었다면 오늘날 우리가 누리는 문명은 존재하지 않았을 것이다.

현대 사회에는 완벽주의적인 성향을 가진 이들이 많다. 하지만 그들은 완벽하기 때문에 완벽주의자가 된 것이 아니다. 오히려 그 반대라 할 수 있다. 스스로 불완전하다는 사실에 대한 두려움, 즉 불안이 완벽주의를 부추긴다. 완벽하지 않으면 사랑받지 못할 것이라는 내면의 불안감이 그들을 몰아붙이는 것이다.

완벽주의자는 자주 피로를 호소한다. 작은 실수에도 자책하고, 일을 미루다 끝내 시작하지 못하는 경우도 많다. 완벽하게 해내지 못할 것이라는 생각이 오히려 행동을 가로막기 때문이다. 게다가 조급함이 동반되면, 신체와 정신은 과도한 긴장 상태에 빠진다. 근육은 수축되고, 이성적 판단은 흐려진다. 그 결과 실수가 늘고, 다시 자책과 무기력에 빠진다. 이처럼 완벽주의는 생산성보다는 자기 파괴적인 감정의 악순환을 불러일으킨다. **완벽주의, 그것은 불안의 또 다른 이름이다.**

그런 이유에서 인간은 원래부터 문제가 많은 존재임을 인정해야 한다. **중요한 것은 문제가 있다는 것 자체가 아니라, 문제가 문제인지를 모르는 것이다.** 즉 그 문제를 인지하지 못하거나 외면하는 것이다. 문제를 발견하지 못하면, 해결은 시작조차 될 수 없다. 반대로 문제를 명확히 인식하는 순간, 인간은 본능적으로 해결의 방향을 모색하게 된다.

✦✦✦
완벽하지 않기에, 우리는 허용이 필요하다

인간은 완벽한 존재가 아니다. 오히려 인간은 불완전하기 때문에 인간일 수 있으며, 그 불완전함이 삶의 다양한 의미와 가능성을 만들어 낸다.

'**나는 인간이다. 고로, 나는 완벽하지 않다.**'

이 단순한 진리를 받아들이는 데 수많은 시간이 걸릴 수 있다. 왜냐하면 우리는 완벽에 대한 환상 속에서 자주 자신을 재단하며 살아가기 때문이다. 그러나 완벽하지 않다는 사실은 오히려 우리에게 중요한 진리를 일깨운다. 바로 "자신에게 허용치를 주어야 한다"는 것이다. 그렇다고 무조건적인 자기 수용이 게으름과 자기 합리화를 하라는 것은 아니다.

현대 사회는 끊임없이 비교와 경쟁을 부추긴다. 그 속에서 많은 사람들이 자기 자신을 괴롭히고, 과도하게 자책하며 살아간다. 자기 내면의 불안을 외부의 문제로 전가한다. 하지만 본질적으로 고통의 상당 부분은 자기 자신에 대한 비판, 비난, 엄격함에서 비롯되는 경우가 많다. 자신에게 포용적이고 너그러운 태도를 가지는 것은 결코 나태하거나 무책임한 것이 아니다. 오히려 그것은 건강한 자기이해의 출발점이다. 내가 나를 괴롭히지 않을 때, 비로소 남도 괴롭히지 않게 된다. 내가 나를 돌볼 줄 아는 사람이, 남도 돌볼 수 있는 법이기 때문이다.

인간은 본능적으로 정답을 찾으려는 성향이 있으나 인생에서 절대적인 정답이 존재하는 경우는 극히 드물다. 우리가 확실하게 말할 수 있는 '진리'는 "인간은 죽는다" 정도일지도 모른다. 그 외의 대부분은 맥락과 상황에 따라 달라질 수밖에 없다. 그렇기에 **우리는 '정답'보다는 '조화와 균형'을 추구해야 한다.** 모든 것이 완벽하고 이상적일 필요는 없다. 중요한 것은 서로 다른 요소들이 적절히 어우러지는 것, 그리고 그 속에서 균형을 만들어가는 노력이다.

생각해보자. 만약 한 편의 영화에서 주인공도 멋지고, 주인공의 친구도 완벽하며, 조연도 튀고, 엑스트라도 돋보이고, 악당조차 매력적인 인물로만 구성되어 있다면, 그 영화는 재미가 없을 것이다. 좋은 영화는 다양한 인물들이 각자의 위치에서 개성과 역할을 충실히 해낼 때 비로소 완성된다. 주인공은 주인공답게, 친구는 엉뚱하거나 인간적이고, 악당은 악당다워야 전체의 서사가 살아난다.

인생도 이와 같다. 모두가 똑같이 뛰어나야 할 필요는 없다. 서로 다른 사람들이, 서로 다른 방식으로 존재하며 그 다양성 속에서 조화를 이루는 것이야말로 건강한 사회와 개인의 삶을 가능하게 한다. 우리는 흔히 균형을 '5대 5'라 생각한다. 그러나 실제 삶에서는 상황과 관계에 따라 9대 1도 균형이 될 수 있다. 때로는 내가 더 많이 양보해야 하고, 또 어떤 상황에서는 내가 더 많이 받아야 할 수도 있다.

진정한 균형은 정적인 수치가 아니라, 살아 움직이는 합의에서 생긴다. 예를 들어 가족 내에서 엄마가 잠시 아픈 시기에는 아빠가 90%의 역할을 해야 할 수도 있고, 직장에서 부하직원이 실수했을 때는 상사가 70%를 끌어줘야 할 수도 있다. 균형은 고정된 상태가 아니라, 유연하고 가변적인 흐름 속에서 살아 있는 개념이다.

정리하자면 인간은 본래 완벽하지 않은 존재이며, 문제 많은 존재임을 인정하는 것이 시작이다. 자기 자신에게 너그러울 때 비로소 남도 포용할 수 있는 여유가 생긴다. 정답보다 중요한 것은 조화와 균형이며, 이는 수치가 아닌 관계 속 합의와 유연성으로 이루어진다. 삶에도 영화처럼 다양한 역할과 다름이 있음을 받아들이자. 그 속에서 인생은 풍성해지고, 우리는 불행이 아닌 안정과 평안을 경험하게 될 것이다.

오늘 걱정은 오늘 하고, 내일 걱정은 내일 하자

사람들은 일어나지도 않은 일에 대해 미리 걱정하고 그로 인해 필요 이상의 마음 에너지를 소모하곤 한다. 미래에 닥칠지도 모를 불확실한 일들을 머릿속으로 수없이 시뮬레이션하며, 그 불확실함 속에 자신을 가두는 것이다. 그러나 '걱정'이라는 감정은, 미래의 일을 실제로 해결하는 데 아무런 실질적인 도움이 되지 않는다. 오히려 과도한 걱정은 지금의 삶을 잠식하고, 집중력을 흩뜨리며, 마음의 에너지를 고갈시키기만 한다.

걱정하는 감정은 때때로 필요하지만, 걱정이라는 감정이 삶을 지배할 때 우리는 무기력해진다. 필자 역시 과거에는 미래에 대한 불안으로 인해 마음의 에너지가 많이 소모되어, 정작 눈앞에 놓인 일조차 제대로 감당하지 못한 경우가 많았다. 하지만 시간이 흐르며 이런 결론에 이르렀다.

"어떻게든 되겠지."

그 단순한 말 한마디가 지닌 위로의 힘은 생각보다 크다. 실제로 많은 일들이 '어떻게든' 해결되었고, 지나고 나면 왜 그토록 염려했는지조차 잊게 되는 경우가 많았다. 그렇기에 이제는 미래의 문제까지 끌어와 걱정하지 않고, 오늘의 일에 집중하려고 노력한다.

걱정은 인간이라면 자연스럽게 가지는 감정이다. 그 자체가 나쁜 것은 아니다. 문제는 걱정에 압도되어 현재를 잃는 데 있다. 한 지인은 걱정에 대해 이렇게 비유했다.

"내가 지금 하는 걱정은, 걸어 다니면서 땅에 떨어진 화살을 주워 나 스스로에게 찌르는 것과 같다."

이렇듯 걱정은 외부의 공격이 아니라, 스스로에게 가하는 심리적 자해와 같다. 그리고 이는 마음의 면역력을 약화시키고, 일상의 에너지를 고갈시키는 원인이기도 하다.

특히 마음의 근육이 약할수록 걱정의 빈도는 높아지고 많아진다. 그래서 우리는 연습해야 한다. 완벽한 무(無)걱정의 상태를 꿈꾸기보다는, 걱정을 다루는 연습을 해야 한다. 오늘의 일에 집중하는 훈련, 내일의 일은 내일에 맡기는 용기, 어떻게든 될 것이라는 자기 위로, 걱정을 알아차리고 흘려보내는 마음의 습관과 같은 태도는 단순한 심리학적 요령이 아니라, 삶을 건강하게 살아가기 위한 의식적인 마음의 훈련이다.

삶은 늘 불확실하고, 인간의 뇌와 마음은 본능적으로 불안을 감지하도록 설계되어 있다. 그 자체는 자연스러운 것이다. 그러나 중요한 것은 불안과 걱정하는 마음에 지배당하지 않고 중심을 잡는 마음의 균형이다. 세상의 모든 감정과 상황은 '좋다' 혹은 '나쁘다'로 단정지을 수 없다. 문제는 그것을 어떻게 인식하고, 어떻게 대응하느냐의 태도에 있다. 그러니 이제는 마음에 이렇게 말해보자.

"오늘 걱정은 오늘 하고, 내일 걱정은 내일 하자. 지금은 지금의 삶을 살아내자."

그렇게 조금씩 훈련해 나간다면, 걱정은 삶을 무너뜨리는 적이 아니라, 나를 더욱 단단하게 만드는 조용한 조력자가 될 수 있다.

과거를 후회하는 인간, 미래를 불안해하는 인간

인간이 과거를 돌아보며 후회한다는 것은, 어쩌면 그만큼 성장했다는 증거다. 그때는 알지 못했지만, 지금의 눈으로는 그 실수가 보이고, 지금의 마음으로는 그 상황이 이해되기 때문이다. **후회는 단지 어리석음의 흔적이 아니라, 삶이 축적되어 가는 과정**이며, 인간이 발전해왔음을 알려주는 징표다.

그런데 아이러니하게도 인간은 '성장의 증거'인 후회를, 스스로를 질책하는 도구로 사용하는 경우가 많다. 지금까지 이룬 변화와 성숙을 보기보다는, 여전히 부족한 자신의 모습에만 주목하며 스스로를 부정한다. 그렇게 축적된 부정적 감정은 미래로 투사되어, 아직 오지 않은 시간마저도 불안하게 만든다.

사실 인간은 단 한 번도 '미래'를 살아본 적이 없다. 모든 것이 처음이고, 모든 선택은 늘 시행착오를 동반한다. 처음의 불확실성을 두려움으로 가득 채워버리는 것은 인간의 뇌가 가진 과잉 해석의 습관이다. 이처럼 인간은 과거의 후회와 미래에 대한 불안을 끊임없이 교차시키며, 현재의 자신을 더욱 위축시킨다. 자신의 부족함을 지나치게 확대하고, 실수할 가능성을 미리 예단하며, 스스로를 부정적 예감 속에 가둬버린다. 하지만 기억해야 할 것이 있다. **불안은 아직 일어나지 않은 일이며, 후회는 이미 지나간 일이다.**

과거와 미래 모두 현재를 살아가는 데 있어 '참고자료'는 될 수 있지만, '정답'은 될 수 없다. 진짜 중요한 것은 지금 이 순간을 어떻게 받아들이고, 어떤 태도로 살아갈 것인가이다. **성장은 후회 속에 있고, 가능성은 불안 너머에 있다.** 그러니 자신을 너무 서두르게 하지 말고, 지금 여기의 나를 있는 그대로 바라보자. 그것이야말로 자신을 회복하는 가장 정직한 출발점이다.

인간은 흐르는 삶 앞에서 스스로 모든 것을 통제할 수 있다는 착각에 빠질 때가 많다. 그러나 살아보면 안다. 내가 아무리 애쓴다고 해서 모든 일이 뜻대로 되는 것은 아니며, 깊이 고민한다고 해서 해답이 나오는 것도 아니다. 인생은 때로 흐름을 거스를수록 더 고단해지고, 버둥거릴수록 마음이 더 지친다.

여기서 우리는 삶이라는 강물 앞에서, 그 흐름에 몸을 맡기고 순응하며 살아가는 법을 배워야 하는 존재라는 사실을 깨닫는다. 하지만 인간은 욕망의 존재다. 단지 생존만을 바라는 것이 아니라, 의미 있는 삶, 더 나은 삶, 누군가에게 인정받는 삶을 원한다. 그 욕망은 때로 우리를 움직이는 힘이 되지만, 동시에 현재를 부정하게 만들고, 스스로를 몰아붙이게도 한다. 삶의 진실은 어쩌면 그 중간에 있다.

**욕망을 부정하지 않되, 흐름을 거스르지 않는 것
순응을 체념으로 여기지 않고, 욕망을 탐욕으로 바꾸지 않는 태도**

삶은 계획한 대로 되는 것도 아니고, 바라는 대로만 흘러가지도 않는다. 그저 주어진 순간마다 최선을 다하고, 그 결과를 받아들이며, 삶이 이끄는 방향에 귀를 기울이는 것. 그것이 결국 '사는 것'이라는 단순하고 깊은 진리 앞에 이르게 한다.

◆ 감정은 감추면 더 커지고
말로 꺼내면 작아질 수 있다.

CHAPTER 03

감정

✦✦✦
감정 조절은 평생의 과제다

 필자의 20대는 감정적으로 극심한 기복이 있었던 시기였다. 기쁨과 즐거움이 클수록, 불안과 우울 역시 깊었다. 스스로도 마치 조울증 환자처럼 감정의 폭이 크다는 자각이 있었지만, 병적인 수준은 아니라 생각해 주변에는 말하지 못했다. 감정이란 것이 단지 '참고 넘기면 되는 것'이 아니며, 때론 생각보다 훨씬 강력하게 삶을 휘감는다는 사실을 이 시기에 깊이 체감하게 되었다.
 감정 조절은 말처럼 간단한 일이 아니다. 오래된 식기 도구에 낀 녹이나 기름때처럼, 오랜 세월 각인된 감정은 쉽게 제거되지 않는다. 특히 부정적인 감정은 기억과 연결되어 깊게 새겨지며, 좋아졌다가도 힘든 시기가 오면 더 큰 고통으로 되돌아오곤 한다. 이런 경험이 반복되면 "노력해도 안 된다"는 절망감에 빠지기 쉬워진다.

하지만 필자는 30년 넘게 감정 조절을 훈련해 오면서, 감정의 파동을 조금씩 줄여가고 있다. 지금은 매우 기쁜 감정이 찾아와도 '중간 정도'에서 머물고, 우울하거나 불안한 감정도 '중간 정도'에서 멈추도록 어느 정도 조절할 수 있게 되었다. 이것은 단번에 이룬 성과가 아니라, 끝없는 자기성찰과 외부로부터의 긍정적인 피드백, 그리고 실수와 실패를 반복하며 형성된 과정의 결과다.

감정 조절은 단기간의 훈련이나 기법으로 해결되지 않는다. 평생 관리해야 하는 당뇨병이나 고혈압처럼, 감정 역시 꾸준히 훈련하고 관리하지 않으면 언제든지 통제력을 잃을 수 있다. 마음이 가라앉거나 이유 없이 불안한 감정이 찾아올 때, 이렇게 말하며 스스로 뇌를 반복적으로 설득한다.

"괜찮아, 아무 일도 없어. 그러니 불안해 하지마."

이러한 말이 단번에 효과를 주지 않지만, 꾸준히 마음을 어루만지고 뇌를 안심시켜 예전에는 하루 종일 지속되던 우울감이 지금은 한두 시간 내에 정리되곤 한다. 마음은 근육과 같다. 처음엔 약하지만, 반복적인 사용과 훈련을 통해 점차 단단해진다. 감정이 쉽게 무너지는 이유는 아직 마음의 근육이 약하기 때문이며, 그렇기에 포기하지 않고 꾸준히 훈련을 지속해야 한다.

감정의 흐름에는 뇌의 기능이 깊이 관여한다. 뇌는 도파민, 세로토닌, 노르아드레날린 등 다양한 신경전달물질을 통해 감정 상태를 조절한다. 이러한 호르몬 작용이 불균형해지면, 이유 없는 우울감, 불안, 무기력 등이 나타날 수 있다. 이럴 때 단순한 의지나 마음가짐만으로는 감정을 조절하는 데 한계가 있다. 그럴 경우, 전문적인 도움을 받는 것이 필요하다. 필자 역시 극심한 피로와 우울로 일상생활이 어려워질 때는 신경정신과를 방문해 약물치료를 병행한다. 약물은 단지 일시적인 해결책이 아니라, 뇌의 기능이 회복될 수 있도록 돕는 치료 도구이다.

해외의 경우, 교통사고나 큰 트라우마가 있을 때 신체 치료뿐 아니라 정신적인 치료도 함께 진행한다. 사고 후유증으로 인한 불안과 외상 후 스트레스를 다루기 위해 심리치료와 약물치료가 병행된다. 우리나라에서도 대학병원에서는 점차 이러한 방식이 도입되고 있지만, 여전히 많은 이들이 정신과 치료에 대해 부정적인 인식을 가지고 있는 것이 현실이다.

그러나 뇌는 신체의 일부이며, 그 기능이 저하되었을 때 약물치료를 받는 것은 감기에 걸려 약을 먹는 것과 다르지 않다. 창피한 일이 아니며, 약하다는 증거도 아니다. 오히려 자기 자신을 잘 돌보고 있다는 증표라 할 수 있다.

겉과 속이 다른 인간, 그리고 감정의 투사

인간은 타 동물과 구별되는 여러 특징을 지녔지만, 그중에서도 주목할 만한 것은 '겉과 속이 다르다'는 것이다. 인간은 외적으로는 웃고 있어도 내적으로는 분노와 불안을 품을 수 있고, 반대로 무심한 척해도 속으로는 관심과 애정을 가질 수 있다. 이러한 복잡성은 인간이라는 존재가 감정을 의식적으로 조절하고, 때로는 감추며 살아가는 사회적 존재라는 점을 보여준다. 이를 잘 표현한 우리말 속담이 있다.

"천 길 물속은 알아도 한 길 사람 속은 모른다."

아무리 깊은 바닷속도 도구를 통해 재어볼 수 있지만, 인간의 마음은 측정할 수도, 들여다볼 수도 없는 미지의 세계라는 말이다. 과거 사람들도 현대인과 다름없이 '마음'이라는 복잡하고 오해하기 쉬운 문제를 안고 살아왔음을 보여준다. 셰익스피어(William Shakespeare)의 작품에서도 이러한 인간의 이중성과 복잡성이 자주 등장한다. 그는 시대를 초월해 인간 본성은 근본적으로 변하지 않는다는 통찰을 드러내며, 인간의 겉과 속이 얼마나 다를 수 있는지를 희극과 비극, 그리고 역사극을 통해 반복적으로 보여준다.

이처럼 인간은 자신의 마음을 직접 보여주지 않는 경우가 많다.

자신의 슬픔이나 약함, 질투나 두려움 같은 감정은 타인에게 보이기를 꺼려하며, 종종 그것을 감추기 위한 반작용으로 과장된 긍정성이나 무관심한 태도를 보이기도 한다. 심리학에서는 이를 감정의 투사(Projection) 혹은 보상(Compensation)이라고 부른다.

예컨대, 누군가 밝고 유쾌한 사람처럼 보일지라도 내면에는 깊은 외로움이나 우울감이 자리 잡고 있을 수 있다. 실제로 필자도 청년 시절, 레크리에이션 강사로 활동하며 사람들로부터 '재미있는 사람', '분위기 메이커'라는 평가를 들었지만, 그 이면에는 들키지 않으려는 불안과 결핍이 있었음을 고백한다. 겉으로 보이는 모습과 실제 마음의 상태가 달랐던 것이다.

이는 외모에 대한 집착, 과도한 자랑, 눈에 띄는 행동 등에서도 발견된다. 과장된 태도는 종종 자기 내면의 부족함이나 상처에서 비롯된 경우가 많다. 자신이 스스로 만족하지 못하는 부분을 외부에 과잉 보상하려는 심리적 기제가 작동하기 때문이다. 자랑은 어떤 것에 대해 스스로 크게 여길 때 일어나는데, 누군가에게는 일상인 것이 누군가에겐 자랑이 되기도 한다. 결국 그것은 상대적 결핍의 표현일 수 있다.

이처럼 사람의 감정과 마음은 쉽게 드러나지 않기에, 우리는 말이나 행동, 표현의 방식 등을 통해 그 마음을 투사하고는 한다. 누군가 "달이 웃는 것 같아"라고 말할 때, 그 사람의 마음은 기쁨에 차 있음을 알 수 있다. 반대로 "달이 외로워 보여"라고 말한다면, 그의 내면에 고요한 슬픔이 있다는 신호일 수 있다.

같은 대상을 두고도 사람마다 다르게 해석하고 느끼는 이유는, 세상을 바라보는 마음의 렌즈가 모두 다르기 때문이다. 그럼에도 우리는 자신의 감정을 솔직하게 표현하는 데 어려움을 느낀다. 사회는 감정을 드러내는 것을 '약함'이나 '이상함'으로 보는 경향이 있기 때문이다. 그러나 표현되지 않는 감정은 결국 상대와의 소통에 벽을 만들고, 오해를 불러일으키게 된다. "내 마음을 몰라준다"고 말하기에 앞서, 내가 내 마음을 충분히 표현하고 있는지를 되돌아봐야 한다.

감정의 표현은 진실해야 하되, 공격적이어서는 안 된다. 감정은 조절될 수 있어야 하며, 그 표현은 배려와 존중을 바탕으로 이루어져야 한다. 이것이야말로 건강한 관계를 가능하게 하는 감정의 소통 방식이다. 왜냐하면 **감정은 정답이 없고, 소통은 결국 균형과 조화의 예술이기 때문이다.**

감정을 숨기지 않아야 마음이 병들지 않는다

앞에서 언급했듯 인간은 겉과 속이 일치하지 않을 수 있는 존재다. 겉으로는 웃고 있고 밝아 보이지만, 속으로는 우울과 불안을 안고 살아가는 경우가 많다. 공황장애나 우울증과 같은 정신적 질환이 겉으로는 전혀 드러나지 않는 경우도 흔하다. 외면과 내면의 괴리가 클수록 그로 인한 고통은 더욱 깊어질 수밖에 없다.

이처럼 겉과 속이 다를수록 인간은 심리적 긴장을 경험하게 된다. '나는 괜찮은 척하고 있지만, 사실 괜찮지 않다'는 것은 마음의 병으로 이어지기 쉬운 상태다. 따라서 스스로의 감정을 솔직하게 인식하고 표현하는 것이 정신 건강을 지키는 데 있어 매우 중요하다.

사람들은 흔히 타인의 시선에 자신을 맞추며 살아가려 한다. '내가 이렇게 말하면 이상하게 보일까?', '이런 모습은 실망스러워 보이지 않을까?'와 같은 불안은 자기표현을 제한하고, 결국 감정을 억누르게 만든다. 하지만 이러한 억제는 일시적인 평화를 가져올 수 있을지는 몰라도, 장기적으로는 마음의 병을 키우는 주요 원인이 된다.

자신의 밝은 면만을 보여준 사람은, 타인에게 항상 밝고 씩씩한 사람으로 인식된다. 문제는 그 이미지가 굳어질 경우, 본인의 내면 상태가 달라졌을 때조차 그 이미지를 유지해야 한다는 심리적 부담을 느끼게 된다는 것이다. 사람들은 '언제나 밝은' 사람이, '힘듦'이나 '슬픔'을 평소에 전혀 들어내지 않았던 사람이 갑자기 고통을 드러냈을 때 상대로부터 적절한 반응이 돌아오지 않거나 그 사람의 부정적 감정 표현에 오히려 당황해 하는 반응을 보이게 된다. 이런 경우, 고통을 드러낸 사람은 더 큰 상처를 입고 결국 더욱 침묵하게 된다.

따라서 평소에 수시로 감정은 말로 표현되어야 한다. '힘들다', '슬프다', '지쳤다', '도와 달라'는 말은 결코 부끄러운 말이 아니며, 오히려 건강한 신호라 할 수 있고 물론 감정을 표현한다고 해서 그것이 타인에 대해 공격적이거나 책임을 전가하는 방식이 되어서는 안 된다. **감정 표현은 상대의 감정을 상하게 하려는 목적이 아니라, 나의 상태를 알려주고 이해를 구하는 방식으로 이뤄져야 한다.** 아무리 가까운 사람이라 해도, 아무런 신호도 없이 나의 마음을 온전히 알아주는 일은 거의 없다. 감정은 감추는 것이 미덕이 아니라, 적절하게 표현할 때 진정한 소통이 가능하고 상대도 조심하게 된다.

그러나 감정을 표현하는 것조차 힘들고 지칠 때는 가끔은 멈춰서서 쉬는 것도 괜찮다. 중요한 것은 감정을 억누르며 계속하는 것이 아니라, 감정을 이해하고 말로 풀어내며 가는 것이기 때문이다. **감정은 감추면 더 커지고, 말로 꺼내면 작아질 수 있다.** 감정을 솔직하게 드러내는 것이야말로 진정한 회복의 시작이다. 마음의 병을 치유하려면 그 마음을 드러내야 한다. 스스로의 감정을 부끄러워하지 말고, 감정이 흐를 수 있도록 문을 열어두자. 그래야 스트레스를 건강하게 해소할 수 있고, 인내할 수 있는 힘도 회복된다.

질투, 나의 부족함을 마주할 때 생기는 감정

인간은 본능적으로 비교하는 존재다. 그리고 그 비교는 종종 '질투'라는 감정으로 나타난다. 질투는 인간이 가장 자주 경험하는 감정 중 하나이며, 불안이라는 근본 감정에서 파생된 부정적인 사고의 한 형태다.

질투는 타인에게 직접적인 해를 입거나 위협을 받은 상황에서만 생기지 않는다. 오히려 대부분 아주 평범한 상황에서 생겨난다. 상대가 아무런 잘못을 하지 않았음에도, 단지 그 사람이 내 눈앞에 존재하는 것만으로도 질투가 시작되는 경우가 많다. 이는 상대를 통해 내 부족함이 드러나기 때문이다.

타인의 존재가 거울처럼 나의 결핍을 비추는 순간, 마음 깊은 곳에서 질투가 올라온다. 상대가 가진 능력, 외모, 환경, 성취는 나의 결핍을 자극하고, 이는 곧 부정적인 감정으로 이어진다. 상대를 미워하거나 차갑게 대하는 방식으로 그 감정을 해소하려는 시도를 하기도 한다.

질투는 결코 건강한 감정이 아니다. 건강한 경쟁은 서로를 자극하고 성장하게 하지만, 질투는 나도 모르게 상대를 미워하게 만들고, 결국 자신에게 돌아오는 감정 에너지의 손실을 초래한다. **질투는 타인을 공격하기보다 자신을 천천히 소모시키는 감정이다.**

사람들은 종종 자신보다 뛰어난 사람을 향해 "존경한다", "좋아한다"고 말한다. 하지만 그 말과는 다르게, 마음 한편에는 어쩔 수 없는 질투의 감정이 피어난다. 이것은 뇌의 본능적인 생존 반응이라기보다는, 자존감이 약할 때 생기는 비교의식에서 비롯된 감정이다. 자존감이 낮은 사람은 타인의 장점을 자신의 단점으로 인식한다. 자신의 기준에 맞지 않는 사람을 쉽게 평가하고, '좋다' 또는 '싫다'로 단정 짓는다. **기준이 많고 고정관념이 강할수록, 질투의 감정은 더 자주, 더 강하게 발생한다.**

질투는 스스로 만든 기준과 틀 안에 타인을 억지로 끼워 넣으려 할 때 생기는 내적 충돌의 산물이다. 그 기준이 무너질 때마다 자존감은 흔들리고, 타인을 미워하거나 비하함으로써 그 흔들림을 보상하려 한다. 그러나 이 방식은 결국 자기 파괴로 이어진다.

질투는 흔히 직접적인 방식보다 간접적인 방식으로 표현된다. 대면 소통에서 무의식적으로 냉담하게 반응하는 것, SNS에 상대의 단점을 돌려 말하거나, 무기명으로 비난하는 글을 올리는 것 모두 자신의 질투를 감추는 방법 중 하나이다. 이러한 표현은 결국 관계를 왜곡시키고, 상대는 물론 자기 자신에게도 상처를 주게 된다.

질투가 많다는 것은 곧 자신을 괴롭히는 감정 회로가 자주 작동한다는 의미다. 질투가 올라올 때마다 감정 에너지를 소모하고, 자기 자신에 대한 신뢰와 안정감을 조금씩 잃게 된다.

질투는 쉽게 사라지는 감정이 아니다. 감정을 의지로 억누르려 해도, 질투는 자동적으로 반응하며 마음속에 자리 잡는다. 중요한 것은 감정을 억제하려 하기보다, 그 뿌리를 이해하고 훈련을 통해 다루는 것이다.

질투를 다스리는 첫걸음은 **자기 기준을 내려놓는 것**이다. 고정관념, 선입견, 내가 옳다고 믿는 사고방식들을 하나씩 점검하고 지워 나갈 때, 질투의 감정은 서서히 힘을 잃는다.

스스로에게 이렇게 질문할 수 있어야 한다.

"나는 왜 저 사람을 질투하는가?"

"그 사람이 잘난 것이 나를 위협하는가?"

"내 기준은 정말 절대적인가?"

이러한 자기성찰을 반복할 때, 질투의 감정은 점차 통제 가능한 영역으로 옮겨간다.

스스로의 기준과 고정관념을 내려놓을수록, 인간은 더 자유로워진다. 허용치가 넓다는 것은 단순히 너그럽다는 뜻이 아니다. 그것은 다양한 사람을 있는 그대로 받아들이며, 자신도 상대도 평가하지 않는 자세를 말한다. 이런 사람은 쉽게 질투하지 않는다. 자신의 자존감이 외부의 자극에 쉽게 흔들리지 않기 때문이다.

건강한 자존감은 질투를 통제하고, 타인을 있는 그대로 받아들이는 힘을 제공한다. **자신의 부족함을 인정할 수 있는 용기, 타인의 장점을 비교 대상이 아니라 영감으로 받아들이는 태도, 그것이 질투를 넘어서는 시작이다.**

집착, 결핍이 만들어 낸 파괴적 감정

인간을 불행하게 만드는 감정 중 가장 파괴적인 것은 바로 집착이다. 집착은 '결핍'의 가장 왜곡된 형태이며, 이기심이 만들어 낸 감정이다. 집착은 흔히 사람에게 향하지만, 그 대상이 물건이든 관계든 본질은 같다. 절대적인 소유를 원하고, 영원한 통제를 추구한다는 점에서 그 자체로 심리적 고통의 근원이라 할 수 있다.

사람에 대한 집착은 관계를 망가뜨리는 핵심 원인이 되기도 한다. 내 것이라는 강박은 상대를 하나의 인격체로 보기보다는 나의 소유물처럼 바라보게 만든다. 이러한 태도는 상대의 자유를 억압하고, 결국 관계를 숨막히게 만든다. **관계는 소유가 아니라 존중과 선택의 연속이다. 강한 끈이 아닌, 적정한 거리와 선이 오히려 관계를 더욱 단단하게 만든다.**

소통에서 가장 피해야 할 감정이 있다면, 그것은 바로 '집착'이다. 집착은 진실한 소통을 가로막는다. 상대의 감정과 의사를 듣기보다, 자신의 욕구와 감정만을 일방적으로 강요하기 때문이다. **관계는 강제의 장이 아니라, 자율적인 만남의 공간이다.** 서로 다른 존재가 서로를 이해하려는 노력 속에 신뢰와 애정이 자라나는 것이지, 구속과 통제 속에서는 결코 건강한 관계가 유지될 수 없다.

집착은 종종 '사랑'으로 오해되곤 한다. 그러나 진정한 사랑은 포용, 상대에 대한 존중과 배려, 자율성의 허용을 동반한다. 반면 집착은 상대를 통제하고 억누르며, 상대가 자신과 동일한 방식으로 반응하지 않을 경우 강한 불안을 느끼게 만든다. 이는 결국 사랑이라는 이름 아래 이루어지는 감정적 억압이며, 상대는 물론 스스로를 파괴하는 감정 구조를 낳는다.

특히 연인 관계에서 집착은 극명하게 드러난다. 사랑하는 사람과의 이별 앞에서 많은 이들이 실연과 상실감에 잠식되며, 그 감정을 극복하지 못하고 집착으로 나아간다. 하지만 이별은 자연스러운 삶의 일부이며, 슬픔과 아픔 역시 시간이 지나면 흐려지는 감정이다. 그 감정을 '극복해야 할 통과의례'로 받아들일 때 비로소 성숙한 감정의 주체로 거듭날 수 있다.

그렇다면 인간은 왜 집착하게 되는가? 그 뿌리는 결핍과 불안에 있다. 사랑받지 못했던 경험, 버림받았던 기억, 존재의 불안과 같은 내면의 공허함이 집착이라는 방식으로 드러나는 것이다. 인간은 세상 어떤 것도 영원히 가질 수 없고, 모든 관계는 변화의 과정을 겪는다. 하지만 우리는 종종 그것을 인정하지 못하고, 영원히 내 곁에 있어야만 한다는 욕망을 만들어 낸다.

결국 인간이 극복해야 할 가장 큰 환상 중 하나는 '완전한 소유'에 대한 욕망이다. 이 세상 그 어떤 것도 완전히 내 것이 될 수 없으며, 사랑도 예외가 아니다. 사랑은 붙드는 것이 아니라, 놓아주는 것이다. 진정한 사랑은 상대의 자유를 허용하고, 그 자유 속에서 선택된 관계만이 지속 가능하다.

지나친 애착은 곧 집착이 되고, 집착은 결국 파괴를 불러온다. 나의 마음을 성찰하고, 그 감정이 사랑인지, 아니면 결핍에서 비롯된 소유욕인지 돌아보는 일은 모든 건강한 관계의 출발점이다. 인간은 누구도 완전하지 않으며, 그 누구도 누군가의 전부가 될 수 없다. 서로에게 필요한 만큼 다가가고, 적당한 거리 속에서 서로를 존중하는 것, 그것이야말로 지속 가능한 사랑의 조건이다.

우울함, 조용한 감정의 그늘

우울함은 인간의 감정 중 가장 조용하면서도 무거운 성격을 띠는 감정이다. 단순히 슬프거나 기분이 나쁜 상태와는 다르다. 슬픔은 때로 눈물을 통해 외부로 배출되지만, 우울함은 내면 깊숙이 가라앉아 마음의 흐름 전체를 무겁게 만들고 삶의 활기를 갉아먹는다. 우울함은 대개 다음과 같은 특성을 가진다.

① 에너지가 급격히 저하되어 아무것도 하고 싶지 않은 무기력 상태에 빠진다. 일상의 사소한 일조차 버겁게 느껴지며, 평소에는 큰 문제가 되지 않았던 일들이 감정적으로 감당하기 어려워진다.

② 뚜렷한 이유 없이도 지속적인 공허감이나 무의미함이 느껴질 수 있다. "왜 그런지 모르겠지만 그냥 우울하다"는 말은 우울함의 특성을 잘 드러내는 표현이다.

③ 자신에 대한 부정적 인식이 강화된다. "나는 왜 이럴까", "나는 쓸모없는 사람이다", "내가 사라져도 아무도 신경 쓰지 않을 것이다"와 같은 사고는 우울 상태에서 자주 등장한다. 이때 자존감은 흔들리고, 자기비판이 깊어지며, 자포자기적인 태도가 나타나기도 한다.

④ 대인관계에서도 변화가 생긴다. 타인과의 관계가 부담스럽고 고립감을 느끼며, 인간관계에서 멀어지려는 경향이 강해진다. SNS조차 보기 싫어지고, 연락을 끊고 싶다는 충동이 들며, 누구에게도 이해받지 못한다는 생각이 고착된다.

⑤ 신체적 반응이 동반된다. 식욕의 변화, 수면장애, 두통, 무기력감, 피로감 등 다양한 형태로 몸이 신호를 보내기 시작한다. 감정이 뇌의 호르몬 시스템과 밀접하게 연관되어 있기 때문에, 정신적 문제는 곧 신체적 이상으로 이어지는 경우가 많다.

과거의 상처, 지속적인 스트레스, 해결되지 않은 감정, 반복되는 실패 경험, 비교로 인한 자존감 저하, 뇌 호르몬의 불균형 등은 모두 우울함을 유발하거나 심화시키는 요소다. 때로는 아무런 이유 없이 찾아오기도 하며, 이는 인간의 감정이 단순한 논리로 설명되지 않는 복합적 구조를 가지고 있다는 점을 보여준다.

중요한 것은, 우울함을 느낀다고 해서 그 사람이 약하거나 비정상적인 존재는 아니라는 것이다. 우울함은 뇌와 마음이 보내는 일종의 '정지 신호'일 수 있다. 더 이상 감당하지 못하겠다는 신호, 쉬어야 한다는 경고일 수 있다. 따라서 우울함을 억지로 이겨내거나 부정하는 태도보다는 정확히 인식하고, 자기 자신에게 따뜻하고 객관적인 시선을 보내는 것이 필요하다.

우울한 감정을 조절하는 일은 단기간에 이루어지지 않는다. 마음에 쌓인 기억과 감정은 점진적인 훈련과 인식의 반복을 통해 다뤄야 한다. 처음에는 잘되지 않을 것이다. 그러나 감정이라는 근육은 반복될수록 조금씩 단단해지고, 어느 순간 이전보다 훨씬 덜 흔들리는 자신을 발견하게 될 것이다.

우울함은 누구에게나 찾아올 수 있는 감정이다. 그러나 그 감정을 어떻게 마주하고 다루는가에 따라, 우울함은 단순한 고통으로 머물지 않고 삶을 더 깊이 이해하게 만드는 자산이 될 수 있다. 그 감정의 깊이만큼, 인간은 더 깊은 공감과 통찰의 세계로 나아갈 수 있기 때문이다.

❖❖❖ 분노, 자신을 보호하려는 감정의 폭발

분노는 인간의 감정 중 가장 강렬하고 폭발적인 형태를 가진 감정이다. 흔히 분노는 나쁘고 통제해야 하는 감정으로 인식되지만, 본질적으로 **분노는 자신을 보호하기 위한 심리적 방어 기제다.** 자신의 가치가 무시당하거나, 억울함을 느끼거나, 존엄이 침해당했다고 느낄 때, 뇌는 자동적으로 '방어 모드'를 작동시키며 분노라는 감정을 일으킨다.

분노는 다양한 형태로 나타난다. 큰 소리로 화를 내거나 물건을 던지는 행동 등 겉으로 드러날 수도 있지만, 때로는 차가운 말투, 무관심, 비꼬는 말, 냉소적인 태도와 같은 수동적 공격성으로 표현된다. 이처럼 분노는 단일한 감정이 아니라, 그 안에 상처, 두려움, 수치심, 무력감, 억울함 등 복합적인 감정이 뒤섞여 있는 경우가 많다.

우리는 '화를 내면 안 된다'는 사회적 규범 속에서 자라왔다. 감정을 억누르는 것이 미덕이라고 배웠고, 분노를 표현하는 사람을 미성숙하거나 통제 못하는 사람으로 간주하는 경향도 있다. 그러나 억눌린 분노는 결코 사라지지 않는다. 억압된 감정은 내면에 쌓이면서 다른 형태로 왜곡되어 나타나게 된다. 때로는 우울함이나 무기력으로, 또는 신체적인 질병으로 나타나기도 한다.

분노는 감정의 최전방에 서 있는 감정이다. 눈앞의 사건에 대한 직접적인 반응처럼 보이지만, 실상은 그 안에 '기대가 무너졌음', '인정받고 싶었음', '이해받지 못했음', '억울함'과 같은 감정들이 겹겹이 쌓여 있다. 예를 들어, 가까운 사람에게 화를 내는 경우, 그것은 단지 그 사람의 말 한 마디 때문이 아니라, 그동안 쌓여온 기대와 실망의 누적된 결과인 경우가 많다.

또한, 분노는 자기 자신을 향해 표출되기도 한다. 타인에게 화를 내지 못하는 사람은 그 분노를 자기 내부로 돌려 스스로를 비난하거나, 몸과 마음을 학대하는 방향으로 감정을 소비한다. 이러한 내면화된 분노는 자존감 저하, 자기혐오, 만성적 피로감 등으로 연결될 수 있다.

중요한 것은 분노를 억누르거나 무조건 참는 것이 아니라, '건강하게 분노를 다루는 방법'을 익히는 것이다. 감정은 억압할수록 더 강하게 튀어나온다. 분노를 느꼈을 때, 그 감정의 첫 반응을 즉각적으로 행동으로 옮기기보다는, 스스로에게 묻는 연습이 필요하다.

"지금 내가 왜 이렇게 화가 나는가?"

"무엇이 나를 이렇게 자극했는가?"

"이 분노의 밑바닥에는 어떤 감정이 있는가?"

이러한 내적 질문을 통해 감정을 들여다보는 능력은 곧 감정의 주인이 되는 길이다. 분노는 적이 아니라, 나의 내면을 알려주는 신호로 이해되어야 한다. '화를 내지 말라'는 것이 아니라, '화를 건강하게 다루는 방법을 배워야 한다'는 것이 더 정확한 접근이다.

분노는 때로는 변화의 에너지가 되기도 한다. 사회의 부조리함에 분노한 사람들이 목소리를 내며 역사를 바꿔온 것처럼, 분노는 방향만 올바르게 잡히면 창조적이고 정의로운 힘으로 전환될 수 있다. 그러나 분노를 조절하지 못한 채 감정의 노예가 되면, 자신과 타인을 파괴하는 무기가 되어버린다.

감정 조절은 단기간에 성취되지 않는다. 분노 또한 반복적인 훈련과 자기성찰, 그리고 안전한 환경에서의 감정 표현을 통해 점차 길들여질 수 있다. 때로는 전문적인 도움을 통해 감정을 구조화하고, 분노의 뿌리를 탐색하는 것도 필요하다.

분노는 나쁜 감정이 아니다. 그것은 나를 지키고자 하는 마음의 신호이며, 내가 무엇에 민감하게 반응하는지를 알려주는 중요한 단서다. 이 감정을 외면하거나 억제하기보다, 정직하게 마주하고 배우는 과정이 필요하다. 분노를 감정의 적으로 삼지 않고, 삶의 교사로 받아들이는 태도야말로 성숙한 감정 관리의 시작이다.

✦✦✦ 상실감, 마음의 빈자리를 마주하는 시간

상실감은 살아 있는 모든 인간이 언젠가는 경험하게 되는 깊고 묵직한 감정이다. 누군가를 잃었을 때, 어떤 중요한 것을 잃었을 때, 혹은 나 자신에 대한 믿음이나 삶의 의미를 잃었다고 느낄 때, 마음 한편에는 설명할 수 없는 공허함이 자리 잡는데, 이것이 바로 상실감이다.

상실은 단지 '죽음'이나 '이별'처럼 명확한 사건에서만 비롯되는 것은 아니다. 실현되지 못한 꿈, 이루어질 줄 알았던 관계, 기대했던 미래가 무너졌을 때도 사람은 상실을 느낀다. 어린 시절의 결핍, 안정감을 주던 환경의 변화, 소중하게 여기던 정체성이 흔들릴 때조차 사람은 마음 깊숙한 곳에서 잃어버림의 감정을 겪는다.

상실감은 다양한 감정으로 변형되어 나타난다. 눈물, 무기력, 외로움, 후회, 슬픔, 실망, 공허함 혹은 아무 감정도 느끼지 못하는 무감각함으로 표출되기도 한다. 이는 단순히 슬픔의 감정을 넘어서서, 삶의 일부가 떨어져 나간 듯한 감각이기 때문이다. 어떤 경우에는 그 상실이 너무 커서 현실로 받아들이지 못한 채 오랜 시간 부정과 회피의 감정 속에 머무르게 된다.

사람들은 상실을 겪었을 때 흔히 "괜찮다"고 말하며 자신을 다독이지만, 그 이면에는 커다란 고통과 혼란이 자리한다. "나는 왜 이토록 아픈가?", "왜 이렇게까지 무너지는가?"라고 자책하는 이들도 있다. 그러나 **상실감은 약함이나 나약함의 증거가 아니다. 오히려 그만큼 사랑했고, 믿었고, 기대했기 때문에 느끼는 인간 본연의 감정이다.**

이 감정은 쉽게 지나가지 않는다. 때로는 시간이 해결해준다는 말이 위로가 되지만, 실제로는 시간이 흐를수록 빈자리를 더 선명하게 느끼는 경우도 많다. 그래서 상실을 다루는 데 있어 중요한 것은 '시간이 지나면 괜찮아진다'는 단순한 위로가 아니라, 그 감정을 '정직하게 마주하고, 인정하는 과정'이다.

상실의 아픔을 억누르거나 빨리 지워버리려는 태도는 오히려 감정을 더 깊게 잠재우고, 이후 다른 문제로 왜곡되어 나타날 수 있다. 진정한 치유는, 그 상실이 내게 어떤 의미였는지를 돌아보고, 내 마음 안에 있는 상처를 이해하고 품어주는 과정에서 시작된다.

우리는 충분히 슬퍼할 필요가 있다. 충분히 아파하고, 충분히 울고, 충분히 무너질 필요가 있다. **감정은 억누를수록 커지고, 무시할수록 깊어진다.** 상실의 감정 앞에서는 위로하려 하기보다, 함께 조용히 머물러 주는 시간이 더 큰 위안이 될 수 있다. 누군가의 곁에서 그 감정을 설명하지 않아도 괜찮다고, 그저 느끼고 있어도 괜찮다고 말해주는 존재가 필요하다.

한편 상실은 삶의 방향을 다시 묻는 계기가 되기도 한다. 비워진 자리에는 새로운 시선과 질문이 들어올 수 있다. "내가 진정으로 중요하게 여기는 것은 무엇인가?", "지금 내 삶의 중심은 어디를 향해 있는가?"와 같은 질문을 던지게 되고, 이 질문들은 또 다른 성숙의 출발점이 되기도 한다.

상실은 끝이 아니라, 또 다른 감정의 여정이 시작되는 문이다. 그 여정은 아픔으로 시작되지만, 시간이 흐르고 마음이 조금씩 단단해질수록 그 빈자리에 이해와 수용, 그리고 새로운 관계와 희망이 깃든다. 상실감은 지워야 할 감정이 아니라, 품고 살아가야 할 감정이다. 그것을 통해 우리는 더 깊어지고, 더 성숙해지며, 더 사람다워진다.

두려움, 생존의 감정에서 자유의 감정으로

두려움은 인간이 가장 본능적으로 느끼는 감정 중 하나다. 이 감정은 생존과 깊은 관련이 있다. 인류는 생명의 위협을 마주할 때 두려움을 느꼈고, 그 두려움이 몸을 긴장시키고 도망치거나 싸우게 만들었기에 살아남을 수 있었다. 그런 의미에서 두려움은 우리를 살게 한 감정이다.

그러나 오늘날 우리가 마주하는 두려움은 육체적인 생존의 문제보다는 심리적이고 정서적인 영역에서 더 자주 등장한다. 사람들은 실패에 대한 두려움, 거절에 대한 두려움, 평가에 대한 두려움, 관계 안에서의 상처에 대한 두려움을 일상적으로 경험한다. 이 두려움들은 더 이상 생존을 위한 신호라기보다는 우리의 삶을 위축시키고 스스로를 제한하는 감정으로 작용하기도 한다.

두려움은 미래에 일어날지도 모를 어떤 위험을 미리 상상하며 경험하는 감정이기도 하다. 아직 일어나지 않은 일을 이미 벌어진 것처럼 느끼고, 그로 인해 현실을 회피하거나 행동을 멈추게 되는 것이다. 두려움은 예측을 기반으로 만들어지는 감정이며, 인간의 상상력은 그것을 더 크게 부풀린다. 그래서 실제보다 더 큰 위협처럼 느껴지고, 때론 존재하지 않는 위험에도 스스로를 옥죄게 된다.

문제는 이 감정이 '내면의 확성기'를 타고 점점 더 커진다는 점이다. 두려움을 피하려고 할수록, 그 감정은 더욱 강하게 다가온다. 두려움을 직시하지 않고 억누르려 하면 그것은 다른 형태로 모습을 바꿔 다시 나타난다. 분노로, 무기력으로, 혹은 회피라는 선택으로 변형되어 삶에 영향을 미친다.

그렇다고 두려움을 없애야 하는 것은 아니다. 오히려 중요한 것은 두려움을 '잘 다루는 것'이다. 그것은 감정을 억제하는 것이 아니라, 그 감정의 실체를 정확히 바라보는 데서 시작된다. 두려움의 본질은 내가 잃게 될지도 모른다는 '상실에 대한 염려'이며, 그 속에는 내 삶에 대한 애착과 소망이 담겨 있다. 내가 정말 중요하게 생각하는 것이 무엇인지, 무엇을 지키고 싶은지를 알려주는 신호가 되기도 한다.

때로는 두려움이 우리에게 질문을 던진다. "지금 이 길이 정말 너의 길이라 믿는가?", "실패해도 계속 나아갈 수 있겠는가?", "지금 멈추고 싶은 이유는 네가 위험해서인가, 아니면 그냥 불확실해서인가?" 이 질문들은 고통스럽지만, 동시에 성장의 문을 연다. **두려움은 도망치고 싶은 충동을 일으키지만, 역설적으로 그 감정을 통과한 사람만이 진정한 자유를 경험할 수 있다.**

우리는 두려움을 완전히 없앨 수 없다. 그것은 인간으로 살아있는 증거이기 때문이다. 하지만 두려움에 의해 지배당하지 않는 삶은 가능하다. 감정에 이름을 붙이고, 그 감정을 받아들이며, 두려움 너머의 가능성을 조금씩 상상하기 시작할 때, 우리는 비로소 두려움을 발판 삼아 앞으로 나아갈 수 있다.

두려움을 느낀다는 것은 내가 아직 포기하지 않았다는 의미다. 아직 바라는 것이 있고, 지키고 싶은 것이 있다는 증거다. 그러므로 두려움을 부끄러워하지 말아야 한다. 그 감정 속에서 나 자신을 이해하고, 천천히 앞으로 나아가는 연습을 통해 우리는 두려움 속에서도 담대함을 배워갈 수 있다.

기쁨, 순간을 살아 있게 만드는 감정

기쁨은 인간이 살아가며 느낄 수 있는 가장 생명력 넘치는 감정이다. 기쁨은 삶을 밝히는 빛과 같고, 어두운 시기를 견뎌낸 존재에게 주어지는 잠깐의 햇살 같다. 모든 감정이 인간에게 의미와 목적을 부여하지만, 기쁨은 특히 인간으로 하여금 삶의 가치를 직접적으로 체감하게 해준다.

기쁨은 단지 웃고 환호하는 외적인 반응을 의미하지 않는다. 그것은 마음 깊숙한 곳에서부터 솟아오르는 내면의 따뜻한 떨림이며, 존재 자체가 가볍고 자유롭게 느껴지는 순간의 감정이다. 기쁨은 흔히 사랑, 성취, 감사, 이해와 같은 감정과 연결되며, 자신이 살아 있음을 긍정하고, 삶이 아름답고 소중하다는 느낌을 동반한다.

기쁨은 대개 '의미 있는 연결'에서 비롯된다. 타인과의 관계에서, 어떤 성취의 과정에서, 혹은 자연이나 예술, 신앙 같은 초월적인 경험 속에서 피어난다. 기쁨은 외부로부터 주어지는 경우도 있지만, 그보다 중요한 것은 우리가 그것을 받아들일 수 있는 내면의 '여유'와 '수용성'이다. 즉, 같은 상황이어도 기쁨을 느끼는 사람과 그렇지 못한 사람의 차이는 외부 환경보다 내부 상태에 달려 있다.

또한, 기쁨은 순간적인 감정이지만, 삶 전체를 변화시킬 수 있는 깊은 영향력을 지닌다. 기쁨은 우리 안의 에너지를 일깨우고, 다른 사람과 나누고 싶은 욕구를 자극하며, 삶의 어려움 속에서도 계속 살아가고자 하는 동기를 부여한다. 이런 면에서 **기쁨은 단지 '기분 좋은 감정'이 아니라 '존재를 긍정하는 감정'이라 말할 수 있다.**

그러나 우리는 종종 기쁨을 경시하거나, 그것을 당연하게 여기며 지나친다. 기쁨을 오래 붙잡고 싶은 욕망이 클수록, 오히려 더 빨리 사라진다. 기쁨은 집착이 아닌 감사로 받아들여야 유지된다. **작은 기쁨을 알아보는 사람은 더 큰 기쁨을 누릴 준비가 된 사람이다.** 그래서 기쁨은 삶을 제대로 '느끼는' 사람에게만 온전히 전달된다.

기쁨은 훈련될 수 있다. 어떤 이는 힘든 상황 속에서도 기쁨을 찾아낸다. 고통 한가운데서도 감사할 것을 찾고, 실패 속에서도 배운 것을 기뻐할 줄 안다. 그런 사람들은 상황에 따라 기쁨을 느끼는 것이 아니라, 기쁨을 느낄 수 있는 삶의 자세를 갖추고 있는 것이다.

기쁨은 결국 '받아들이는 능력'이다. 지금 있는 그대로의 삶을, 나의 불완전한 모습과 어제의 실패를 끌어안으며, 오늘의 작은 숨결 안에서도 살아 있음을 느끼는 감정이다. 그리고 그런 기쁨은 감정의 파도에 흔들리지 않는 중심이 되어 준다. 기쁨은 외적 조건이 아니라, 내면의 관점에서 시작된다. 우리가 기쁨을 느끼는 만큼 우리는 삶을 신뢰하게 되고, 그 신뢰는 다시 삶의 어려움을 이겨내는 힘이 된다.

삶의 목적이 행복이라 말하지만, 사실 행복은 기쁨이 쌓여 만들어지는 깊은 상태다. 그러므로 기쁨은 단순히 순간의 쾌감이 아니라, 우리가 삶 속에서 끊임없이 훈련하고 키워야 할 귀한 감정이다. 그리고 그 감정을 통해 우리는 삶의 의미를 조금 더 깊이 이해하게 된다.

행복함, 머무르려 하지 말고 느껴야 할 감정

행복은 인간이 지닌 가장 보편적이면서도 가장 오해받기 쉬운 감정 중 하나다. 누구나 행복을 원하고, 행복을 꿈꾸며, 행복해지기 위해 살아간다고 말한다. 그러나 정작 "행복이란 무엇인가"라는 질문에 명확히 대답할 수 있는 사람은 많지 않다. 그것은 행복이 개념이기 이전에, '경험'이기 때문이다.

행복은 어떤 구체적인 대상이나 조건을 가질 때 오는 결과가 아니다. 오히려 행복은 '지금 여기'에서 충분히 받아들이고 만족할 수 있을 때 느껴지는 감정이다. 누군가는 더 많은 돈, 더 좋은 관계, 더 안정된 미래를 가지면 행복해질 거라 생각하지만, 그런 조건들이 충족된 뒤에도 여전히 공허함을 느끼는 사람들이 많은 것을 보면 행복은 외적인 성취로 보장되지 않는다는 사실을 알 수 있다.

행복은 본질적으로 삶에 대한 수용과 감사의 감정이다. 불완전한 오늘을 받아들이고, 주어진 조건 속에서 의미를 발견할 줄 알며, 작은 것에서 기쁨을 찾을 수 있을 때 사람은 행복해진다. 다시 말해, 행복은 '무엇을 가졌는가'보다는 '어떻게 느끼는가'의 문제다.

우리는 종종 행복을 정지된 상태처럼 생각한다. 마치 어떤 목적지에 도달하면, 영원히 유지될 것 같은 착각을 한다. 하지만 행복은 멈춰 있는 감정이 아니라 흐름 속에 있는 감정이다. 행복은 순간순간 깜빡이는 불빛처럼 찾아왔다가 다시 사라지고, 또 다른 형태로 다가오기도 한다. 그래서 행복은 '붙잡는 감정'이 아니라 '지나가는 감정'이며, 그 순간을 알아차리고 충분히 느끼는 능력이 중요하다.

행복은 상대적일 수밖에 없다. 타인과 비교하는 순간, 행복은 흔들리기 시작한다. 내가 가지고 있는 것에 만족할 수 있는 능력이 없을 때, 타인의 조건은 늘 나보다 더 좋아 보이게 마련이다. 그래서 **행복은 타인과의 비교 속에서 잃고, 나와의 관계 속에서 회복된다.** 자기 자신과 화해하지 못한 사람은 아무리 많은 것을 가져도 늘 결핍감을 느낀다.

행복은 때로 고통과도 함께 존재한다. 삶이란 기쁨과 아픔, 성취와 상실이 공존하는 복합적인 과정이다. 그러므로 진정한 행복은 고통이 전혀 없는 상태가 아니라, 고통 속에서도 여전히 '살아있음'을 느끼고, 그 안에서 의미를 발견하는 능력에서 비롯된다. 이처럼 성숙한 행복은 단순한 기분이나 흥분의 상태가 아니라, 깊은 이해와 수용에서 오는 내면의 평온함이다.

행복은 훈련되어야 한다. 우리의 마음은 본능적으로 불안을 먼저 감지하도록 설계되어 있기에, 의식적인 노력을 통해 행복을 키워나가야 한다. 하루 중 아주 사소한 순간, 예를 들어 따뜻한

햇빛, 누군가의 다정한 말, 조용한 시간, 맛있는 음식, 혼자 있는 평온함 그 모든 것이 행복의 씨앗이 된다. 중요한 것은 그것을 '알아차리는 감수성'이다.

궁극적으로 행복은 '지금 이 순간'에 온전히 머무를 수 있을 때 가능한 감정이다. 과거의 후회에 얽매이지 않고, 미래의 불안에 휘둘리지 않으며, 현재의 삶에 집중하고 감사할 수 있을 때, 행복은 그 마음 안에 머문다. 행복은 머무르게 하려 할수록 도망치고, 느끼려 할수록 더 많이 찾아온다. 행복은 특별한 사람만이 누리는 감정이 아니라, 마음을 여는 모든 이에게 잠시 머물다 가는 손님과 같다. 그리고 그 손님이 머무는 순간이, 바로 살아 있다는 것이 느껴지는 순간이다.

PART 02
다스리기

━━━━━━━━━━ ✦ 우리의 삶을 혼란스럽게 만드는 것은
외부의 시선이 아니라 그 사건을 해석하는
'내 안의 시선'이다.

CHAPTER 01

마음근육

마음의 근육을 키우는 긍정의 힘

사람의 몸에 근육이 필요하듯, 마음에도 근육이 필요하다. 바로 감정을 견디고, 시련 앞에서 무너지지 않는 정신적 탄력성, 즉 회복탄력성이다. 마음의 근육을 키우는 데 있어 가장 중요한 첫 번째 요소는 긍정적인 관점이다. 하지만 인간은 본성상 보수적이고 방어적인 존재다.

뇌는 새로운 자극보다는 기존의 익숙한 틀을 따르려 하고, 위협으로부터 자신을 보호하려는 본능 때문에 자연스럽게 부정적인 방향으로 상황을 해석하는 경향이 강하다. 이러한 성향은 진화론적으로 생존에 도움이 되었지만, 오늘날 복잡하고 다양한 사회 속에서는 오히려 우리를 더 쉽게 무기력과 좌절로 이끈다. 그렇기에 의식적으로 긍정적인 사고방식을 선택하려는 노력이 필요하다.

우리 삶을 혼란스럽게 만드는 것은 외부의 사건이 아니다. 그 사건을 해석하는 '내 안의 시선'이다. 같은 상황이라도 어떤 관점으로 바라보느냐에 따라 재앙이 되기도 하고, 기회가 되기도 한다. 어느 한 장면을 부정적으로 보면 절망이 되고, 긍정적으로 보면 배움이 된다. 선과 악처럼 뚜렷하게 나뉘는 것은 없다. 현실은 하나지만 해석은 무한하다.

한적하고 가난한 중국의 작은 마을이 있었다. 그곳에는 선천적으로 키가 작은 사람들, 소인들이 모여 살고 있었다. 찾아오는 사람도 드물고, 경제적인 여건도 좋지 않은 고립된 지역이었다. 누구도 주목하지 않는 이 마을은 단점으로 가득 찬 곳처럼 보였다. 그러던 어느 날, 마을 사람들 중 누군가가 이렇게 제안했다.

"우리가 백설공주에 나오는 난쟁이 마을처럼 이 마을을 바꿔보자."

사람들은 실제로 집을 동화 속 오두막처럼 리모델링하고, 동화 캐릭터의 옷을 입고 생활을 시작했다. 그 결과, 마을은 독특한 테마를 가진 관광지로 탈바꿈했다. 사람들의 발길이 이어졌고, 마을 경제도 되살아났다. 누군가의 눈엔 '단점'이었던 것이, 다른 시선에서는 '강점'이 된 것이다. 바로 해석의 전환, 즉 긍정의 힘이 만든 변화였다.

또 다른 예로 아프리카 어느 지역에 두 명의 신발 영업사원이 파견되었다. 그곳 사람들은 모두 맨발로 다니고 있었다. 두 영업사원은 본사에 전화를 걸어 각각 이렇게 보고했다.

"사장님, 여긴 신발을 신는 사람이 없어요. 장사는 틀렸습니다."

"사장님, 여긴 신발을 신는 사람이 아무도 없어요! 기회입니다. 우리 브랜드가 이 시장을 선점할 수 있습니다!"

같은 현상을 두고도 누군가는 포기하고, 누군가는 시작을 꿈꾼다. 이 이야기는 결국 현실보다 중요한 것은 현실을 바라보는 시선이라는 점을 말해준다.

건강한 성장과정에서 자란 사람은 확실히 많은 이점을 가진다. 그러나 그렇지 못한 환경에서 자란 사람도 주변의 도움을 적극적으로 받아들이고, 시련 속에서 단단한 내면을 키우려는 마음만 있다면 충분히 건강한 사람으로 성장할 수 있다. 가난하거나 힘든 환경은 부끄러운 약점이 아니라, 단단한 마음을 연습할 수 있는 무대가 될 수 있다. 결국 세상에서 무엇을 얻었느냐보다 중요한 것은 그 안에서 내가 누구로 성장했느냐이기 때문이다.

그런 점에서 현실은 많은 부분 불공평하다. 노력을 해도 결과가 따라오지 않는 날이 많고, 남보다 더 많이 애써도 더딘 변화에 실망할 수 있다. 하지만 그 상황을 극복하는 과정에서 마음의 근육은 조금씩 단단해지고, 자존감은 튼튼해진다. 세상에는 노력 없이 얻는 것은 없다. 그리고 노력이 언제, 어떤 방식으로 열매를 맺을지는 아무도 알 수 없다. 그러나 포기하지 않고 나아가는 자만이 그 열매를 만날 기회를 가진다.

이런 이유에서 긍정적인 마음은 타고나는 것이 아니라, 훈련을 통해 길러지는 능력이라 할 수 있다. 그러기에 스스로에게 끊임없이 말해야 한다.

"내 안에 답이 있어. 내가 어떻게 해석하느냐에 따라 내 삶의 색깔이 달라질거야."

나를 짓누르는 현실이 무거울수록, 그 현실을 새롭게 바라보려는 의식적인 긍정의 시도가 필요하다. 반복 속에서 마음은 점점 단단해지고, 그 단단함은 결국 건강한 사회를 구성하는 단위가 된다. **세상은 결코 한 가지 색으로 존재하지 않는다. 빛이 있으면 그림자도 있고, 시련이 있으면 기회도 있다. 모든 상황은 선택의 연속이다. 그 선택은 외부가 아닌, 내 안에서 시작된다.** 오늘 내가 무엇을 보느냐에 따라 내일의 내가 어떤 모습이 될지도 달라진다. 그렇기에 지금의 나를 믿고, 오늘 하루를 버티며 조금 더 긍정적으로 세상을 해석해보는 연습을 계속해야 한다.

자기성찰과 메타인지

마음도 몸처럼 단련이 필요하다. 외부의 자극에 쉽게 무너지고, 상처와 스트레스에 휘둘리는 상태에서 벗어나기 위해서는 내면의 근육을 길러야 한다. 그 마음의 근육을 키우는 가장 본질적이고도 강력한 방법 중 하나가 '자기성찰'이다.

자기성찰은 단순한 회상이 아니다. 그것은 자신의 감정, 생각, 행동의 흐름을 객관적으로 바라보는 능력이다. 다시 말해, 내가 왜 이런 감정을 느꼈는지, 어떤 말과 행동이 어떤 결과를 낳았는지를 성찰하고 분석하는 과정이다. 이는 성장과 변화를 이끌어 내는 내면의 거울이며, 삶의 방향을 재정립하게 해주는 나침반이기도 하다.

자기성찰을 통해 우리는 자아에 대한 인식을 넓힐 수 있다. 가깝게는 자신이 무엇을 좋아하고 싫어하는지, 어떤 상황에서 스트레스를 받으며, 어떤 가치에 기반해 결정을 내리는지를 파악할 수 있다. 그 결과로, 외부의 소음보다는 내면의 목소리에 더 귀 기울이게 되며, 삶의 주도권을 타인에게 넘기지 않게 된다.

이러한 성찰은 단지 생각에 머물지 않고, 실제적인 삶의 변화로 이어질 수 있다. 감정 조절 능력이 향상되고, 스트레스를 효과적으로 다루게 되며, 목표 설정과 실행에 있어서도 더 나은 선택을 할 수 있게 된다. **결국 자기성찰은 단순히 '지나간 일'을 되돌아보는 것이 아니라, 다가올 삶을 더 건강하고 성숙하게 살아갈 수 있는 준비가 되는 셈이다.**

여기서 한 걸음 더 나아간 개념이 있다. 바로 '메타인지(Meta-cognition)', 즉 상위인지다. 이 개념은 1970년대 미국의 발달심리학자 존 플라벨(John H. Flavell)에 의해 제시되었으며, '자기 자신의 인지 과정을 인식하고 조절하는 능력'을 뜻한다. 쉽게 말해, '자신의 생각을 생각하는 능력'이다.

예를 들어 누군가와 갈등이 생겼을 때, 메타인지는 나의 감정을 살펴보게 한다. 단순히 화를 내는 대신, "나는 왜 이렇게 화가 나는가?", "이 감정은 어떤 경험에서 비롯된 것인가?"를 스스로에게 묻는 능력이다. 이것은 갈등 상황을 불필요하게 확대하지 않도록 막아주며, 사과와 화해를 위한 감정의 조절과 선택을 가능하게 만든다.

메타인지는 자기성찰을 지속적으로 가능하게 해주는 시스템이기도 하다. 감정이나 사고를 그대로 반응하지 않고, 한 번 걸러내는 이 '생각의 여백'이 바로 인간의 지성이고, 성숙한 소통의 시작점이다. 이 능력은 단지 학문적 영역에만 필요한 것이 아니다. 감정적 상황, 관계 속 문제, 직업 선택, 인생의 전환점 등 거의 모든 삶의 장면에서 발휘될 수 있다. 자기성찰과 메타인지는 함께 작동하며, 삶을 더욱 깊이 있고 성찰적으로 살아가는 기반이 된다.

"성장은 자기 자신을 바라보는 정직한 눈에서 시작된다."

많은 이들이 삶의 문제를 외부에서만 찾는 경향이 있다. 그러나 해답은 대부분 내 안에 있다. 자기성찰과 메타인지는 나를 이해하고, 나를 넘어서려는 과정으로 당연히 쉽지 않다. 때로는 과거의 상처를 마주해야 하고, 불편한 감정과 대면해야 하며, 내가 피해왔던 진실을 껴안아야 할 수도 있다. 그러나 그 모든 과정을 견디고 나면 그곳에는 성숙한 나, 회복된 나, 더욱 강한 내가 서 있게 된다.

삶은 내가 누구인지 끊임없이 되묻는 질문의 연속이다. 그리고 그 질문에 답하려는 용기 있는 시도들, 그 자체가 바로 인간의 가장 아름다운 성장이다.

✦✦✦
자족(自足) 하기

마음의 근육을 단련하는 여러 방법 중 하나는 '자족하는 훈련'이다. 자족(自足)이란 말 그대로 스스로 만족하는 태도를 의미한다. 외부의 조건이나 타인의 평가에 좌우되지 않고, 현재의 삶, 그리고 지금 이 순간의 나 자신에게 감사와 수용의 시선을 두는 자세다.

그러나 현대 사회는 자족과는 거리가 멀다. SNS와 미디어는 끊임없이 '더 나은 삶'을 보여주며 사람들을 자극한다. 타인의 성취를 나의 기준으로 삼고, 나도 그만큼 가져야 한다는 결핍감과 경쟁심을 키우게 된다. 욕망은 한 번 자극되면 멈추지 않는다. 그러다 보니 아무리 많은 것을 가져도 지금 이대로의 나는 항상 불완전하게 느껴지고, 현재는 늘 무가치하게 여겨진다. 하지만 우리는 기억해야 한다. **행복은 조건이 아니라 관점의 문제다.** 많은 것을 가져도 감사할 줄 모르면 결국 더 많은 것을 원하게 되며, 반대로 가진 것이 적더라도 충분하다고 느낄 수 있다면 그 자체로 이미 풍요로운 삶이다.

심리학자 마틴 셀리그만(Martin Seligman)은 행복의 핵심 조건 중 하나로 감사와 현재에 대한 집중을 꼽는다. 그는 "감사일기를 매일 쓰는 사람은 더 높은 행복지수와 낮은 우울지수를 보인다"고 강조하며, '지금 가진 것에 만족하고 감사하는 태도'가 장기적인 정서 안정에 결정적이라는 연구 결과를 제시하였다.

불안은 미래의 결핍을 상상하는 마음에서 비롯된다. 아직 오지 않은 미래를 상상하며 '그때도 부족하면 어쩌지'라는 마음이 들기 시작하면, 우리는 현재를 불안으로 가득 채우게 된다. 자족하는 태도는 이러한 불안을 다스릴 수 있는 심리적 면역 체계가 되어준다.

중요한 것은, 자족은 나태함도 아니고 현실에 안주하는 태도도 아니다. 이는 스스로를 있는 그대로 인정하는 건강한 자기 존중의 표현이다. '더 나은 나'로 성장하기 위한 노력은 반드시 필요하지만, '지금 이대로도 괜찮다'는 기본적인 자존감 없이 이루어지는 노력은 자기파괴적 집착으로 흐를 수 있다. **자족하는 사람은 고요하다. 흔들림 없이 중심을 지키고, 타인의 성취에 조급해하지 않는다.** 자신의 부족함을 알아도 그것을 혐오하지 않고, 말없이 일하고 스스로를 격려하며 하루를 감사로 채워간다.

필자 또한 두 아들을 통해 자족의 마음을 배워왔다. 공부를 잘하지 않아도, 세상 기준에 딱 맞지 않아도, 그저 '내 아들'이라는 사실만으로도 감사하고 행복하다. 살아 있다는 것, 함께 있다는 것, 그것만으로 충분한 의미가 된다는 사실을 매일 깨닫는다. 그래서 자녀들에게 늘 이렇게 말하곤 한다.

"아빠보다만 늦게 죽어다오. 너희가 아빠 앞에 살아 있기만 해도, 그걸로 충분히 고맙고 행복하단다."

그 말은 단순한 소망이 아니라, 존재 자체에 대한 전적인 수용과 감사를 담은 고백이다. **자족은 가진 자의 특권이 아니다. 선택하는 자의 태도다.** 자신에게 조금 더 너그러워지고, 타인을 덜 부러워하며, 이 순간의 삶이 '충분하다'고 말할 수 있다면 우리는 이미 행복의 본질에 닿아 있는 것이다.

문제가 문제인지를 아는 힘

마음의 근육을 키우는 훈련 중 가장 본질적인 요소는 문제를 인식하는 능력이다. 즉, 지금 내가 겪고 있는 상황이 과연 문제인지 아닌지를 자각하는 것이 마음 성장의 출발점이 된다.

많은 사람들이 실제로는 다양한 문제를 안고 살아가지만, 그 문제 자체를 문제로 인식하지 못한 채 일상을 이어가는 경우가 허다하다. 특히 누군가에게 상처를 주거나 잘못된 행동을 반복하는 이들 중 상당수는 자신의 행동에 근본적인 문제점이 있다는 사실조차 인식하지 못하는 경우가 많다. 방송에서 가족 간의 갈등이나 일상 속 문제를 다루는 프로그램들을 보면, 참여자들이 스스로의 모습을 영상으로 확인하는 순간 충격을 받는 장면을 종종 보게 된다.

"저렇게 심각한 모습인지 몰랐다."

"나는 그렇게까지 상처를 주고 있다고 생각하지 않았다."

이와 같은 반응은 문제 인식의 부재가 얼마나 무의식적으로 존재하는지를 보여준다.

인간은 원래부터 모든 것을 제대로 인식하며 살아가는 존재가 아니다. 성장 과정에서 배운 문화, 환경, 관계의 영향을 받으며 그 속에서 자연스럽게 형성된 태도와 사고방식으로 살아간다. 그러다 보니 자신이 익숙하게 해온 말투나 행동, 관습이 타인에게 불쾌감이나 상처를 줄 수 있다는 사실을 전혀 자각하지 못한 채 살아갈 수 있는 것이다. 이러한 맥락에서 **문제 인식 능력은 성숙함의 핵심 지표다.** 어린아이들이 문제 행동을 보이는 이유 중 하나도 그들이 아직 충분히 배우지 못했기 때문이다. 문제를 인식할 수 있는 틀 자체가 형성되지 않았거나, 인지할 기회를 갖지 못한 것이다.

인간은 공동체와 문화 속에서 학습하고 동화되는 존재다. 익숙한 문화의 틀 안에서는 그것이 문제인지조차 깨닫기 어렵다. 이는 영화 〈매트릭스(Matrix)〉 속에 묘사된 세계와도 유사하다. 우리가 속한 문화와 환경, 고정관념은 일종의 시스템으로 작동하며 그 안에 있는 동안에는 스스로를 객관화하기 어려운 상태에 놓인다.

매트릭스라는 기계가 만든 허상의 공간에서 탈출하는 주인공처럼 진정한 성장은 문화 바깥의 시선을 통해 가능해진다. 자신의 삶을 외부인의 시선, 혹은 제3자의 위치에서 바라보는 순간, 우리는 비로소 익숙했던 것들 속에 숨은 문제의 실체를 볼 수 있게 된다. 문제는 나쁜 것이 아니다. 인간은 누구나 문제를 안고 살아간다. **문제 그 자체보다 더 큰 문제는, 문제가 문제인지 모르는 데 있다.** 중요한 것은 "내가 인식하지 못한 문제가 있을 수 있다"는 태도를 갖는 것이다. 이러한 태도는 겸손함을 기반으로 하며, 성숙함으로 이어진다.

문제를 인식하고 해결해 나가는 과정을 우리는 '창의'라고 부른다. 문제 해결을 위한 시도, 새로운 시각의 도입, 기존의 틀을 벗어난 접근 등은 모두 창의의 본질이다. 인류의 발전 역시 이러한 창의적 문제 해결의 누적을 통해 이루어져 왔다. 결국 삶은 문제의 연속이며, 동시에 해결의 연속이다. 스스로의 문제를 인식하고, 그것을 직면할 수 있는 용기와 통찰이 우리의 내면을 더욱 단단하게 만들고, 마음의 근육을 강하게 성장시킨다.

사랑, 마음의 에너지

우리 손에 상처가 났다고 가정해보자. 그 상태에서 누군가가 반가운 마음에 내 손을 잡는다면, 그 사람의 의도는 호의였을지 몰라도, 나는 반사적으로 "아프다"고 말할 수밖에 없을 것이다. 신체적 상처는 외부 자극에 대해 예민하게 반응하며, 작은 접촉조차 고통으로 느껴질 것이다.

마음도 마찬가지다. 마음에 상처가 있는 사람은 외부의 작고 사소한 자극에도 깊은 고통을 느끼곤 한다. 상대의 의도가 나쁘지 않았더라도, 이미 상처 입은 마음은 그것을 고스란히 받아들이기 어렵다. 마음의 상처는 주로 '결핍'에서 비롯된다. 결핍은 단지 어떤 것을 가지지 못했다는 뜻만이 아니다. 사랑받지 못했다는 경험, 인정받지 못했다는 감정, 보호받지 못했다는 기억이 켜켜이 쌓이며 마음에 상처를 남긴다.

마음의 성장 과정은 매우 복잡하지만, 그 핵심은 외부로부터 전달되는 정보와 자극을 뇌가 어떻게 해석하느냐에 달려 있다. 같은 말을 들어도 어떤 이는 힘을 얻고, 어떤 이는 상처를 입는다. 그 차이는 단지 개인차가 아니라, 마음의 근육, 즉 감정적 회복력의 차이에서 비롯된다.

그렇다면, 마음의 근육은 어디에서 오는가? 가장 중요한 요소는 보호받는 경험, 즉 '사랑'이다. 사랑은 감정 그 이상의 것이다. **사랑은 누군가의 의지적인 희생과 보호의 선택이며, 그것을 통해 인간은 안정감을 느끼고 불안을 줄이게 된다.**

인간은 기본적으로 이기적인 존재다. 자신을 희생하여 타인을 위하는 일은 본능적인 행위가 아니다. 그러나 누군가가 나를 위해 자신을 기꺼이 희생하고, 보호해주며, 끝까지 지켜준 경험이 있다면, 그 기억은 뇌에 강력한 안정 신호로 남는다. 이러한 경험은 마음속에 뿌리처럼 자리 잡아, 훗날 어떤 외로움이나 불안 속에서도 견딜 수 있는 내면의 힘이 된다. 반면, 성장 과정에서 그런 사랑을 경험하지 못한 사람들은 내면에 결핍이 남는다. 결핍은 곧 상처이며, 이러한 상처는 성인이 된 후 사회생활을 시작할 때 지속적인 에너지 소모로 이어진다.

한 사람이 하루에 사용할 수 있는 감정 에너지가 100이라고 가정해보자. 사랑받고 자란 비교적 건강한 사람은 이 에너지를 온전히 현재의 일에 쓸 수 있다. 그러나 상처가 깊은 사람은 낯선 이의 시선, 직장에서의 무심한 말 한 마디, 심지어 지하철 안의 소음 같은 자극에도 예민하게 반응하게 된다. 그 감정 소모만으로도 하루 에너지의 30이 이미 빠져나간다. 결국 남은 70의 에너지로 100의 일을 해야 하니, 매일 에너지의 마이너스가 반복되며 점점 더 소진되는 악순환의 상태에 빠지게 된다.

이러한 상태가 장기간 지속되면 어떻게 될까? 마음의 상처는 곪아 터지고, 심리적 문제로까지 발전할 수 있다. 무기력, 불안장애, 대인기피, 우울증, 공황장애 등이 그 결과일 수 있다. 이때 사람들은 흔히 "그 사람은 능력이 부족해서 그래."라고 말하지만, 사실 그것은 능력의 문제가 아니라 마음의 에너지 문제, 즉 마음의 근육의 문제다. 그러므로 만약 자신이 유난히 지치고, 감정의 기복이 심하며, 작은 일에도 상처를 받는다고 느낀다면, 자기 비난을 멈추고, 마음의 건강 상태를 점검해야 한다. 몸이 아플 때 휴식과 치료가 필요하듯, 마음도 마찬가지다.

이제는 마음의 근육을 키우는 데에도 진지한 시간과 노력이 필요하다. 외모를 가꾸는 시대에서 우리는 이제 '마음의 건강'을 돌보는 시대로 나아가야 한다.

나의 마음은 건강한가?

나는 나를 지지해주는 기억을 가지고 있는가?

나는 반복되는 피로감의 원인을 밖에서만 찾고 있지는 않은가?

혹시 지금, 내 마음이 아픈 상태는 아닌가?

이러한 질문에 스스로 답해보는 것이 회복의 첫걸음이 될 수 있다. 그리고 그 과정은 소통의 기술, 즉 자기 자신과 깊이 대화하는 기술을 배우는 데서 출발한다.

◆ 자기 자신만의 기준,
곧 '정체성'을 갖는 것,
그것이야말로 건강한 소통의 출발점이다.

CHAPTER 02

정체성

정체성, 마음근육의 뼈대

현대 사회는 이전과 비교할 수 없을 만큼 '육체'에 집중되어 있다. 물질만능주의, 외모지상주의, 소비 중심의 문화는 사람들의 관심을 끊임없이 외형으로 향하게 만든다. 겉모습을 아름답게 가꾸고, 몸을 편하게 유지하며, 외부의 평가에 부합하는 삶을 살도록 부추긴다.

과학과 기술의 눈부신 발전은 인간의 육체를 과거보다 훨씬 편하게 만들었다. 인류는 이제 과거 어느 시대보다도 더 길고 편하게 수면을 취할 수 있고, 더 편리한 이동수단과 더 효율적인 일상 시스템을 누리고 있다. AI를 비롯한 첨단 기술은 생활의 수고를 덜어주고, 오락과 편의는 점점 더 개인 맞춤형으로 진보하고 있다. 그러나 아이러니하게도, 많은 이들이 이렇게 말한다.

"나는 행복하지 않다."

특히 현대의 젊은 세대는 전례 없는 수준의 불안과 무기력, 우울감을 호소하고 있다. 그들은 말한다.

"죽을 만큼 힘들고 우울하다."

이 모순의 원인은 다양한 이유와 원인이 있겠지만 무엇보다 '육체의 성장'에 비해 '마음의 성숙'이 뒤처지고 있기 때문이다. 현대는 외형적 성장에만 집중하는 사회이다. 몸을 가꾸기 위해 운동을 하고, 피부를 관리하고, 먹는 것은 신경 쓰면서 마음을 위한 훈련에는 관심을 가지지 않는다. 마음은 그냥 자라나는 것이 아니라 의도적인 훈련과 시간, 건강한 관계와 소통, 자기성찰을 통해 성장할 수 있다.

그리고 마음의 성숙은 외부의 신호입력을 통해 만들어진다. 인간은 태어날 때 백지 상태로 시작한다. 인간의 '정체성'은 처음부터 스스로 정하는 것이 아니라 삶의 환경, 부모의 양육 방식, 사회적 경험, 타인과의 관계를 통해 외부의 신호가 입력되고, 그것이 반복적으로 쌓이면서 '나'라는 사람이 정의되어 간다.

만약 한 아이가 태어나면서부터 외부와 단절된 무인도에서 혼자 자란다면, 그 아이는 옷을 입지 않는 것이 부끄러운 일이 아니며, 매일 감자를 먹는 것이 불행한 삶이라고 느끼지 않을 것이다. 그것이 전부인 줄 알고, 그것이 자기라고 믿기 때문이다. 하지만 어느 날, 외부 세계에서 잘 차려입은 사람과 맛있는 음식을 먹는 사람이 무인도를 찾아와 새로운 삶을 잠시 경험하자, 그는 "나는 그동안 부족하고 초라한 삶을 산 가난한 사람이었구나"하며 자기 스스로를 가난한 사람이라는 정체성을 부여하게 된다.

이처럼, 정체성은 외부 비교를 통해 생성되기도 한다. 우리가 자신을 바라보는 기준은 독립적이지 않다. 대부분 타인의 삶, 사회의 기준, 경험의 스펙트럼을 통해 스스로를 규정하기 때문이다. 따라서 어떤 환경에서 어떤 기준을 내면화하며 자랐는가가, 한 사람의 인생에 절대적인 영향을 미치게 된다.

건강한 마음이란 단지 감정 조절을 잘하는 상태가 아니다. 그것은 자신이 누구인지를 알고, 비교에 흔들리지 않으며, 타인의 시선에 휘둘리지 않고 자기 삶을 살아가는 내적 중심을 세우는 것이다. **이 내적 중심이 바로 건강한 정체성이고, 그것이 곧 마음의 근육이 된다.**

많은 사람들이 불안한 이유는, 마음의 중심이 외부에 있기 때문인 경우가 많다. 타인의 시선, SNS의 비교, 사회적 평가에 기준을 두고 살기 때문에, 끊임없이 불안하고 초조하다. 그러나 자기 정체성이 분명한 사람은 이러한 외부의 소음 속에서도 중심을 잃지 않는다. 그것이 바로 마음이 성숙한 사람의 특징이다.

현대는 '보이는 것'에는 많은 시간을 투자하지만, '보이지 않는 마음'에는 관심을 기울이지 않는다. 그러나 진정한 인간의 행복은 겉모습이나 소유가 아니라, 자신의 마음이 얼마나 성숙하고 단단한가에 달려 있다. 마음은 저절로 자라지 않는다. 외부 세계의 자극, 내면의 반성, 건강한 소통, 실패와 회복의 경험을 통해서만 자랄 수 있다. 마음을 가꾸는 것은 선택이 아니라 생존을 위한 필수이다. **오늘날처럼 빠르게 변화하고 비교가 극심한 사회 속에서, 정체성과 마음의 근육 없이 살아간다는 것은 칼날 위를 맨발로 걷는 것과도 같다.** 그런 이유에서 지금 이 순간, 가장 먼저 해야 할 일은 당신의 마음을 들여다보는 일이다.

정체성, 소통의 출발점

인간은 사회적 존재이다. 인간이 생존할 수 있는 이유는 공동체 속에서 보호를 받고 도움을 받을 수 있기 때문이다. 다시 말해, 우리는 함께 살아가는 사회 속에서 서로 기대며 존재를 이어간다. 공동체는 인간의 생존을 위한 가장 기본적인 안전망이며, 그 안에서 우리는 서로에게 의지하고 기여하며 살아간다.

그렇기에 우리는 사회 구성원으로서 받은 만큼 공동체에 기여하며 자신의 역할을 감당해야 한다. 하지만 중요한 것은, 모든 사람의 역량이 같지 않다는 사실이다. 각자의 성장 속도, 체력, 정서적 성숙도, 지적 능력, 환경이 모두 다르기 때문이다. 그러므로 우리는 사람을 단일한 기준으로 평가해서는 안 된다. 오히려 다양한 차이를 인정하고 포용하는 것이 건강한 공동체의 기본 조건이라 할 수 있다.

공동체 안에서 큰 기여를 하지 못한다고 해서 스스로를 무가치하게 여기거나 낙심할 필요는 없다. 어떤 이는 사회에 긍정적인 기여를 많이 하는 사람이 될 수 있고, 어떤 이는 작고 소소한 일들을 묵묵히 감당하는 사람일 수도 있다. 그러나 모두가 자기 자리를 지키며 해를 끼치지 않는 것만으로도 충분히 기여를 하고 있는 것이고, 그렇게 사회는 유지된다.

종종 사람들은 일의 중요도에 따라 직업이나 역할의 '귀천'을 나누려 하지만, 이는 오해에서 비롯된 편견일 뿐이다. 예를 들어, 한 병원의 의사가 진료를 한다고 해도 그 의사 혼자서는 아무 일도 할 수 없다. 병원이 존재하려면 병원을 건설한 노동자, 의료 장비를 개발하고 제작한 기술자, 의사의 진료를 돕는 간호사, 약을 조제하는 약사, 병원의 위생을 관리하는 환경미화원 등 수많은 이들의 협력이 필수적이다. 각자의 역할은 다르지만, 어느 하나라도 빠지면 병원이라는 공동체는 제대로 기능하지 못한다.

그렇다면 문제는 무엇인가? 바로 사람들이 자신의 역할에 대해 스스로 확신을 갖지 못한다는 점이다. 타인의 시선, 사회의 기준, 부모의 기대, 학력이나 재산 등 외부의 평가 기준에 의해 자신의 가치를 정하려 하기 때문이다. 그러나 **자기 자신만의 기준, 곧 '정체성'을 갖는 것, 그것이야말로 건강한 소통의 출발점이 된다.**

진정한 소통은 단순한 말하기와 듣기의 문제가 아니다. 나 자신이 어떤 사람인지, 나는 무엇을 좋아하고, 무엇에 약한지, 어떤 환경에서 불안을 느끼는지를 아는 것에서부터 시작된다. 즉, 자기 자신과의 대화, 자기 이해가 소통의 시작이다.

자기 정체성을 찾는다는 것은 거창하거나 철학적인 문제가 아니다. 오히려 '나는 어떤 상황에서 기운이 나는가?', '나는 어떤 일을 할 때 시간이 잘 가는가?', '나는 어떤 사람과 있을 때 가장 자연스러운가?'와 같은 질문들로부터 출발할 수 있다. 그렇게 자신을 알아갈수록 타인과도 건강하게 소통할 수 있는 준비가 갖추어진다.

그리고 나서 우리는 자신에게 맞는 역할을 선택하고 감당하면 된다. 모두가 훌륭할 필요는 없다. 내 역할이 작고 초라해 보일지라도, 나는 사회에 꼭 필요한 존재이며, 인간이라는 이유만으로 존엄한 존재임을 믿어야 한다. 그 믿음이 있을 때 비로소 타인과도, 공동체와도 건강하게 소통할 수 있다. 그리고 **그 소통은 불안을 조절할 수 있는 기술이 되며, 결국 나와 세상을 연결하는 가장 따뜻한 다리가 되어줄 것이다.**

정체성, 내가 나로 살아가는 힘

인류 문명은 산업혁명을 거쳐 이제 인공지능(AI)이라는 혁신의 시대를 맞이하고 있다. 기술의 발전은 인간의 삶을 보다 편리하게 만들었고, 일의 효율성은 획기적으로 향상되었으며, 삶의 질 또한 비약적으로 높아졌다. 그러나 이러한 발전 속에서도, 오히려 현대인은 더욱 깊은 불안감을 호소하고 있다. 이는 역설적이게도 사회가 고도화될수록 인간의 역할이 줄어드는 구조적 변화에 기인한다.

역사를 돌이켜보면, 산업혁명 당시에도 유사한 현상이 존재했다. 증기기관과 방직기계가 등장하자 많은 노동자들은 자신들의 일자리를 잃을까 두려워했고, 카메라의 발명으로 인해 생계를 유지하던 수많은 초상화 화가들은 일감을 잃게 되었다. 그러나 결국 인류는 그 변화를 흡수했고, 새로운 형태의 직업과 산업이 창출되었다. 즉, **'사라짐'과 '탄생'의 반복 속에서 인류는 발전해온 것이다.**

AI 시대는 산업혁명보다 훨씬 더 빠르고 폭넓은 변화를 동반할 것이다. 직업의 절반 이상이 사라질 수 있다는 예측도 있으며, 인간의 판단과 창조성 영역까지 기계가 침투하고 있다. 이러한 격변 앞에서 우리는 쉽게 불안해하고 주저하게 된다. 사람은 본능적으로 변화를 두려워한다. 익숙한 것을 고수하고, 하던 대로 살아가려는 경향이 강하다. 새로운 시도보다는 안전함을 택하고, 낯선 미래보다 현재의 불편함을 감수하기도 한다.

이러한 시대일수록 중요한 것이 있다. 바로 '정체성', 즉 정서적 회복력과 자존감, 자기 수용이다. 아무리 기술이 진보하고 사회 시스템이 정교해져도, 개인이 내면의 안정과 자기 확신을 갖지 못하면 결국 불행해질 수밖에 없다.

오늘날 많은 사람들이 직업이나 사회적 지위, 소득 수준에 따라 자신의 가치를 평가받는다고 느낀다. 남들이 나를 어떻게 볼까에 지나치게 신경 쓰고, 결국 타인의 시선에 휘둘리며 진정한 자기를 잃어버린다. 그러나 중요한 진실은 대부분의 사람들은 남에게 관심이 없다는 것이다. 타인의 시선은 우리가 생각하는 것만큼 날카롭지 않다. 자신조차도 타인의 삶을 깊이 들여다보지 않듯, 남들도 마찬가지다. 그럼에도 불구하고 우리는 타인의 기준으로 직업을 선택하고, 사회적 인정에 매달린다. 어떤 직업은 '좋아 보인다'는 이유만으로 선호되고, 다른 직업은 '남들 보기에 창피하다'

는 이유만으로 기피된다. 이 얼마나 아이러니한 일인가. 정작 중요한 것은 '내가 얼마나 만족하는가', '얼마나 즐겁게 일하고 있는가'인데 말이다.

나의 친구 중에는 환경미화원으로 일하는 사람이 있다. 새벽에 일어나 청소 노동을 하며, 매일 아침에 도로를 깨끗하게 청소하는 일을 하고 있다. 사회적으로는 큰 주목을 받지 않는 일이지만, 친구는 나에게 그 일을 통해 누군가에게 쾌적한 공간을 제공하고, 자신도 건강한 노동을 통해 삶의 의미를 찾는다며 자신이 하는 일에 자부심을 가지고 있다고 말했다. 힘들고 지저분한 일을 한다고 해서 그것이 결코 하찮은 일이 될 수는 없다. 스스로 얼마나 그 일에 가치를 부여하고 만족을 느끼냐에 따라 어떤 직업도 최고의 일이 될 수 있다.

세상에 역할은 다양하다. 그리고 그 역할이 반드시 크거나 대단할 필요는 없다. 중요한 것은 자신이 그 일을 통해 자부심을 느끼고, 삶의 정체성을 발견하느냐이다. **정체성이란 타인의 기준이 아니라, 스스로 설정한 가치 기준에 따라 나의 존재를 이해하는 능력이다. 남과 비교하지 않고, 내가 나로서 살아가는 힘이다.**

결국 중심이 잡힌 나만의 정체성, 즉 마음의 건강이야말로 이 불확실성의 시대를 살아가는 데 가장 중요한 자산이 된다. 기술은 발전할 수 있고, 환경은 변할 수 있지만, 내면의 힘은 스스로 단련하고 키워야 할 과제이기 때문이다. 마음이 단단하면 어떤 변화도 기회로 받아들일 수 있고, 사회적 기준에 휘둘리지 않고 자기 삶의 중심을 잡을 수 있다.

정체성, 행복은 같은 대상 앞에서 다른 방식으로 살아가는 일이다

어느 정신과 의사의 일화다. 어느 날, 젊은 남성이 병원을 찾아와 매우 우울하고 괴롭다며 눈물을 보였다. 사랑하던 여자와 최근 이별했고, 그 충격이 너무 커서 제대로 생활을 할 수 없다고 호소했다. 마음속 허전함과 상실감, 분노와 절망이 하루하루를 갉아먹고 있다고 했다. 의사는 조용히 그에게 말했다. 실연의 고통은 일종의 심리적 재난이며, 어떤 병보다 오래 지속되기도 한다고. 정신과적 질환 중 상당수는 약물로 다스릴 수 있지만, 이별의 상실은 그 어떤 약물로도 온전히 회복되기 어렵다고. 진정을 위한 약물을 처방하고, 따뜻한 위로를 건넸다.

얼마 후 또 다른 남성이 찾아왔다. 그는 결혼한 지 얼마 되지 않았고, 지금의 아내와 사는 것이 너무나 괴롭다고 했다. 대화가 되지 않고, 생활의 모든 부분이 충돌해 이혼을 하고 싶지만 쉽게 결정할 수도 없어 매일이 고통이라고 했다. 의사는 그에게도 적절한 약물을 처방하고 상담을 이어갔다.

시간이 흐른 뒤, 의사는 우연히 두 사람의 사연이 서로 연결되어 있다는 사실을 알게 되었다. 첫 번째 환자가 그토록 사랑했던 여자는, 두 번째 환자의 지금의 아내였던 것이다. 한 사람은 같은 여자를 잃고 괴로워했고, 다른 한 사람은 그 여자와 함께 살아가며 괴로워했다.

이 일화는 우리에게 단순하지만 깊은 질문을 던진다.

"행복이란 도대체 무엇인가?"

"그것은 정말 외부의 어떤 존재나 조건에 달려 있는가?"

외부 조건이 완벽하다고 해도, 마음이 불안하면 결코 안정감을 느낄 수 없다. 반대로 외부 조건이 부족하더라도 마음이 평안하면 충분히 만족할 수 있다. 결국 행복은 대상이 아니라, 그 대상에 대해 내가 어떤 태도를 가지고 살아가느냐의 문제다.

비슷한 예가 있다. 어떤 청년이 심한 우울감과 무기력으로 힘들어하자, 부모는 자식을 위로하기 위해 세계 여행을 보내주었다. 청년은 한동안 기분이 좋아졌고, 여행이 위로가 된 듯 보였다. 그러나 시간이 지나자 다시 우울감이 찾아왔다. 부모는 또다시 여행을 보내주었다. 그렇게 몇 번을 반복하면서 여행의 효과는 떨어지고 말았다. 어느새 여행은 '비일상적인 위로'가 아닌, '일상적인 반복'이 되어버린 것이다. 외부 조건의 변화는 마음의 회복을 잠시 유예할 뿐, 근본적인 치유가 되지는 않는다.

결핍은 욕망과 욕심의 척도이고, 자족은 만족과 안정감의 척도다. 많은 사람들이 끊임없이 채우고 싶어 하는 이유는, 내면의 공허함이 아직도 채워지지 않았기 때문이다. 그러나 더 많은 것을 갖는다고 해서 반드시 더 행복해지는 것은 아니다. 오히려 자족할 줄 아는 사람이 진정으로 풍요로운 사람이다. 학생들에게 자주 하는 말이 있다.

"너희들의 마음은 너희들의 것이다. 너희의 세상은 너희가 주체적으로 만들어 가야 한다."

세상은 항상 외부의 자극으로 가득 차 있다. SNS, 비교, 기대, 평가, 유행, 사회적 압박과 같은 이런 정보들이 끊임없이 들어오고 나를 흔들지만, 그 모든 외부를 내가 필터링을 통해 주도할 수 있는 정체성을 가져야 한다. 그러려면 자기 마음을 주체적으로 다스릴 수 있어야 한다. 그것이 곧 '감정의 자율성'이고, 진짜 성숙함이다.

행복은 감정이다. 감정은 해석의 문제고, 해석은 내면의 훈련에서 비롯된다. 결국 내가 나를 얼마나 잘 이해하고, 스스로를 얼마나 수용하며 살아가느냐에 따라 같은 세상도 전혀 다르게 보이게 된다.

정체성, 인내와 성실로 만들어진다

인간이 스스로를 불행하다고 느끼는 순간은 대체로 두 가지 상황에서 비롯된다. 첫째, 자신이 원하지 않는 일을 억지로 해야 할 때, 둘째, 자신만 뒤처지거나 바보가 된 것처럼 느낄 때. 이 두 상황은 인간의 감정 에너지에 깊은 영향을 주며, 자존감을 무너뜨리고, 무기력과 좌절감을 불러온다.

그러나 여기에서 먼저 우리가 반드시 기억해야 할 사실이 있다. 인간은 본질적으로 유한한 존재라는 것이다. 우리는 영원히 살 수 없으며, 하루를 살아가는 데에도 사용할 수 있는 에너지는 분명 한계가 존재한다. 육체적 에너지도, 정신적 에너지도 마찬가지다. 일정량의 에너지를 소비하게 되면 우리는 자연스럽게 피로를 느끼고, 쉬어야 한다.

이러한 피로감은 나약하거나 게으른 것이 아니다. 인간이라면 누구나 느끼는 자연스러운 반응이다. 뇌는 효율을 중요시하고, 가능한 한 에너지를 절약하려는 방향으로 작동한다. 몸을 움직이는 것도, 생각을 많이 하는 것도 본능적으로 에너지를 소모하기 때문에 지친 상태에서는 일상적인 것도 부담이 될 수 있다. 그러므로 "나는 왜 이렇게 하기 싫을까?", "나는 왜 이렇게 지칠까?"라는 생각이 들 때는, 그 감정이 결코 이상하거나 비정상이 아니라는 것을 스스로에게 자주 상기시켜야 한다.

이때 우리에게 필요한 것이 바로 '인내'와 '성실'이라는 삶의 태도다. **인내란 힘들어도 계속해 나가는 것이고, 성실이란 하기 싫어도 해야 할 일을 책임감 있게 수행하는 것이다.** 이 두 가지는 타고나는 성격이 아니다. 훈련과 경험을 통해 조금씩 길러지는 마음의 힘이며, 사람마다 속도도, 깊이도 다르다. 그러므로 인내하지 못했다고 해서 자책할 필요는 없고, 성실하지 못한 하루가 있었다고 해서 자신을 비난해서도 안 된다. 중요한 것은 포기하지 않는 마음과 지속하려는 태도와 의지이다.

성장에는 반드시 실패와 실수가 수반된다. 이를테면 '서당 개 삼 년이면 풍월을 읊는다'는 속담처럼, 아무것도 모르는 존재라도 같은 자리에 머무르고 반복적인 환경을 경험하면 어느 순간 자연스럽게 배움이 이루어진다. 하물며 개도 그렇다면, 사람은 훨씬 더 큰 가능성을 가지고 있지 않겠는가? **결국 시간이 걸릴 뿐이다. 인내하며 버텨낸 시간은 반드시 의미 있는 결실을 맺게 된다.**

인내란 감정을 억누르는 것이 아니다. 필자 역시 20년 넘게 강의를 하며 "오늘은 정말 하기 싫다", "지치고 피곤하다", "이 일에서 잠깐 쉬고 싶다"는 생각을 자주 한다. 그럼에도 불구하고 강의는 계속된다. 그리고 열심히 강의를 한다. 이처럼 감정이 항상 좋고 의욕이 넘치기 때문에 움직이는 것이 아니라, 감정과는 별개로

해야 할 일을 지속하는 힘이 곧 인내다. 사회는 종종 사람들의 학벌이나 능력, 성취로만 평가하려 든다. 하지만 인간을 성숙하게 만드는 진짜 자산은 참아내는 힘, 끝까지 이어가는 성실함이다. 이것이야말로 인생의 가장 중요한 자산이다.

많은 사람들이 "나만 바보가 된 것 같다", "왜 나만 이렇게 뒤처진 것 같지?"라고 느낀다. 그러나 이는 착각이다. 누구나 그런 시기를 겪는다. 마치 한 살배기 아이가 기저귀에 실수하는 것을 나무라지 않듯, 삶의 단계에서도 시기마다 해야 하는 실수와 시행착오가 있다. 그것은 성장의 일부이며, 누구도 예외가 아니다. 그렇기 때문에 타인과 비교하지 말고, 나 자신의 시간표에 따라 나아가는 법을 배워야 한다.

이때 가장 중요한 것이 정체성, 곧 "나는 누구인가?"를 정의하는 능력이다. 정체성은 자존감에서 출발한다. 자존감이란 스스로를 존중하는 힘이다. 남들의 기준이 아니라, 내면에서부터 우러나는 자기 인식과 자기 존중이 바로 정체성의 기초를 이룬다. 그 정체성을 세우기 위해서는 자신을 꾸준히 들여다보는 시간이 필요하다.

나는 무엇을 좋아하는가?

나는 어떤 환경에서 힘을 얻고, 어떤 일에서 에너지를 잃는가?

나는 무엇을 할 때 시간이 잘 가는가?

나는 어떤 일을 할 때 가장 나다워지는가?

이러한 질문에 진지하게 답해가다 보면, 나라는 존재의 뿌리를 조금씩 찾아갈 수 있게 된다. 그 뿌리가 단단해질수록, 어떤 바람에도 흔들리지 않고 자신만의 리듬으로 살아갈 수 있게 된다. 이것이야말로 진짜 소통의 시작이며, 불안을 다스리는 힘의 출발점이 된다.

─────────────◆ 타인의 기준은 참고할 수는 있지만
결코 내 삶의 기준이 되어서는 안 된다.

CHAPTER 03

자기발견

자기 이해가 타인 이해의 출발점이다

앞에서 언급했듯 인간은 본질적으로 복잡한 존재이다. 많은 이들이 스스로를 두고 "나는 너무 복잡해"라고 말하곤 한다. 그 말은 단순한 자기표현이 아니라, 스스로도 자기 내면의 구조를 명확하게 알지 못한 채 살아가고 있다는 고백이기도 하다. 무엇을 먼저 해야 할지, 어디서부터 정리해야 할지 몰라 혼란을 겪는 이들이 많은 이유도 여기에 있다. 우리는 이 복잡성을 단순화하거나 도피하는 것이 아니라, 복잡함 자체를 이해하려는 시도를 통해 자신과의 건강한 관계를 맺어야 한다. 그 첫걸음은 인간의 속성인 몸과 뇌, 그리고 마음의 작용을 올바로 이해하는 데 있다.

소통은 단순한 말 주고받기가 아니라, 한 존재의 전체적인 신호를 다른 존재가 수신하고 해석하는 과정이다. 그러나 인간은 각기 다른 환경에서 자라고, 서로 다른 경험을 하며, 감정적 근육과 사고방식 역시 천차만별이기에, 같은 말을 해도 받아들이는 방식은 전혀 다를 수 있다. 예를 들어, 어떤 사람이 긍정적인 의도로 던진 말이 상대방에게는 부정적인 메시지로 해석되기도 한다. 이는 말하는 사람의 '의도'와 듣는 사람의 '해석' 사이에 간극이 존재하기 때문이다. 바로 이러한 이유로, **소통은 어렵고 오해는 빈번하게 발생한다.**

그러므로 우리는 타인을 외모나 겉으로 드러난 모습만으로 판단해서는 안 된다. 겉으로 보이는 것은 단지 일부일 뿐, 그 사람의 내면에 어떤 기억과 감정, 가치가 자리하고 있는지는 쉽게 드러나지 않기 때문이다. 그래서 **성급한 판단은 오해를 낳고, 오해는 관계의 단절을 가져온다.**

소통은 남과 하는 것이지만, 진정한 소통은 자신에 대한 깊은 이해에서 출발한다. 자기 자신도 잘 모르는 사람이 타인을 이해한다는 것은 근본적으로 어려운 일이다. 그러므로 우리는 먼저 질문해야 한다.

"나는 누구인가?"

"나는 무엇을 중요하게 여기는가?"

"나의 정체성은 무엇인가?"

자신에 대한 이해는 자신의 기준을 세우는 일이다. 기준이 있어야 외부의 수많은 정보와 비교 속에서도 중심을 지킬 수 있고, 타인의 삶을 맹목적으로 부러워하거나 따라가는 실수를 줄일 수 있다. 타인의 길을 걷는 것은 때로는 시간과 에너지의 낭비일 수 있으며, 나에게는 전혀 맞지 않는 삶일 수 있다.

어린 시절 누구나 한 번쯤은 들어보았을 토끼와 거북이의 우화는, 인간의 정체성에 대해 중요한 시사점을 제공한다. 이야기 속에서는 거북이가 토끼보다 느리지만, 성실함으로 결국 경주에서 이긴다. 많은 사람들은 '거북이처럼 꾸준히 가면 된다'는 교훈으로 받아들이지만, 이 이야기를 조금 다르게 들여다보면 또 다른 의미가 드러난다.

달리기 경주에서 거북이가 이긴 것은 토끼의 실수 덕분이었다. 만약 토끼가 승복하지 않고 다시 도전하자고 하면 어떻게 될까? 거북이는 이번엔 수영 경기를 제안할지도 모른다. 이처럼 토끼와 거북이는 각자 타고난 영역이 다르고, 각자의 장점과 한계가 존재한다. 달리기에서는 토끼가, 수영에서는 거북이가 우위에 있다. 따라서 이 경기는 본질적으로 '비교할 수 없는 비교'이며, 승부에는 큰 의미가 없다.

문제는 사회가 토끼라는 하나의 성공 모델만을 정해두고, 거북이에게도 토끼처럼 살라고 강요한다는 데에 있다. 이럴 경우 거북이는 자신의 정체성을 상실하게 되고, 행복을 잃어버리게 된다. 이는 타인의 기준으로 자신을 재단할 때 겪게 되는 일반적인 고통의 모습이다. 그래서 자신의 정체성을 발견하는 것이 무엇보다 중요하다. 자신이 누구인지, 어떤 길이 자신에게 맞는 길인지 아는 것이 혼란을 줄이고 에너지 낭비를 막는 가장 효과적인 방법이다.

타인의 기준을 참고할 수는 있지만, 결코 내 삶의 기준이 되어서는 안 된다. 남의 행복이 곧 나의 행복은 아닐 수 있기 때문이다. 나는 나이고, 남은 남일 뿐이다. 내 안에 나의 기준이 명확하게 세워져 있을 때, 나는 타인을 바라보면서도 흔들리지 않고, 진정한 의미의 소통도 가능해진다.

우리는 종종 외부의 기대와 비교 속에서 길을 잃는다. 그러나 참된 자유는 자신을 있는 그대로 받아들이고, 자신의 속도와 방식대로 살아갈 때 가능해진다. 그래서 거북이는 거북이로, 토끼는 토끼로 살아갈 때 가장 행복하다. 그러므로 우리는 이렇게 선언할 수 있어야 한다.

"나는 그냥 나다. 나답게 살겠다."

그 선언은 복잡한 인간의 삶에서 하나의 명확한 중심을 세우는 첫걸음이 될 것이다.

선과 악, 정답이 아닌 균형과 조화의 문제

인간 사회에서 '선(善)'과 '악(惡)'은 절대적인 기준으로 존재하지 않는다. 선과 악은 시대적 배경, 문화, 종교, 역사, 법률 등 다양한 조건에 따라 달리 정의되어 왔다. 무엇이 선이고, 무엇이 악인가는 보편적 기준이라기보다는 사회적 합의와 해석의 산물이다.

예를 들어, 이순신 장군은 한국 역사 속에서는 나라를 지킨 위대한 영웅으로 '선'의 상징이지만, 당시 일본인의 입장에서는 자신들에게 저항한 '적'으로 간주되었을 수 있다. 같은 인물에 대해 서로 다른 평가가 가능함은 선과 악이 본질적으로 상대적이라는 사실을 반영한다.

이러한 상대성에도 불구하고, 인간은 뚜렷한 기준과 명확한 구분을 선호한다. **정답이 주어졌을 때 안정감을 느끼며, 불확실성과 모호함 앞에서는 불안을 경험한다.** 이는 인간의 뇌가 복잡성과 모순보다는 단순성과 일관성을 추구하는 구조적 성향과도 연관이 있다.

그러나 세상은 단순하지 않다. 정답이 존재하지 않는 문제들이 훨씬 많고, 옳고 그름을 명쾌히 나눌 수 없는 상황도 빈번하다. 어떤 경우에는 거짓말이 악이 아닐 수도 있고, 법적으로 위반되지 않았더라도 도덕적으로 비난받을 수 있는 행동도 있다. 결국 인간의 도덕 판단은 절대적 기준이라기보다는 그때그때의 맥락과 관점, 가치에 따라 달라질 수밖에 없다.

그럼에도 많은 사람들은 선과 악을 고정된 틀로 구분짓고 싶어 한다. 그렇게 되면 오히려 그 기준이 '고정관념'이 되어 버리고, 타인을 평가하거나 세상을 해석하는 데 편협함을 가져오게 된다. **자신이 옳다고 믿는 기준만을 절대화하면 타인을 이해하려는 마음은 줄어들고, 삶은 융통성을 잃어간다.**

이러한 사고방식은 결국 자신을 옥죄게 된다. 선과 악에 대한 지나친 기준은 타인에 대한 판단을 넘어서, 자기 자신에 대한 지나친 비판으로 이어지기 쉽기 때문이다. 스스로 완벽해야 한다는 강박, 모든 상황에서 올바르게 판단해야 한다는 부담은 마음의 피로를 누적시키고, 죄책감과 자책감이라는 불필요한 감정의 늪으로 끌어들이기도 한다. 그래서 우리는 질문해야 한다.

"내가 믿고 있는 선과 악의 기준은 과연 누구로부터 온 것인가?"

그 기준이 부모나 사회, 종교, 교육 등 외부에서 주어진 틀이라면, 이제는 그 기준을 점검할 때다. **삶은 정답을 찾는 여정이 아니라, 균형과 조화를 찾아가는 과정이기 때문이다.** 상황에 맞게 유연하고 창의적으로 대처하는 것, 그것이야말로 인간답고 성숙한 삶의 방식이다.

고정관념은 나를 보호하고 편하게 해주는 듯하지만, 실상은 나의 시야를 가리고 마음을 갉아먹는다. 인간은 다양한 가치와 판단이 공존하는 세상에서 살아간다. 내 안의 기준을 선과 악으로 절대화하기보다는, 다름을 인정하고, 때로는 모호함 속에 머무를 수 있는 유연함을 가지는 것이 더 깊은 인간 이해로 나아가는 길이다.

비교의 덫에서 벗어나기

인간의 뇌는 끊임없이 '기억'을 저장한다. 문제는 단순한 기억 그 자체가 아니라, 어떤 기억이 저장되었느냐, 그리고 그 기억이 나의 기준이 되었느냐이다. 기억은 단지 과거의 정보가 아니라 현재의 나를 평가하는 기준점이 되기 때문이다.

예를 들어, 어떤 이는 스스로를 "나는 못생겼다" 혹은 "나는 가난하다"고 말한다. 이러한 자기 인식은 단순한 자아평가가 아니라, 더 잘생긴 사람, 더 부유한 사람에 대한 기억이 뇌에 저장되어 자신을 그와 비교함으로써 형성된 평가 기준이다. 즉, **비교로부터 만들어진 기억이 나의 정체성을 구성하는 기준이 되는 셈이다.**

우리가 누군가를 미워하거나 질투할 때도 마찬가지다. 그 사람에 대한 '객관적 사실' 때문이 아니라, 내가 가진 기준에서 그 사람이 벗어나 있기 때문에 미운 감정이 생기는 것이다. 그 기준은 종종 나 자신조차도 억누르는 잣대가 되며, 자신을 더 위축되게 만들고 자존감을 떨어뜨린다. 그 기준은 외부로 향할 때는 판단과 비난이 되고, 내부로 향할 때는 수치심과 열등감이 된다.

인간이 가장 안정되고 행복한 시절은 언제일까? 아마도 아주 어렸을 적, 엄마와 아빠만 곁에 있어도 충분했던 시기가 아닌가 싶다. 이유는 간단하다. 그 시기에는 비교의 기준이 존재하지 않았기 때문이다. 오직 엄마와 아빠만으로도 충분했던 시절로 자아는 아직 외부의 평가나 기준에 의해 규정되지 않았고, 오직 '사랑받고 있다'는 감각만이 존재했기 때문이다.

하지만 성장하면서 주변 세계를 관찰하고, 그 관찰 속에서 무의식적으로 평가 기준을 만들어 낸다. "좋은 친구가 있어야 해", "좋은 학벌을 가져야 해", "좋은 직업, 좋은 집, 좋은 연인, 좋은 외모…" 등 무수한 '좋은 것들'이 행복의 조건처럼 내면에 쌓여간다. 이 기준들을 만족시킬 경우 안정감을 얻는 것처럼 느끼고, 그렇지 못할 경우에는 조급함, 열등감, 위축, 그리고 불안에 시달리게 된다.

현대 사회는 끊임없이 말한다.

"더 가져라, 더 올라가라, 더 비교하라."

그러나 이 말 속에는 결정적인 오류가 숨어 있다. **행복은 채움**

으로 오는 것이 아니라, 비움으로부터 비롯되기 때문이다. 많은 이들은 자신이 가지지 못한 것, 즉 없는 것을 채우는 것이 행복이라 믿지만, 사실 그것은 불안을 잠재우기 위한 임시방편에 불과하다. 내면의 결핍감은 채움으로 해결되지 않기 때문이다. 오히려 **채울수록 더 큰 불안을 낳는다.** 도리어 비교를 멈추고, 고정관념을 내려놓고, 세상의 기준이 아닌 나만의 속도와 방향을 인정할 수 있을 때, 비로소 인간은 자유로워지고, 평안해지고, 성장할 수 있다. **행복은 소유의 문제가 아니다. 그것은 만족과 자족의 철학에서 비롯된다.**

내가 무엇을 기억하느냐가 내가 누구인가를 결정짓는다. 그러므로 우리는 과거의 왜곡된 기억과 기준에서 벗어나 새로운 기억, 새로운 기준, 새로운 정체성을 다시 써야 한다. 아이처럼 단순하고 따뜻했던 그 시절처럼, 기준을 내려놓고 마음을 비우는 것이 오늘날 우리에게 필요한 회복의 지혜이다. 내 안의 기준, 욕망, 고정관념을 내려놓는 것, 그리고 더이상 비교하지 않는 것, 그것이 자존감의 회복이며, 진정한 소통과 관계, 그리고 내면의 자유로 가는 길이다.

사람은 멀리서 보면 특별해 보인다

우리는 종종 타인을 이상화한다. 멀리서 산을 바라보면 아름답고 웅장하다. 사람들은 산이 주는 고요함과 경외감을 찬탄하며 사진을 찍는다. 하지만 막상 산에 들어가 보면 사정은 다르다. 땅은 습하고 미끄럽고, 모기를 비롯한 각종 벌레가 들끓으며, 버려진 쓰레기들이 눈에 띄기도 한다. 가까이서 보면 그리 아름답기만 한 곳은 아니다. 사람도 이와 같다. 멀리서, 특히 SNS나 미디어를 통해 보면 모든 이가 행복하고 특별해 보인다. 친구들과 파티를 하고, 맛있는 음식을 먹으며, 해외여행에서 찍은 사진을 연이어 올리는 사람들을 보며 우리는 착각한다.

"나는 왜 이렇게 평범할까?"

"저 사람은 참 멋지고 특별한 삶을 사는 것 같아."

그러나 그 화려한 이미지가 곧 그 사람의 전부는 아니다. 소개팅이나 중요한 모임에 처음 나갈 때, 우리는 평소의 모습을 절반도 보여주지 않는다. 최대한 정리된 모습, 가공된 언어, 어색하지 않을 정도의 유쾌함으로 '꾸며진 나'를 연출한다. 진짜는 만나보지 않고, 꾸며진 이미지로 서로를 판단하는 것이다. SNS에 올라오는 사진 역시 마찬가지다. 맛집을 갔다든지, 새로운 옷을 샀다든지, 누군가와의 만남이 있었다든지 하는 대부분은 특별한 날의 기록이다. 아무 일도 없는 일상의 사진은 잘 올라오지 않는다. 하지만 우리는 그것을 간과한다. 자신의 삶은 일상이기에 특별하지 않다고 생각하고, 남의 삶은 늘 특별하게만 보인다.

그래서 불안해진다. 그래서 스스로를 무가치하게 느낀다. 그러나 사람은 모두 똑같다. 누구나 삶의 무게를 느끼고, 인간관계에서 상처받으며, 불안과 후회를 안고 살아간다. 사실 조선시대 사람이나 현대를 살아가는 사람이나 느끼는 감정의 본질은 다르지 않다. 단지 자동차가 있고 없고, 핸드폰이 있고 없고의 기술적 차이일 뿐, 인간의 감정, 고민, 외로움, 기쁨, 슬픔은 예나 지금이나 같다는 사실을 잊지 말아야 한다.

우리가 자주 착각하는 것 중 하나는 '나만 평범하고, 다른 사람은 특별하다'는 생각이다. 하지만 이것은 가장 흔한 오해이며, 불필요한 열등감을 낳는다. 한 인터뷰에서 배우 톰 행크스(Tom Hanks)는 이렇게 말했다.

"사람들이 저를 특별한 사람처럼 보지만, 저는 평범한 사람입니다. 저는 매일 아침 양말을 잃어버리고, 커피를 쏟고, 실수를 합니다."

누구도 완벽하거나 특별하지 않다. 사람들은 각자의 방식으로 살아가며, 결국 사람은 다 똑같은 사람일 뿐이다.

자기 자신을 먼저 돌아봐야 하는 이유

이 시대는 '남을 배려하는 사람' 이전에, 자기 자신을 먼저 돌아보는 사람이 되어야 한다. 물론, 우리는 더불어 살아가는 존재이기에 타인을 이해하고, 공동체에 기여해야 할 책임이 있다. 하지만 정작 내 마음이 병들어 있고, 내 몸이 지쳐 있다면, 어떻게 타인을 돌보고, 세상에 따뜻한 영향을 미치는 사람이 될 수 있을까.

우리나라 학생들은 어릴 때부터 '부모의 기대에 부응해야 좋은 자식'이라는 암묵적인 압박 속에서 자라며 자신을 위해서가 아니라 부모를 위해서 혹은 사람들의 시선과 기준에 맞추기 위해 공부하는 경우가 많다. 학부모 상담을 해보면 많은 부모들이 "남들만큼만 했으면 좋겠다", "나는 바라는 게 없다"고 말하지만, 그 말 속에는 자신의 기대를 아이가 알아서 채워주길 바라는 마음이 숨어 있는 경우가 많다.

분명 부모는 자식을 사랑한다. 그 사랑은 자녀의 삶에 적극적으로 개입되는 형태로 표현된다. 문제는 그 사랑의 표현이 종종 조급함으로 나타난다는 것이다. 이웃 아이가 어떻게 잘되었다는 말을 들으면, 갑자기 내 아이가 뒤처지는 건 아닐까 불안해하며, 그 불안이 자녀에게 압력이 되어 전달된다.

사실 많은 부모들도 '부모 역할'을 배운 적이 없다. 그저 자신들의 부모를 보고 배웠던 방식대로 따라하거나, 주변에서 얻은 얕은 정보로 아이를 양육하려 한다. 그러다 보니 자녀와의 소통에 어려움을 느끼는 경우가 많다. 부모도 인간이고, 완전하지 않은 존재다. 실수도 하고, 때로는 자신의 불안 때문에 자녀를 억압하기도 한다.

아이들 또한 부모를 사랑한다. 그래서 부모의 기대에 부응하고 싶어 하고, 그것이 가능하다면 기꺼이 해내려 노력한다. 그러나 문제는 모든 아이가 똑같은 방식으로 반응하지 않는다는 점이다. 어떤 아이는 부모의 기대에 부응하지만, 어떤 아이는 그 기대를 감당할 수 없다.

한 상담 사례가 떠오른다. 부모 모두 유명 대학 교수였고, 둘째 아이 때문에 상담을 요청한 어머니였다. 첫째는 명문대학교에 입학해 부모의 기대를 충족시켰지만, 둘째는 우울증 약을 복용하며 공부를 거부했고, 유명하지 않은 대학에 입학한 뒤 자퇴 위기에 놓여 있었다. 아이는 그림을 좋아했고 디자이너가 되고 싶었지만, 아버지는 그 길을 허락하지 않았다.

중학교 때까지만 해도 괜찮던 아이가 고등학교에 올라가면서부터 변했다고 한다. 아이는 부모의 기대에 부응하지 못하는 자신이 무가치하고 죄스러운 존재라고 느꼈고, 자신이 부모를 실망시켰다는 자책감에 시달리다 마음의 병까지 얻게 되었다. 상담 중에 이렇게 말했다.

"아이가 건강하게 살아서 행복한 것이 더 중요하지 않을까요? 아프고 불행한데, 의사가 되고 유명한 사람이 되면 무슨 소용일까요?"

또 어머니에게 이렇게 덧붙였다.

"아이를 믿어주세요. 아이가 하고 싶은 일을 하도록 격려해주고 기다려주는 것이 진짜 사랑일 수 있어요. 사랑은 조건이 아니라 존재 자체로부터 시작되는 겁니다. 아이가 더 아파지면 그나마 지금 정도라도 건강했던 이 순간이 나중에 그리워질지도 모릅니다."

아이에게도 말을 건넸다.

"부모님이 너를 미워해서가 아니라, 표현 방법을 몰라서 그래. 그분들도 서툴러서 의도치 않게 너에게 상처를 준 거야. 네 인생은 네 것이니까 네가 좋아하는 일하면서 살아도 돼. '자식 이기는 부모 없다'는 말처럼, 네가 하고 싶은 일을 해도 괜찮아. 결국엔 부모님도 이해하게 될 거야."

몇 개월 후 어머니에게 전화가 왔다. 아이가 자격증도 취득하고, 예전보다 훨씬 밝아졌다는 소식이었다. 그때 어머니는 이렇게 말했다.

"그날 상담이 아니었으면, 우리 아이를 정말 몰랐을 것 같아요. 감사합니다."

누군가의 기대에 부응하려는 마음은 소중하지만, 그 마음이 자신을 파괴하고 있다면 반드시 멈춰야 한다. 사랑받기 위해, 인정받기 위해 자신을 포기하는 삶은 결국 내면을 병들게 한다. 중요한 것은 남에게 보이기 위한 삶이 아니라, 자기 자신을 돌보고 회복시키는 삶이다.

부모도, 자녀도 서로 모두 사랑한다. 그러나 그 사랑이 건강하게 흐르기 위해서는, 자신을 먼저 이해하고 돌보는 시간이 필요하다. 지금 너무 조급해하지 말자. 늦지 않았다. 중요한 것은 내 몸과 마음이 건강한가, 나답게 살아가고 있는가이다.

경쟁은 나쁜 것인가

경쟁은 종종 부정적인 단어로 인식되곤 한다. 치열한 경쟁 속에서 탈락한 이들의 좌절, 끝없는 비교로 인한 불안, 그리고 상대를 이겨야만 한다는 강박은 경쟁이라는 단어에 어두운 그림자를 드리운다. 그러나 본질적으로 경쟁은 나쁜 것이 아니다. 오히려 올바른 경쟁은 인간의 가능성을 끌어내고, 개인의 성장을 자극하는 중요한 원동력이 될 수 있기 때문이다.

역사 속 많은 발전은 경쟁을 통해 이루어졌다. 스포츠, 예술,

과학, 산업 등 어떤 분야를 보더라도 선의의 경쟁이 빠른 진보를 가능하게 했고, 그 결과는 인류 모두의 이익으로 환원되었다. 문제는 경쟁의 존재 자체가 아니라, 그 방향성과 조건에 있다. **진정한 경쟁은 같은 종목, 같은 조건 아래에서 공정하게 이루어질 때 의미가 있다.** 예를 들어 축구선수가 야구선수와 실력을 겨룬다면 그것은 경쟁이 아니라, 비교의 오류에 불과하다.

우리나라의 자랑인 손흥민 선수가 고등학교 야구부 선수와 야구 경기를 하면 당연히 손흥민은 패하게 될 것이다. 그러나 그렇다고 해서 손흥민이 실패한 인생이 되는가? 결코 그렇지 않다. 그는 축구라는 자신의 분야에서 세계적인 실력을 입증한 뛰어난 선수이기 때문이다.

김연아와 아사다 마오의 관계는 진정한 경쟁의 좋은 예로 자주 회자된다. 일본 피겨스케이팅의 간판선수였던 아사다 마오는 인터뷰에서 "김연아가 있었기에 나 자신도 더욱 성장할 수 있었다"고 말한 바 있다. 선의의 경쟁은 상대를 증오의 대상으로 만드는 것이 아니라, 나의 성장을 돕는 동반자로 인식하는 데서 출발한다.

한국 사회는 과도한, 때로는 불공정한 경쟁 구조를 갖고 있다. 우리 사회는 '공정한 경쟁'보다는 '무분별한 경쟁'이 일반화된 구조 속에 있다. 서로 다른 종목끼리 경쟁을 강요받는 현실, 누구에게나 동일한 기준을 요구하는 획일적 시스템, 이로 인한 좌절과 탈락은 특히 청년 세대에게 깊은 상처와 방향 상실을 가져다 주었다. 많은 청년들이 과도한 비용과 시간을 투자하며, 실제 자신의 적성이나 흥미와는 관계없는 길을 걸어가고 있는 것이다.

우리는 먼저 자신이 누구인지, 무엇을 좋아하는지, 나아가 자신이 가장 편안하고 지속 가능한 속도로 걸어갈 수 있는 길이 무엇인지를 먼저 발견해야 한다. 엄청나게 좋아하는 일이 아닐지라도, '덜 싫어하는 일'을 찾아 그 방향에서 자신만의 경쟁을 설계하는 것, 그것이 올바른 경쟁을 위한 준비자세이며 출발점이다.

경쟁이 무서워서, 불안해서 피하려고만 해서는 삶의 역동성을 잃는다. 인간은 스스로 동기 부여하기 어려운 존재이기에, 적절한 경쟁은 목표를 정하고 성취의 쾌감을 얻는 데 큰 도움이 된다. 다만, **경쟁은 무조건 앞서기 위한 싸움이 아니라, 자기의 속도와 방식에 맞춰 걷는 '성장의 방향'이어야 한다.**

인생은 100미터 단거리 경주가 아니라, 42.195킬로미터의 마라톤이다. 각자의 페이스가 있고, 각자의 출발점과 도착점이 있으며, 각자의 의미가 있다. 누군가가 먼저 앞서 나간다고 해서 조급해할 필요도 없다. 오히려 조급함은 에너지를 소진시키고 자신을 잃게 만드는 독이 될 수 있다. 경쟁에서 매일 이기지 않아도 된다. 패배에서도 배움이 있기 때문이다. 경쟁은 이기기 위한 것이 아니라 성장하기 위한 것이다.

상처의 깊이에 따라 달라지는 해석

같은 장면, 같은 글, 같은 이야기를 보고도 사람마다 느끼는 감정은 다르다. 어떤 이는 큰 위로를 받고 마음의 성숙을 이루지만, 어떤 이는 오히려 불편함과 자괴감 속에 빠진다. 이는 각자의 마음 상태와 결핍, 내면의 불안에 따라 세상을 해석하는 방식이 다르기 때문이다.

필자가 좋아하고 즐겨 시청하는 KBS의 다큐멘터리 프로그램 '동행'은 사회의 가난하고 소외된 이웃을 소개하고 함께 도우며 따뜻한 시선을 나누는 방송이다. 필자는 이 프로그램이 마치 한 편의 동화책처럼 느껴진다. 가난하지만 불행하지 않고, 가족들이 서로를 걱정하며 보듬는 장면은 깊은 감동을 준다. 몸은 불편하고 생활은 힘들지만, 진심으로 서로를 걱정하고 아껴주는 모습에서 인간의 숭고함이 드러난다.

그러나 필자의 지인 중에는 이 방송을 보고 오히려 불편해 하는 사람도 있다. 과거의 아픔과 상처가 되살아나기 때문이다. "나도 가난한 삶을 살았어", "왜 나는 저런 따뜻함 없이 버텨야 했지?" 하는 생각이 떠오르며 슬픔에 빠지기도 한다고 했다. **상처의 깊이는 해석의 차이를 낳는다.** 아무리 좋은 이야기라도 사람에 따라 상처가 되기도 한다.

우리는 매일 수많은 정보와 감정 자극을 마주한다. 그러나 마음이 병든 상태에서는 그것들을 있는 그대로 받아들이기 어렵다. 정보는 왜곡되고, 자극은 과장되며, 감정은 쉽게 요동친다. 특히 불안과 결핍이 깊을수록 외부의 자극은 위협으로 느껴진다. 이때는 '치유의 말'이 '자괴감의 메시지'로 작용할 수 있다.

그럴 땐 **'세상이 나빠서 그런 게 아니라, 내 마음이 아픈 상태이기 때문'이라고 받아들이는 것이 중요하다.** 외부를 바꾸기보다는 우선 자기 자신을 살펴야 한다. 감당할 수 있는 정보량, 관계의 깊이, 감정의 무게를 조절해야 한다. 마치 근력이 약한 사람에게 무거운 짐을 들게 하면 다치듯, 마음에도 적절한 '무게 조절'이 필요하다. 자기 마음의 상태에 맞는 수준의 대화와 감정 소모만 해도 충분하다.

심리적으로 병적인 상태에 가까울 때는 성찰, 자기개발, 인간관계에 대한 논의조차 부담스럽다. 이런 상태에서 억지로 '나를 바꾸자', '더 나은 사람이 되자'는 압박을 받으면 더 깊은 좌절로 빠질 수 있다. **이때 필요한 것은 성찰이 아니라 치료이고, 반성보다는 휴식이다.**

몸이 아프면 쉬어야 하듯, 마음이 아플 때도 반드시 쉬어야 한다. 자기비판이나 타인과의 비교는 일단 멈추고, 조용히 자기 자신에게 집중하는 것이 회복의 첫걸음이다. "사람들이 나를 무능력하게 볼까봐 두렵다", "이러다 사회에서 도태되는 것 아닐까"하는 생각은 자연스러운 불안의 반응일 뿐이다. 그러나 그것에 매몰되어 자신을 몰아세우기 시작하면, 오히려 치유는 더디고 고통은 깊어진다.

마음이 지나치게 지쳐 있으면 자기반성도, 관계회복도, 성숙도 불가능하다. 이런 상황에서는 외부의 충고나 정보가 아무리 좋아도 방어적으로 받아들여지고, 오히려 자신을 더 깊이 괴롭히는 도구가 되기도 한다.

외부의 소리보다 먼저 자기 상태를 살펴야 한다. 필요하다면 전문가의 상담을 받고, 쉬어야 한다. 감정의 회복이 일정 수준에 도달한 후에야 비로소 인간관계, 자기성찰, 사회적 책임 등에 대한 고민이 가능해진다.

사람마다 체력이 다르듯, 마음의 근력도 제각각이다. 누군가에겐 아무렇지 않은 말이 어떤 이에게는 깊은 상처가 되기도 한다. 소통도 결국은 마음의 무게를 조절하는 일이다. 마음이 아플 때는 가벼운 이야기만 나눠도 괜찮고, 때로는 말없이 함께 있어주는 것도 큰 위로가 된다. 너무 무거운 대화를 억지로 하지 않아도 괜찮다. 자기 마음의 상태를 인정하고, 그에 맞는 소통 방식을 택하는 것이 오히려 더 성숙한 태도다.

━━━━━━━━━━━━━━━ ✦ 좋은 경험이든 나쁜 경험이든
결국은 인생이라는 밭에
뿌려지는 거름과 같다.

CHAPTER 04

경험, 정보

경험은 인생의 자산이다

인간은 백지 상태로 태어나 그 위에 경험이라는 붓으로 삶의 그림을 그려나간다. 경험은 인생을 살아가며 얻게 되는 가장 값진 자산 중 하나다. 이는 단순히 사건을 겪는 것이 아니라, 그 사건을 통하여 자신을 이해하고 세상을 해석하는 시야를 넓혀가는 과정이기도 하다.

직접 경험은 스스로 시행착오를 겪으며 몸으로 배우는 것으로, 흔히 '독학'과도 통한다. 이러한 독학은 시간은 오래 걸리지만, 매우 강력하고 지속 가능한 정체성을 만들어 내는 원동력이 된다.

반면 간접 경험은 책, 영상, 타인의 이야기, 인터뷰 등 외부 자료를 통해 얻게 되는 지식과 감정의 축적이다. 간접 경험은 시간과 공간의 한계를 넘을 수 있다는 점에서 매우 유용하나, 깊이 있는 자기 인식이나 감정 조절의 능력을 완전히 습득하기 어렵다. 인간이 한 몸으로 다양한 경험을 모두 직접 할 수는 없으므로 직접 경험과 간접 경험을 적절히 조화롭게 활용하며 자신을 성장시켜야 한다.

경험은 긍정적인 측면과 부정적인 측면을 동시에 지닌다. 긍정적으로는 마음의 근육을 기르고, 허용치가 넓어지며, 인간의 본질에 대한 이해가 깊어지는 결과를 가져온다. 사람들과의 소통 능력은 물론이고, 판단력과 감정 조절 능력도 함께 성장하게 된다. 그러나 모든 경험이 성숙만을 보장하지는 않는다. 어떤 경험은 상처로 남고, 그 상처가 아물기도 전에 다시 덧나거나 곪아 깊은 불안으로 전이되기도 한다. 이는 실패와 좌절, 배신, 상실 같은 경험들이 아직 소화되지 못한 채 마음에 짐처럼 쌓이기 때문이다.

경험은 그 자체보다, 어떻게 받아들이고 해석하느냐에 따라 결과가 달라진다. 정서적으로 건강한 사람은 경험이 쌓일수록 더욱 견고해진다. 반대로 상처가 많고 감정이 정리되지 않은 상태에서는, 경험이 오히려 더 큰 두려움과 무력감으로 다가오기도 한다.

경험의 양보다 더 중요한 것은 자신의 현재 상태와 감정의 그릇을 잘 파악하고 조절하면서 경험을 쌓아가는 것이다. 처음부터 많은 것을 얻으려 하거나, 큰일을 감당하려 하다 보면 자신이 감당할 수 있는 무게를 초과하게 된다. 그보다는 낮은 자리, 작은 경험에서부터 천천히 단계를 밟아 나가는 것이 더 건강한 성장이다. **경험은 체력과 같다. 무게를 조금씩 올리며 훈련해야 더 멀리, 더 단단하게 나아갈 수 있다.**

좋은 경험이든 나쁜 경험이든, 결국은 인생이라는 밭에 뿌려지는 거름과 같다. 좋은 경험은 마음에 따뜻한 기억으로 남아 자신감을 심어주고, 나쁜 경험은 같은 실수를 반복하지 않도록 조심하게 만드는 자료가 된다. 그 둘 모두를 성숙의 연료로 삼아, 결국엔 단단하고 균형 잡힌 사람으로 성장할 수 있다.

정보가 넘쳐나는 시대, 휘둘리지 않기 위해

오늘날 우리는 역사상 유례없는 '정보의 홍수' 속에 살아가고 있다. 인터넷과 스마트폰의 보급은 정보 접근의 장벽을 완전히 허물었다. 몇 번의 클릭만으로 과거에는 상상조차 할 수 없던 양의 정보가 눈앞에 펼쳐진다. 누구나 뉴스를 만들고, 해석하고, 유포할 수 있는 시대. 정보가 곧 힘이라는 말이 현실이 되었다.

그러나 정보가 넘쳐날수록 문제도 함께 커져간다. 거짓 정보,

조작된 데이터, 편향된 사실, 악의적으로 재구성된 뉴스 등 정보가 너무 많아지면 오히려 무엇이 진짜인지 분별하기 어려워진다. 실제로 현대인은 정보의 부족이 아니라, 정보의 선택에서 어려움을 겪고 있다. 정보 과잉은 때로 무지보다 더 위험할 수 있다.

필자가 청년 시절이던 1990년대만 해도, 어떤 정보를 얻기 위해서는 도서관을 오랜 시간 뒤지고, 발품을 팔아야 했다. 짧은 분량의 리포트 하나를 작성하는 데에도 며칠, 혹은 몇 주가 걸리는 것이 당연했다. 그만큼 정보는 귀했고, 얻는 과정 자체가 훈련이었다. 그러나 지금은 다르다. 스마트폰 하나로 전 세계의 자료를 순식간에 얻을 수 있다. 검색어만 알면 무엇이든 가능하다.

문제는 정보가 많다고 해서 다 진실은 아니라는 점이다. 수많은 정보 속에는 누군가의 의도, 감정, 욕망이 얽혀 있다. 이때 자기중심이 서 있지 않은 사람은 이러한 정보들에 휘둘리기 쉽다. 마치 바다 위에 닻 없이 떠 있는 배처럼, 계속해서 방향을 잃고 흔들린다. **정보는 진리가 아니다. 정보는 어디까지나 참고자료다. 정보는 '도구'이지, '정답'이 아니다.**

사람은 언제든지 거짓말을 할 수 있는 존재다. 겉과 속이 다를 수 있고, 자신의 유익을 위해 정보를 왜곡하거나 조작할 수 있다. 과거에도 그랬고, 지금도 그렇다. 인간의 본성은 쉽게 바뀌지 않는다. 따라서 우리는 정보를 다룰 때 사람을 대하듯 조심해야 한다. 신뢰할 만한 정보인지, 왜곡되진 않았는지, 사실관계가 확인된 것인지 끊임없이 점검하고 의심해야 한다.

자기중심이 선 사람은 정보를 접할 때도 무비판적으로 받아들이지 않는다. 맥락을 읽고, 출처를 살피고, 자신의 판단을 보류하며 사고의 여지를 남긴다. 반면 자기중심이 서 있지 않은 사람은 정보에 쉽게 휩쓸리고, 자극적인 제목이나 누군가의 감정에 쉽게 반응하며 방향성을 잃어버린다.

좋은 정보는 우리의 시간을 절약해주고, 불필요한 시행착오를 줄여준다. 또한 우리가 보다 정확한 판단을 내릴 수 있게 돕고, 건강한 감정을 유지하게 한다. 하지만 아무리 좋은 정보라도 무조건적으로 믿어선 안 된다. 정보를 해석하는 내 안의 기준과 방향성이 더욱 중요하다.

정보는 인터뷰, 설문, 통계, 관찰, 직접 경험 등 다양한 경로를 통해 얻을 수 있다. 하지만 그 모든 정보들은 결국 수단일 뿐이다. 그 수단을 통해 내가 어떤 지혜를 얻고, 어떤 삶을 살아가느냐가 더 본질적인 문제다.

현대 사회는 결국 정보를 어떻게 다루는가에 따라 성공 확률이 달라지는 시대다. 앞서 말했듯이 **정보는 도구이지 주인이 되어서는 안 된다. 정보를 통해 길을 찾을 수는 있지만, 그 길을 걸어갈 주체는 '나 자신'이어야 한다.** 정보는 많아졌다. 그러나 기준은 희미해졌다. 그렇기에 지금 이 시대에 필요한 것은 더 많은 정보가 아니라, 자기 자신의 중심을 잡는 정체성과 정보 해독력을 가지는 것이다.

♦ 실패 없는 성장은 없고
　실패 없는 배움은 없다.

CHAPTER 05

고난, 인내, 성실

고단한 삶, 그러나 견딜 만한 이유

누구나 시간이 흐름에 따라 몸은 쇠약해지고, 기회는 줄어들며, 고통은 깊어지는 과정을 겪는다. 인생은 본질적으로 고달프고 피곤한 여정이다. 때로는 이 고통의 무게가 너무도 무겁게 느껴져, 삶 자체를 포기하는 이들도 있다. 그 선택이 안타깝고, 한편으로는 이해된다. 인간의 삶이란 결코 만만하지 않기 때문이다.

하지만 중요한 사실이 있다. 이러한 고통은 나만 겪는 것이 아니라, 모든 인간이 겪는 보편적인 경험이라는 점이다. 사람들은 흔히 자신만 유독 불행하거나 힘든 것처럼 느끼지만, 인간의 삶 자체가 원래 고난의 연속이다. 필자 역시 지난 삶을 돌아보면, 결코 쉽지 않았다. 다시 그 시절로 돌아가라면 단호하게 거절할 것이다. 육체적으로는 더 늙고, 기력은 줄었지만, 내면은 성장했고 성숙해졌기 때문이다.

성장은 고통을 동반한다. 그 고통을 지나야 비로소 삶이 견딜 만해진다. 아기는 처음 걸음마를 뗄 때, 수없이 넘어지고 울면서 스스로 일어서 걷는 법을 배운다. 만약 부모가 아기가 다칠까 봐 계속 잡아주기만 한다면, 아기는 결코 혼자 걷지 못할 것이다. **고통은 성장을 위한 필수적인 통과의례이고, 안타깝지만 스스로 견뎌내야만 한다.**

오늘날 많은 사람들은 실패를 곧 죽음처럼 여기며 실패를 두려워한다. 그러나 실패는 인생에서 가장 훌륭한 스승이다. 실패는 아프고 불편하지만, 우리의 사고를 넓히고 감정을 단단하게 다져주는 인생의 도구이다. **실패 없는 성장은 없고, 실패 없는 배움은 없다.** '십 년이면 강산도 변한다'는 속담이 있다. 이는 외부의 환경이 10년이면 크게 변할 수 있다는 뜻이기도 하지만, 역으로 인간이 삶을 어떻게 받아들이느냐에 따라 내면의 지형과 크기도 그만큼 바뀔 수 있다는 뜻으로도 해석될 수 있다.

열아홉에서 스무 살이 되어 성인이 된다는 것은 단지 숫자의 변화일 뿐, 하루 만에 삶의 본질이 바뀌는 것은 아니다. 때문에 스무 살의 성인이 된 젊은이에게 처음 접하는 사회는 마치 넘기 힘든 큰 거대한 산, 혹은 건널 수 없는 깊은 바다처럼 느껴질 것이다. 아직 사회생활에 대한 경험이 없기 때문에 사소한 일도 거대하게 보이고, 어떤 일을 하더라도 마음의 에너지 소비가 크기 때문에 육체적으로도 쉽게 지칠 것이다. 더구나 '이런 일을 평생 해야 하나' 하는 생각에 사로잡히면 두려움과 무기력은 더 커지고, 스스로를 고립시키는 결과로 이어지기도 한다. 이것은 일부의 문제가 아니라 거의 모든 젊은 세대가 경험하는 보편적인 과정이다.

현대인은 과거보다 훨씬 많은 교육과 정보에 노출되어 있고, 지식수준은 매우 높아졌지만, 사회적응력이 떨어지고, 감정 조절에 어려움을 겪는 등 오히려 정서적으로는 더 미성숙한 경우가 많다. 지금은 지식보다 인내와 성실이 더욱 절실하다. 그렇다면 인내란 무엇인가. 버티는 것이다. 견디는 것이다. 꾸준히 해내는 것이다. 처음에는 어려워도 반복하면 익숙해지고, 익숙해지면 루틴(Routine)이 생기고, 루틴이 자리 잡으면 에너지는 줄고 효율은 올라간다. 인간은 '적응의 동물'이라는 말이 있다. 그 말처럼 인간은 어려움을 이겨내는 능력을 타고난 존재다.

어떤 일을 10년 이상 묵묵히 감당하고 나면, 처음에는 험준하게만 보였던 산이 이제는 넘을 만한 언덕으로 느껴지고, 한없이 깊어 보이던 바다도 건널 수 있는 개울처럼 보이게 된다. 그러니 그냥 참고 버텨보라. 잘할 필요도 없다. 성공하지 않아도 된다. 실수하고 실패해도 괜찮다. 중요한 것은 계속 해보는 것, 포기하지 않는 것이라고 말해주고 싶다. 이 길은 누구나 할 수 있는 길이다. 그러나 동시에, 아무나 할 수 없는 길이기도 하다. 왜냐하면 사람들은 시작하기 전에 결과를 예단하고, '나는 못할 거야', '해봤자 안 될 거야'라는 자기 한계에 먼저 갇히기 때문이다. 하지만 아무 생각 없이 '어떻게든 되겠지'라는 마음으로 해보면, 놀랍게도 자신이 꽤 많이 달라져 있는 것을 발견하게 될 것이다.

'젊어서 고생은 사서도 한다'는 말이 있다. 이는 고생을 즐기라는 말이 아니다. 다양한 경험을 해보라는 것이다. 꼭 대기업이나 안정된 길만이 답은 아니다. 오히려 다양한 환경을 경험하다 보면, 자신에게 맞는 일, 자신만의 길이 자연스럽게 보이기 시작한다. 지금 당장 힘들다고 낙심하지 말자. 삶은 원래 어렵다. 그러나 그 어려움을 견디는 과정 속에서 우리는 진짜 어른이 되어간다. **인내와 성실이라는 오래된 미덕은 여전히 유효하며, 그것이야말로 복잡하고 빠른 세상 속에서 자신을 지키는 가장 강력한 힘이 될 것이다.**

인내는 어디에서 오는가

많은 이들이 인내를 단지 '참는 힘'이라 생각한다. 그러나 인내는 무조건 참는 것이 아니다. 인내는 자기 안에서 일어나는 강한 동기부여로부터 나온다. 동기 없이 참는 인내는 오래가지 못하고, 결국 탈진하거나 포기하게 된다.

그렇다면 동기부여는 어떻게 생겨나는가? 동기부여는 결국 '내가 좋아하는 일', 또는 '내가 의미를 느끼는 일'을 할 때 생겨난다. 그러나 사람들이 종종 착각하는 것이 있다. 좋아하는 일을 하면 일이 쉬울 것이라고 생각하는 것이다. 아니다. 좋아하는 일도 힘들다. 원래 일이란 건 힘든 것이다. 하지만 그 힘듦을 견디게 만드는 힘이, 바로 그 일을 '좋아함'이라는 감정에서 나온다. 그래서 할 수만 있다면 좋아하는 일을 해야 한다.

예를 들어 보자. 어떤 사람이 자기가 별로 좋아하지도 않고, 필요성도 느끼지 못하는 일을 억지로 한다고 해보자. 아무리 좋은 조건이 주어지더라도, 결국 오래가지 못한다. 쉽게 지치고, 포기하게 된다. 반면, 아무리 힘들어도 자기가 좋아하는 일을 하는 사람은 그 일에서 의미와 방향을 발견하기 때문에 견딜 수 있는 힘이 생긴다. 즉, 포기하지 않을 가능성이 높아지는 것이다.

그렇다면 어떻게 나만의 '좋아하는 일'을 찾을 수 있을까? 그 방법은 하나다. 다양한 경험을 해보는 것이다. 다양한 일을 해보면서, 나는 무엇을 좋아하는지, 나는 어떤 일을 할 때 몰입하는지를 조금씩 발견하게 된다. 이런 경험을 통해 우리는 자신을 더 깊이 이해하게 되고, '삶의 목표'와 '꿈'이라는 방향성을 정할 수 있다.

제자들에게 항상 꿈을 가지라고 말한다. 왜냐하면 꿈이 목표이고 꿈이 좋아하는 일이 되기 때문이다. 꿈은 반드시 실현 가능한 수준의 것일 필요는 없다. 지금 나의 수준으로는 불가능해 보일지라도, 상상할 수 있는 한도 밖의 꿈을 꾸는 것이 오히려 좋다. **꿈은 현실을 설계하는 원도면과 같기 때문이다.** 꿈이 있으면 비록 100% 이루지 못한다 해도, 그 방향으로 움직이게 된다. 그 방향성이 우리 인생을 성장시키고 의미 있게 만든다.

꿈은 마치 작은 씨앗과 같다. 처음엔 작고 볼품없고 아무것도 아닌 것처럼 보인다. 그래서 많은 사람들이 자신이 가진 꿈이 얼마나 큰 열매를 맺을 수 있는 가능성이 있는지를 알아보지 못하는 경우가 많다. 작고 보잘 것 없는 씨앗은 반드시 땅속에 묻혀야 한다. 그렇지 않으면 말라 죽거나 새들의 먹이가 되기 때문이다. 그 땅속은 어둡고 답답하다. 방향도 보이지 않고, 어디로 가야 할지도 모른다.

20대의 인생이 바로 이와 같은 시기라 할 수 있다. 뭘 해야 할지 앞이 보이지 않고 깊은 불안과 혼란, 불확실성 속에서 청년들은 자신의 존재 가치나 미래를 찾지 못해 괴로워한다. 하지만 중요한 사실이 있다. 땅속의 시간은 헛된 시간이 아니라는 것이다. 씨앗이 흙을 뚫고 올라오기 전, 반드시 먼저 겪어야 하는 시간이다. 그런 시간을 겪은 후에 줄기에서 나무로, 나무에서 열매를 맺게 되는 것이다. 수박 씨앗은 반드시 수박이 되고, 사과 씨앗은 사과가 된다. 씨앗의 정체성은 변하지 않는다. 다만, 그 안에 담긴 가능성이 언제 발현되느냐의 시간 차이만 있을 뿐이다.

씨앗이 땅속에서 껍질을 깨고 뿌리를 내리고, 마침내 줄기를 밖으로 밀어 올릴 때, 사람들은 비로소 작은 가능성, 즉 '희망'을 느낀다. 이 시기는 보통 30대 전후일 수 있다. 그러나 줄기만으로는 안 된다. 줄기는 비와 바람과 눈과 같은 수많은 외부의 시련을 이겨내야 나무가 되고 가지를 뻗을 수 있게 된다. 그리고 그 나무의 가지가 자라 비로소 열매를 맺게 된다. 이 시기는 보통 40대 이후인 경우가 많다. 물론 인생의 시간표는 사람마다 다르지만, 대부분의 인생은 이와 비슷한 흐름을 갖는다.

우리는 지금의 힘든 과정을 두려워하거나 피하려 하지 말아야 한다. 인생은 처음부터 빛나는 것이 아니라, 땅속에서부터 시작된다. 그렇기 때문에 꿈은 반드시 필요하다. 그 꿈이 나를 이끌어 가는 방향키와 같기 때문이다.

영화감독 스티븐 스필버그는 어린 시절 학교 성적이 형편없었고, 세 차례나 영화학교 입학을 거절당했다. 누구도 그의 재능을 인정해주지 않았고, 영화감독의 꿈은 현실과는 너무 멀어보였다. 그러나 그는 포기하지 않았다. 단편영화를 스스로 제작해 필사적으로 배급하고, 기회를 기다리며 영화라는 땅속에서 뿌리를 키워갔다. 결국 그는 〈죠스〉, 〈E.T.〉, 〈쉰들러 리스트〉와 같은 명작들을 탄생시키며 세계 영화사에 한 획을 그었다. 그가 만약 "나는 재능이 없어", "입시에 떨어졌으니 그만해야겠다"고 생각했다면, 그 꿈의 씨앗은 결코 열매를 맺지 못했을 것이다.

해리 포터 시리즈의 작가 조앤 K. 롤링은 소설이 세상에 나오기 전, 이혼 후 미혼모로서 극심한 우울증에 시달리며 정부 보조금에 의존해 생활했다. 아기를 유모차에 태운 채, 글을 쓰기 위해 카페에 앉아 하루하루를 버티며 원고를 써내려갔다. 원고는 12개의 출판사에서 거절당했다. 그러나 그녀는 포기하지 않았다. "이건 반드시 세상에 나와야 할 이야기야"라는 믿음 하나로 씨앗을 땅속 깊이 심고, 눈에 보이지 않는 시간들을 견뎠다. 결국 그녀의 꿈은 전 세계적으로 5억 부 이상이 판매된 세계적인 베스트셀러로 꽃을 피웠고, 수많은 이들에게 상상력과 희망을 선물하는 열매가 되었다.

국민적인 인기를 끌고 있는 방송인 유재석은 무려 9년 동안 무명 생활을 했다고 한다. 방송에 나와도 기억하는 사람은 없었고,

주변의 기대도 없었다. 그는 자신의 '꿈'이 빛을 보지 못하는 현실 속에서도 꾸준히 뿌리를 내리며 사람들 앞에서 최선을 다하는 모습을 잃지 않았다. 그에게도 무수히 많은 "그만두고 다른 일 해보라"는 말들이 있었지만, 그는 포기하지 않았다. 그 결과, 그는 지금 한국에서 가장 신뢰받는 방송인이 되었고, 수많은 사람들의 인생에 긍정적인 영향을 주는 인물이 되었다. 뿌리 깊은 나무는 바람에 흔들리지 않는다. 그가 심은 '꾸준함'이라는 씨앗이 결국 큰 나무가 된 것이다.

유명인들의 꿈 씨앗도 처음에는 볼품없고 외롭고 깜깜한 땅속에 묻혀 있었던 시절이 있었다. 중요한 것은 그것이 '보이지 않더라도 살아 있다'는 사실이다. 어떤 씨앗이든, 깊은 어둠 속에서 견디고 자라면 언젠가는 줄기를 뚫고 빛을 만나게 된다. 그리고 그 줄기는 시간이 걸리더라도 반드시 '열매'로 이어진다. **꿈은 방향이 되고, 방향은 목표가 되며, 목표는 인내를 가능하게 한다.** 그 인내가 쌓일수록 우리는 조금씩 자신의 자리, 자신의 열매를 맺을 수 있는 그곳에 가까워지게 된다.

결국 꿈을 품고, 목표를 세우고, 인내하는 삶을 사는 사람은 언젠가 그 씨앗이 싹트는 기쁨을 반드시 보게 된다. 100% 완벽한 수확은 아닐 수 있다. 그러나 반드시 어느 정도의 풍성함은 주어진다.

마음의 면역력, 고난이 길러주는 삶의 저항력

인간의 신체는 지나치게 청결한 환경에서 자랄 경우, 오히려 면역력이 떨어진다는 연구 결과들이 있다. 실제로 우리는 깨끗하고 세균이 없는 곳에서만 생활할 경우, 외부의 자극에 극도로 취약해지는 사례를 종종 목격한다. 부유한 지역에서 감염병이나 알레르기 질환의 비율이 더 높다는 보도는 이를 방증한다. 이는 단순한 위생의 문제가 아니라, 우리 몸이 다양한 병원균에 노출되고, 그에 대응하는 과정 속에서 자연스러운 항체를 형성하며 스스로를 지켜내는 능력을 키운다는 의미이다. 결국 **인간의 몸은 싸움 없이 강해지지 않는다.**

마찬가지로 인간의 마음도 면역력을 필요로 한다. 삶에 단 한 번의 고난도, 시련도 없이 자란 사람은 사회에 나가 부딪히는 작고 사소한 문제에도 쉽게 무너질 수 있다. 일례로 부모가 자녀를 위해 모든 것을 대신 처리해주는 '헬리콥터식 양육'은 겉으로는 사랑 같지만, 실은 마음의 면역 체계를 약화시키는 요인이 되기도 한다. 고난과 실패를 피하는 삶이 결코 건강한 인생은 아니다. 정신적으로 단련되지 않은 사람은 작은 비판에도 과도하게 상처받고, 기대했던 관계가 어긋났을 때 감정적으로 감당하지 못하며 깊은 상실감을 느낄 수 있다.

우리가 감기에 걸려 열이 나고, 몸살을 앓다가 다시 회복되는 과정은 몸이 스스로 면역력을 키우는 훈련의 일환이다. 마찬가지로 작은 실패, 관계의 갈등, 감정의 충돌, 실수와 후회 속에서 우리는 조금씩 회복하고 강해지는 법을 배운다. ==고난은 예방주사처럼 작은 통증을 수반하지만, 미래의 큰 위험에 대한 저항력을 길러준다.== 특히 전 세계를 뒤흔든 코로나19 팬데믹 기간을 떠올려보자. 같은 바이러스에 감염되었어도 어떤 사람은 무증상으로 지나갔고, 어떤 사람은 중증의 고통을 겪었다. 그 차이는 바로 면역력에 있다. 이처럼 동일한 사건도 개인의 내면 상태에 따라 전혀 다른 영향을 미친다.

고난은 결코 삶에 불필요한 것이 아니다. 오히려 인생을 더 깊이 이해하고, 타인의 고통에 공감할 수 있는 감수성을 키우며, 내면의 힘을 단단하게 길러주는 계기가 된다. 물론, 너무 큰 고난은 견디기 어렵고 때론 회복하기 힘든 상처를 남기기도 한다. 그러나 작고 반복되는 어려움과 실패를 견디고 이겨내는 경험은 '심리적 항체'를 형성하게 해준다.

균형과 조화, 그것이 삶의 핵심이다. 지나친 고통도, 지나친 편안함도 우리를 건강하게 만들지는 못한다. 오히려 삶의 무게가 조금은 있는 날들, 울고 웃으며 부대끼는 그 경험들이 인간을 성숙하게 만든다.

이제 우리는 깨달아야 한다. 고난을 두려워하지 말자. 그것은 우리가 강해지는 방법 중 하나이다. 편안함만을 추구하는 삶은 외려 우리를 나약하게 만든다. 고통과 회복을 경험한 사람만이 타인의 아픔에도 따뜻하게 다가갈 수 있으며, 세상을 보다 깊고 단단하게 살아갈 수 있다.

미래는 공포가 아니라 가능성이다

많은 사람들이 '미래'라는 이름 앞에서 위축되고 두려워한다. 무언가 확실하게 다가오는 것도 아닌데, 이미 벌어진 일처럼 걱정하고 불안을 키운다. 과도한 불안은 사람들을 이성에서 멀어지게 만들고, 사이비 종교나 무속 신앙에 의지하게 하기도 한다.

불확실한 미래 앞에서 '무언가 알고 싶다'는 심리는 이해할 수 있으나, 그것이 정상적인 사고 판단을 흐리게 한다면 오히려 위험해진다. 미래는 그 누구도 정확히 알 수 없다. 미래를 정확히 예측한다고 말하는 사람도 결국은 확률을 말하는 것일 뿐이다.

그런데도 사람들은 미래를 대부분 부정적이고 파괴적인 방식으로 상상한다. 경제 위기, 지구 종말, 전쟁, 자연 재해 등 세상의 붕괴를 먼저 떠올리고, 아직 일어나지도 않은 일에 자신의 감정을 소모한다. 이러한 경향은 현실을 마주하는 힘을 약화시키고, 지금 할 수 있는 일조차 하지 못하게 만든다. 오늘을 제대로 살지 못하게 되고, 스스로 무기력함에 빠지게 된다. 미래에 대해 걱정하면서도 정작 그 미래를 바꿀 수 있는 오늘의 행동은 아무것도 하지 않는 모순된 상태에 놓이게 되기도 한다. 하지만 미래란 반드시 어두운 것만은 아니다.

불확실하다는 것은 오히려 가능성이 열려 있다는 뜻이기도 하다.
미래는 나쁜 일만 일어날 수도, 좋은 일만 일어날 수도 없다. 그 둘이 모두 일어날 수 있는 무대이며, 그중 어떤 일이 일어날지는 결국 현재 내가 무엇을 심고 있는가에 따라 달라질 수 있다. 삶의 원리는 간단하다. 심은 대로 거두는 것. 씨앗을 심고, 물을 주고, 정성을 다하면 열매는 맺힌다. 물론 그 열매의 크기나 시점은 내 뜻대로 되지 않을 수도 있다. 그러나 내가 어떤 삶을 살고 있는가, 어떤 태도를 유지하고 있는가는 결국 미래의 풍경을 결정짓는 핵심 요소가 된다.

문제는 현재의 나를 너무 보잘것없이 평가하는 데 있다. 지금의 노력은 아무런 의미가 없어 보이고, 발전도 없는 듯한 느낌에 사로잡히기 쉽다. 지금도 이런데, 미래는 더 나빠질 것이라는 착각에 빠진다. 그러나 말 그대로 착각일 뿐이며, 이때 성실함이라는 태도는 착각에서 벗어나는 출발점이 될 수 있다. 성실이란 감정에 따라 움직이는 것이 아니다. 하고 싶을 때만, 몸이 가벼울 때만 하는 것이 아니라, 어떤 상황에서도 멈추지 않고 나아가는 태도이다. **성실은 현재의 보잘것없는 반복을 미래의 큰 변화로 연결시키는 다리와 같다.**

성실한 사람은 실패하더라도 망가지지 않는다. 다시 일어나 걷는다. 미래에 무언가 나쁜 일이 일어날 거라는 상상은 대부분 막연한 공포에서 출발한다. 어떤 위기나 종말이 닥치더라도, 개인에게는 죽음이 곧 종말이다. 세상의 미래가 어떻게 전개되든, 나의 생이 다하면 그것이 나의 종말이다. 너무 멀리, 너무 거시적으로 세상을 바라보며 불안해할 이유가 없다. 중요한 것은 지금 이 순간, 나 자신의 삶이다. 내가 지금 어떤 생각을 하고, 어떤 태도로 하루를 살아가고 있는지가 중요하다.

현실을 도외시하고 미래만 걱정하는 것은 현재를 낭비하는 어리석음이다. **미래는 오늘을 잘 사는 사람에게만 기회가 된다.** 오히려 미래를 미리 안다면 인간은 더 큰 공포에 사로잡힐지도 모른다. 그렇기에 미래를 모르는 것은 어쩌면 삶의 축복일 수 있다. 미래는 두려움이 아니라 가능성이다. 그 가능성을 어떻게 채워갈 것인가는 오직 나의 태도와 삶의 방식에 달려 있다. 그러므로 사람들은 미래를 공포로 조장하는 이들을 경계해야 한다. '곧 세상이 무너진다', '망할 것이니 준비하라'는 식의 메시지는 사람의 사고와 행동반경을 좁게 만들며, 결국 현재를 살아갈 용기를 앗아간다.

이러한 외부 자극에 흔들리지 않기 위해 필요한 것은 자기 설득의 힘이다. 나를 위축시키는 것도, 두렵게 하는 것도, 결국은 나 자신이다. 그렇기에 가장 먼저 설득해야 할 대상은 바로 '나'다. 이런 이유에서 자신의 마음을 지속적으로 훈련시켜야 한다. 긍정적인 사고, 온전한 시선, 희망의 언어로 마음을 채우고, 뇌를 안심시켜야 한다. 밥을 먹듯, 매일매일 좋은 말과 건강한 사유를 반복해서 들어야 한다. 그래야 나를 지키고, 나를 키우고, 내 삶의 방향을 붙잡을 수 있다.

너무 잘하려 하지 않아도 괜찮다

어떤 일을 하든 열심히, 최선을 다해 잘하는 것은 분명 좋은 일이다. 그러나 우리는 기억해야 한다. 언제나 최고의 컨디션에서 살아가는 사람은 거의 없다는 사실을. 대부분 매일이 완벽하지 않다. 지치고, 귀찮고, 마음이 내키지 않는 상태에서 억지로 무언가를 감당해야 할 때가 훨씬 더 많다.

그럼에도 불구하고 꾸준히 해내는 것을 우리는 '인내'라고 부르고, 포기하지 않고 이어나가는 것을 '성실'이라 한다. 그러나 인내와 성실은 말처럼 쉬운 미덕이 아니다. 때로는 고통스럽고, 지극히 번거로우며, 정신적으로도 육체적으로도 소모적인 일이다. 그러므로 우리는 열심히 한다는 것 자체가 이미 충분히 존중받아야 할 노력임을 잊지 말아야 한다.

노력은 삶의 중요한 자산이다. 그러나 노력이 나를 공격하지 않게 하려면, 내 안에 자족(自足)과 즐거움이 반드시 함께 있어야 한다. 내가 하고 있는 이 일, 지금의 이 삶을 있는 그대로 인정하며, 비교보다는 과정의 의미를 바라볼 때 우리는 비로소 무너지지 않는 삶을 살아갈 수 있다.

그런데 이 시대는 '더 잘해야 한다'는 압박으로 가득하다. '최선을 다해라', '열심히 살아라', '누구보다 잘해라'라는 말은 격려가 되기도 하지만 때로는 자신을 공격하는 칼이 되기도 한다. 도리어 너무 잘하려는 마음도 엄밀히 따져보면 결핍에서 비롯된 것이기도 하다. 지금의 나, 지금의 성과에 대한 만족이 잘하지 못하고 부족하기 때문에 더욱 더 채워야만 한다고 느끼는 것이다. '잘함'과 '못함'은 상대적 개념이다. 무엇과 비교하느냐에 따라 완전히 달라진다.

필자의 아들 또한 그림을 열심히 그려왔고, 처음에 비하면 눈에 띄게 성장했다. 그러나 언제나 자신보다 더 잘하는 사람과 자신을 비교하며, '나는 못 그린다'고 자책하였다. 발전이 분명하더라도 비교는 흥미를 떨어뜨리고 자존감을 낮추어, 결과적으로는 노력보다 주눅이 앞서는 상황이 생기게 된다.

우리는 여기서 중요한 삶의 태도를 배울 수 있다. **열심히 하되, 자신을 해치지 말아야 한다. 최선을 다하되, 그것이 나를 억압하는 잣대가 되어서는 안 된다.** 살아가면서 우리가 지켜야 할 것은 '완벽'이 아니다. 중요한 것은 포기하지 않고 지속하는 것이며, 그 과정에서 자신을 자책하지 않는 것이다. **너무 잘하려 하지 않아도 괜찮다. 조금 느려도 괜찮고, 가끔은 쉬어가도 괜찮다. 다만, 멈추지 말고 천천히라도 계속 걸어가자.** 그것이 진짜 최선이고, 결국 우리를 가장 멀리 데려다주는 힘이 될 것이다.

완벽한 준비는 없다

오랜 시간 학생들을 가르치며 자주 들었던 말이 있다.

"아직 준비가 안 된 것 같아요. 조금 더 준비하고 나중에 취업하려고요."

이 말은 단지 겸손의 표현이 아니라, 많은 청년들이 스스로를 아직 사회에 나갈 준비가 되어 있지 않다고 느끼는 마음의 상태를 보여준다. 그들은 자신이 부족하다고 느끼고, 좀 더 배우고 좀 더 자격을 갖춘 후에야 사회로 나아갈 수 있다고 생각한다. 그래서 많은 것을 준비한다. 그러나 자세히 들여다보면, 그 준비 중 상당 부분은 실제로 필요하지 않거나, 방향성이 불분명한 경우가 많았다.

사실 완벽하게 준비되어 세상에 나가는 사람은 거의 없다. 사회는 언제나 변화하고, 현실은 언제나 예측을 벗어나기 때문이다. 그럼에도 불구하고 완벽을 추구하는 이들이 있다. 하지만 인간 세계에서 완벽이란 존재하지 않는다. 진짜 중요한 것은, 부족한 상태에서라도 일단 시작하고, 부딪히고, 시행착오를 겪으며 성장하는 자세다. **배움이란 실전 속에서 더욱 빠르게 이루어지기 때문이다.**

예로 실제 대학에서의 4년보다 회사실무에서의 직무 1년이 더 많은 것을 배울 수 있다. 대학에서 4년간 배운 지식이 중요하지 않다는 말이 아니다. 그러나 실제 직무에 투입되어 12개월간 일한 경험은 이론을 실제로 연결하는 과정 속에서 더 많은 통찰을 제공한다. 직장에서는 교과서의 정답보다 문제를 실제로 어떻게 해결하고, 팀과 어떻게 협력하며, 예상치 못한 상황에 어떻게 대응하는지가 훨씬 중요하다.

학생들이 '아직 준비되지 않았다'고 느끼는 가장 큰 이유 중 하나는, 자신감의 결여다. 그것은 당연한 감정이다. 누구나 처음은 낯설고 두렵다. 자신이 잘할 수 있을지, 인정받을 수 있을지 확신이 없기 때문이다. 그리고 더 큰 문제는, 정작 자신이 무엇을 하고 싶은지도 명확하지 않다는 점이다.

'남들이 좋다'고 하는 직업, '안정적'이라 불리는 직장을 목표로 삼는다. 그 과정에서 필요하지 않은 자격증을 취득하고, 방향 없는 공부에 시간을 허비하는 경우가 많다. 목표가 불분명하면, 준비도 산만해지고 집중력이 떨어진다. 하고 싶은 일이 명확하다면, 그와 관련한 것들에만 집중하면 된다. 그 집중은 효율성을 높이고, 결과적으로 더 빠른 성장을 이끈다.

실제 일터에서 가장 필요한 능력은, 준비된 스펙보다도 자신감을 기반으로 한 태도와 실행력 그리고 인내와 성실이다. 완벽함은 허상일 뿐이다. 일을 시작하면서 채워나가는 것, 그것이 진짜 준비다. 처음부터 잘하는 사람은 없다. **중요한 건 완벽이 아니라, 출발이다.**

자신감은 스스로를 믿는 데서 시작된다. 지금의 나로도 충분히 시작할 수 있다는 믿음, 시행착오를 겪으면서도 계속 배우고 성장할 수 있다는 확신. 그것이 진정한 '준비됨'이다. 완벽해질 때까지 기다리기보다는, 지금 당장 시작하고 부족한 부분은 실전을 통해 채워가는 삶의 태도가 필요하다.

준비는 중요하지만, 과도한 준비는 오히려 자신감을 깎아내린다. 불안함을 감추기 위한 포장으로는 더 이상 성장할 수 없다. 준비의 끝을 기다리지 말고, 지금의 상태로도 충분히 도전하자. **시작 없는 준비는 정체일 뿐이다. 성장은 언제나 '시작 이후'에 일어난다.**

작은 일을 잘하는 사람이 큰일도 잘하게 된다

대부분의 사람들은 남들의 시선에 민감하다. 사람들이 부러워하고 인정하는 직업을 가졌을 때 성공한 것처럼 느낀다. 그래서 자신의 성향이나 적성과는 무관하게, 사람들이 '좋다'고 말하는 직업을 선택하려 한다. 그러나 그것은 위험한 선택이 될 수 있다.

아무리 사회적으로 인정을 받아도, 나에게 맞지 않는 일은 결국 나를 지치게 하고 고통스럽게 만든다. 하루하루가 지옥처럼 느껴지는 직장은 오래 버틸 수 없다. 반대로, 남들이 알아주지 않아도 자신이 견딜 수 있고 집중할 수 있는 일, 자기만의 의미를 느끼는 일은 결국 삶의 지속성을 만든다.

그리고 높은 수익에는 반드시 그에 상응하는 노동, 시간, 책임, 정신적 에너지가 들어간다. 쉽게 번 돈처럼 보이지만, 그 뒤에는 보이지 않는 피로와 대가가 숨어 있다. 우리는 일을 바라볼 때 이 사실을 분명히 해야 한다. 노동 없이 결과만 기대하는 태도는 결국 좌절을 부른다.

그래서 완벽함이 아닌 기본적인 준비가 되었다면, 이제는 무엇이든 시작해야 할 시점이다. 시작하지 않으면 발전도 없다. 실전은 언제나 계획보다 복잡하고 다르기 때문에, 경험 속에서만 다듬어질 수 있다. 처음부터 능숙한 사람은 없다. 누구나 서툴고 실수를 반복하며 배워 나가는 것이다. 그 실수와 서툶을 무서워하지 말고 힘을 내서 견뎌야, 진짜 실력이 만들어진다.

당장 내가 원하는 직업을 갖지 못했다고 해서 인생이 끝난 것은 아니다. 그저 시간이 필요한 것이다. 실력을 더 갖추고, 경험을 쌓는 기간이 필요한 것뿐이다. 중요한 것은 '포기하지 않는 것'이다. 바로 내가 원하는 자리로 가지 못하더라도, 그 주변의 관련된 일부터 경험하며 도전해야 한다. 어떤 축구선수는 프리미어리그에서 바로 시작하지만, 또 어떤 선수는 3부 리그, 혹은 마이너리그에서 출발해 최고의 무대에 오르기도 한다. **중요한 것은 '출발선'이 아니라, 지속적인 전진이다.**

직업을 선택할 때 중요한 것은 남들이 뭐라 하느냐가 아니다. 내가 정말 잘할 수 있는 일, 내가 꾸준히 견딜 수 있는 일이 무엇인지 아는 것이 먼저다. 이것을 모른 채 무작정 '남들이 좋다고 하는 길'에 발을 들이면 결국 더 많은 시간과 비용을 낭비하게 된다. 자기이해, 즉 자기 성향과 흥미를 발견하는 시간은 결코 낭비가 아니다. 오히려 그 시간이 있어야 후회 없는 선택이 가능하다.

현대 사회는 '빠른 성공'을 요구한다. 취업이 안 되면 스스로를 낙오자처럼 느끼고 남들의 속도에 맞추기 위해 조급하게 움직인다. 그러나 조급함은 실패를 부르는 지름길이다. **빠르다고 해서 좋은 것이 아니고, 느리다고 해서 실패한 것도 아니다.** 자기만의 리듬으로 가는 삶이야말로 가장 지혜로운 삶이다. 취업이 조금 늦더라도 괜찮다. 남들과 비교하지 말고, 나에게 맞는 시간표를 따라가야 한다.

사회는 다양한 직업과 역할로 구성된다. 누군가는 환자를 돌보고, 누군가는 배달을 한다. 누군가는 연구를 하고, 누군가는 돌봄을 맡는다. 모든 역할에는 의미가 있다. 사회는 거대한 톱니바퀴처럼, 크고 작은 역할들이 맞물려 돌아가야 한다. 그러니 대단한 직업을 가져야만 사회에 기여하는 것은 아니다. 내가 할 수 있는 일을 성실하게 해내는 것만으로도 충분히 가치 있다.

무엇을 좋아하는지, 어떤 일을 할 때 집중력이 생기는지, 무엇을 할 때 시간이 빨리 가는지를 먼저 알아야 한다. 그 일에 시간을 쓰고, 경험을 쌓고, 길을 만들어가야 한다. 성공은 남의 기준이 아니라, 자신의 기준에서 만족할 수 있는 삶을 살아가는 것이다. 조금은 더디고 불완전하더라도, 나에게 맞는 방향이라면 그 길은 옳다.

PART 03

회복하기

♦ 인간은 성장해야 한다.
몸은 관리로, 마음은 성찰과 훈련으로
성장시켜야 한다.

CHAPTER 01
성장, 배움, 훈련

성장해야 하는 인간

인간은 태어나자마자 성장이라는 여정 속에 놓이게 된다. 성장하지 않는 생명은 결국 생존할 수 없다. 인간이 생존하고, 더 나아가 의미 있는 삶을 살아가기 위해서는 성장이 필수 조건이다. 하지만 인간은 결코 혼자 살아갈 수 없는 존재이다. 혼자 살아갈 수 없기에, 우리는 관계 속에서 자라야 하며, 관계 속에서 성장해야 한다.

이런 이유로 **인간에게는 두 가지 차원의 성장이 요구된다. 하나는 '몸'의 성장, 또 다른 하나는 '마음'의 성숙이다.** 이 두 가지는 각각 다른 방식으로 자라지만, 둘 사이의 균형 없이는 진정한 건강과 안정감을 얻을 수 없다.

몸은 시간과 공간, 즉 물질의 법칙 안에 존재한다. 몸의 성장은 지극히 정직하다. 무리하지 않고 잘 먹고, 잘 자고, 적절한 운동을 하고, 몸에 해로운 요소 —과도한 스트레스, 음주, 흡연 등— 를 피하면 몸은 자연스럽게 건강을 회복하거나 유지할 수 있다. 이러한 육체적 건강은 외면적으로 드러나며, 대부분의 사람이 공감할 수 있을 만큼 보편적인 일정한 패턴과 법칙을 따른다. 따라서 우리가 익히 알고 있는 기본적인 생활 습관만으로도 상당 부분 건강한 몸을 유지할 수 있다.

반면, 마음은 전혀 다른 방식으로 성장한다. 마음은 눈에 보이지 않으며 만질 수도 없다. 정신 세계는 시공간이라는 틀을 넘어서 존재하기 때문에, 시간이 지난다고 해서 자동으로 자라지 않는다. '나이는 숫자에 불과하다'는 말처럼 나이가 들었다고 해서 반드시 마음이 성숙하는 것은 아니다. 반대로 나이가 어릴지라도 삶의 깊은 성찰과 경험을 통해 철이 든 사람도 있다. 오히려 배우고, 겪고, 스스로를 성찰하며 타인을 이해하는 훈련을 통해 성숙해진다.

몸과 마음이 균형 있게 성장할 때, 인간은 비로소 온전한 건강과 안정감을 느낄 수 있다. 몸은 건강하지만 마음이 병들어 있다면, 겉보기에는 멀쩡해 보여도 실제로는 언제 무너질지 모르는 위태로운 상태일 수 있다. 반대로 마음은 성숙했지만 몸이 병들고 지쳐 있다면, 그 성숙함을 세상 속에서 구현하기 어렵다.

몸은 우리를 세상에 존재하게 하는 집이고, 마음은 집 안에 거하는 주인과도 같다. 집만 튼튼하고 주인이 없다면 허전하고 공허하며, 주인이 있어도 집이 무너지면 더 이상 거할 수 없다. 이처럼 몸과 마음은 따로 떼어 생각할 수 없는 하나의 유기체적 존재로서, 상호 보완되어야 한다.

따라서 몸은 관리로, 마음은 성찰과 훈련으로 성장시켜야 한다. 성장은 단지 나이를 먹는 것을 의미하지 않는다. 자기 자신과 타인, 나아가 세계와 조화를 이루기 위한 하나의 의무이자 책임이며, 성장을 멈춘 인간은 더 이상 온전한 의미에서 살아 있는 존재라고 말하기 어렵다.

건강한 성장은 존재의 안정감을 가져오며, 그 안정감은 다시 타인과의 소통과 공동체 형성으로 이어진다. 결국, 인간은 성장함으로써 더 인간다워질 수 있으며, 더불어 살아갈 수 있는 존재로 완성되어 간다.

실패로 배우는 인간, 사람으로 성장하는 인생

인간은 본질적으로 실패를 통해 배우는 존재이다. 돌이켜 봤을 때 어떤 기억들을 가장 생생하게 떠올릴 수 있는가? 성공하여 칭찬받았던 순간인가, 아니면 실수하여 창피했던 장면들인가? 대부분의 사람들은 실패나 실수했던 기억을 더 또렷이 기억한다. 이는 단순히 부정적인 기억이 강렬해서가 아니라, 인간의 학습이 주로 실패를 통해 이루어지기 때문이다.

삶의 대부분은 '처음 해보는 경험'들로 이루어져 있다. 10대는 20대를, 20대는 30대를, 30대는 40대를 아직 경험하지 못했다. 그렇기에 모든 새로운 세대는 시행착오의 연속이며, 실수는 누구나 겪는 자연스러운 과정이다.

그리고 과거의 실패가 창피하게 느껴지는 이유는, 지금의 내가 그만큼 성장했기 때문이다. 이전의 나와 비교할 수 없을 만큼 더 깊이 사고하고, 더 넓은 시야로 판단할 수 있게 되었기에, 과거의 어리석은 행동이나 판단이 부끄러워 보이는 것이다. 즉, **부끄러움은 성숙의 증거다.** 실수나 실패는 단순한 오류가 아니다. 그것은 자기 자신을 더 잘 알게 되는 통로이며, 수정하고 보완할 수 있는 기회이다.

실수나 실패를 통해 배우는 건 맞지만, 시행착오를 줄일 수 있는 방법은 없을까? 바로 '좋은 선생', 즉 '좋은 사람'을 만나는 것이다. 여기서 말하는 '선생'은 단지 교사나 교수만을 의미하지 않는다. 우리보다 먼저 인생을 살아본 부모, 선배, 친구, 동료 모두가 선생이 될 수 있다. 그들은 자신이 겪은 실패와 경험을 나눠줄 수 있는 사람들이다. 이러한 삶의 조언자, 멘토, 인생의 내비게이터를 만나는 것은 인생에서 매우 중요한 기회가 될 수 있다. 어떤 사람은 말한다.

"인생은 결국 운이다."

하지만 운이라는 것도, 준비된 자에게만 의미 있는 기회로 작용한다. 한 사람이 건강한 사회인으로서 나름 성공적인 삶을 살기 위해서는 보통 세 가지 요소가 필요하다. 첫째, 준비된 실력과 내면이 준비되어 있어야 한다. 누가 보더라도 그 분야에서 '쓸 만한 사람'이어야 한다. 둘째, 사람을 잘 만나야 한다. 나를 알아보고, 나에게 기회를 줄 수 있는 사람을 만나야 한다. 이 사람은 때로는 친구, 때로는 스승이 될 수도 있다. 셋째, 시대를 잘 만나야 한다. 내가 가진 재능과 성향이 시대적 요구와 잘 맞아떨어질 때, 그것이 기회가 된다.

이 세 가지 중 '사람을 잘 만나는 것'은 준비와 시대를 연결하는 다리 역할을 한다. 아무리 잘 준비되어 있어도, 아무리 시대가 좋아도, 사람을 잘못 만나면 길이 막힐 수 있다. 그렇기에 좋은 사람을 알아보는 눈, 사람을 존중하는 태도, 그리고 함께 가는 소통의 능력은 건강한 삶을 위한 매우 중요한 덕목이다.

❖❖❖
지식은 간접경험이고, 지혜는 직접경험이다

인간은 살아가면서 수많은 배움을 마주한다. 이 배움은 크게 두 가지로 나눌 수 있다. 하나는 지식(知識)이고, 또 하나는 지혜(智慧)이다. 지식은 보통 학교나 책을 통해 습득하는 간접경험이다. 반면 지혜는 삶의 현장에서 직접 부딪히며 얻어내는 직접경험이다. **지식은 기억하고 쌓아가는 정보이고, 지혜는 그 정보를 삶에 적용하고 판단하는 힘이다.** 즉, 지식이 '무엇을 아는가'에 해당한다면, 지혜는 '그것을 어떻게 쓰는가'에 대한 능력이라 할 수 있다.

우리가 지금 당연하게 알고 있는 많은 지식들은, 사실 누군가의 실패와 희생에서 비롯된 것들이다. 예를 들어보자. 오늘날 우리는 '독버섯을 먹으면 생명을 잃을 수 있다'는 사실을 학교나 책에서 배운다. 그런데 이 지식은 어디서 온 것일까? 누군가는 과거에 실제로 독버섯을 먹고 고통을 겪거나, 목숨을 잃었기 때문에 그것이 '지식'으로 남게 된 것이다.

이처럼 우리가 배우는 지식은 단지 정보가 아니라, 수많은 사람들의 삶, 때로는 목숨을 건 경험이 정리된 결과물이다. 지식이 단순한 암기나 점수로 평가받아서는 안 되는 이유가 여기에 있다. 초등학교, 중학교, 고등학교를 거치는 교육과정은 단지 좋은 대학에 가기 위한 시스템이 아니다. 이 과정은 건강한 사회 구성원으로 살아가기 위한 기초 역량을 기르기 위한 것이다.

'가르친다'는 것은 단지 정보를 전달하는 것이 아니라, 삶을 살아가는 방향을 제시해주는 일이기도 하다. 교육은 인간을 성숙하게 만들며, 사회를 더 안전하고 조화롭게 유지하는 힘이 된다. 법을 지키는 것, 타인을 존중하는 태도, 공동체 안에서 나의 역할을 아는 것, 이 모든 것은 교육을 통해 습득하는 것이다.

'아는 만큼 보인다'는 말이 있다. 보통 어떤 분야에 대해 잘 모르면, 그 세계는 온통 막연하고 낯설게 느껴진다. 하지만 조금이라도 배우고 나면 이전과는 다른 시각으로 세상을 바라볼 수 있다. 예를 들어 미술을 전공한 사람은 똑같은 그림을 보아도, 색채의 구성, 명암의 대비, 시대적 배경 등을 통해 작품을 더 깊이 이해한다. 음악을 공부한 사람은 한 곡을 들을 때 단순한 멜로디를 넘어서 조성, 리듬, 구성까지 느끼게 된다.

배움은 내면의 감각을 확장시키는 일이며, 동시에 마음의 근육을 단단하게 만드는 도구다. 더 많이 알고, 더 깊이 이해하는 사람은 세상을 바라보는 눈도, 타인을 이해하는 마음도 더 성숙해진다.

그리고 지식은 때때로 오만함으로 이어질 수 있다. 많이 아는 사람이 마치 '더 나은 사람'인 양 행동할 수도 있다. 그러나 그 지식이 삶 속에서 겸손과 사랑으로 녹아들 때, 비로소 지혜가 된다. **지식은 삶의 재료이고, 지혜는 그것을 요리하는 능력이다.**

지혜는 삶의 시행착오 속에서 길러지지만, 인간은 한정된 시간과 에너지 속에서 살아가기 때문에 모든 것을 직접 경험할 수는 없다. 그래서 **우리는 반드시 지식을 통해 배우고, 지혜로 그것을 분별하며 살아가야 한다.**

그래서 배움은 한 번으로 끝나는 것이 아니다. 삶은 끝없이 변화하고, 배움은 그 변화에 적응하는 가장 효과적인 방법이다. 배움을 중단한 사람은 더 이상 성장하지 않는다. 나이가 들어갈수록 배움의 필요성은 더 커진다. 더 이상 단순한 정보를 외우는 데 집중하지 않아도 되지만, 세상을 이해하는 폭은 더 넓어져야 한다. **지식은 나를 보호하는 무기가 되고, 지혜는 나를 아름답게 하는 무늬가 된다.** 그러므로 배움을 가볍게 여겨서는 안 된다. 삶의 어느 순간이든, 내가 겪지 않은 것에서 배우고, 내가 아는 것을 누군가에게 나눌 때, 우리는 모두 조금씩 더 성숙한 인간이 될 수 있다.

좋은 사람, 좋은 선생이 인생을 바꾼다

'인간(人間)'이라는 단어 속에는 관계의 속성이 고스란히 담겨 있다. 한자에서 '사람 인(人)'은 두 개의 불완전한 사선이 서로 기대어 서 있는 모양으로, 혼자가 아닌 서로 의지하며 '함께 있음'을 전제한다. 그리고 '사이 간(間)'은 사람과 사람 사이의 거리, 즉 간격을 의미한다. 이는 인간이 서로 분리된 존재이면서도, 반드시 관계 속에서 서로 의지하며 살아가야 함을 상징적으로 보여준다. **인간은 관계 속에서 태어나 관계 안에서 자신을 발견하고 완성해간다.**

이처럼 사람은 사람을 통해 성장한다. 그리고 삶의 방향을 바꾸게 되는 중요한 순간마다 반드시 한 사람의 '영향력'이 존재한다. 그런 사람을 우리는 흔히 '선생(先生)'이라 부른다. '선생'이란 말은 문자 그대로 '먼저(先) 태어나(生)' 삶을 살아본 이로서, 자신의 경험과 지혜를 나눔으로써 뒤따르는 이들의 삶을 인도하는 존재이다. 이들은 반드시 교단에 서 있는 사람만을 뜻하지 않는다. 삶의 어느 지점에서든 우리에게 깊은 울림과 변화를 안겨준 사람이라면 누구나 우리의 '선생'이 될 수 있다.

필자에게도 인생의 터닝포인트가 된 네 분의 선생이 있다. 그중 한 분은 음악이라는 아름다운 세계를 열어주신 분이었다. 고등학교 시절, 필자는 동네의 한 작은 교회를 다녔다. 그곳에서 만난 교회 선생님은 노래를 무척 아름답게 부르셨고, 기타를 연주하는 손끝에서는 세상의 어떤 소리보다 따뜻하고 감미로운 음색이 흘러나왔다.

사람의 목소리로 저토록 맑고 깊은 감동을 전할 수 있다는 사실에 경탄했고, 자연스럽게 그분을 닮고 싶다는 마음이 생겼다. 처음으로 그 선생님에게 기타 코드를 배우기 시작했고, 이후 다양한 악기를 익히며 감성적 자아를 키워나갈 수 있었다. 단순히 취미나 재능을 키운 것이 아니라, 그 음악을 통해 위로받고 치유받는 힘을 얻은 것이다.

세월이 흐른 뒤, 우연히 방송에서 그분의 자녀들이 유명한 뮤지션 남매라는 사실을 알게 되었을 때, 다시 한 번 감동이 밀려왔다. 좋은 사람 곁에는 좋은 영향이 흐르고, 그것이 대물림되는 법이다. 선생님의 노래와 태도, 삶의 온기 모두가 자녀들에게도 이어졌던 것이다.

'스승의 그림자도 밟지 말라'는 말이 있다. 이는 단지 제자에게 존경심을 강요하는 의미가 아니다. 오히려 선생이라는 위치에 선 이들에게 주는 말로, 그만큼 스스로 존경받을 만한 삶과 태도를 갖추어야 함을 말하는 것이다. 그랬을 때 제자들은 스승의 그림자도 밟지 않는 존경심을 표하게 된다는 의미이고 선생에서 스승님이라는 존경의 표현을 듣게 되는 것이다.

진정한 선생은 삶으로 가르친다. 말보다 행동, 지시보다 본보기가 중요하다. 제자는 그런 선생을 보고 배우며, 존경을 마음으로 전하게 된다. 지식만을 전달하는 존재가 아니라, 삶의 방향을 제시해주고 존재 자체로 희망을 주는 사람. 이 시대에 필요한 것은 바로 이런 '좋은 사람', '좋은 스승'이다.

그러나 안타깝게도 오늘날 학생들에게는 그런 스승의 부재가 깊은 문제로 남아 있다. 빠르게 변화하는 사회 속에서 혼란을 겪는 이들에게 올바른 이정표를 제시해줄 수 있는 '진짜 어른'이 부족한 현실은 우리의 교육과 사회 문화가 함께 반성해야 할 지점이라 생각한다.

누구나 인생에서 좋은 사람, 좋은 선생을 한 명이라도 만나게 된다면 그것은 축복이라 할 수 있다. 그들은 단지 정보를 주는 이들이 아니라, 삶의 깊이를 더해주는 존재들이기 때문이다. 인생의 방향을 바꾸는 결정적인 순간, 그들은 등불이 되어 길을 비춰준다. 그리고 좋은 사람을 만나야 하지만 언젠가 우리도 누군가에게 좋은 선생이 될 수 있다. 그것은 인간 존재로서 가장 아름다운 유산이 될 것이다.

훈련을 통해 얻는 기술

인간의 삶에서 아무런 대가 없이 얻어지는 것은 단 하나도 없다. 우리가 살아가며 필요로 하는 모든 것 —생존, 관계, 성취, 경제적 안정— 은 반드시 몸과 마음, 그리고 뇌의 에너지를 소모하는 대가를 통해 얻어진다. 다시 말해, 삶에서 무엇이든 얻기 위해서는 기술이 필요하다. 여기서 말하는 기술이란 단순히 손재주를 의미하는 것이 아니다. 어떤 분야든 시간과 노력을 반복적으로 투자해야만 축적되는 경험의 산물, 다시 말해 노하우를 뜻한다. 이 기술은 단기간에 저절로 생겨나지 않는다. 오랜 시간 동안 인내와 성실을 기반으로 한 훈련이 있어야만 체화된다.

필자는 기술을 배우는 이 과정을 단순한 '노력'이나 '열정'으로 설명하지 않는다. 그보다는 '훈련'이라는 표현을 쓴다. **훈련이란 목표를 향해 반복적으로 시도하고, 실패와 시행착오를 통해 자신의 것으로 체화시키는 과정이기 때문이다.** 군 복무 시절, 훈련소에서 마주했던 문구는 여전히 마음에 깊이 남아 있다.

"훈련은 실전처럼, 실전은 훈련처럼."

힘들고 지치는 훈련의 시간이었지만, 그 시간을 견뎌낸 기억은 이후의 인생에서 많은 힘이 되었다. 그때 익힌 '참고 견디는 훈련'은 삶의 위기 속에서 버틸 수 있는 강인한 기반이 되어주었다.

기술은 직접 경험을 통해 배울 수도 있지만, 가장 효율적인 방법은 다른 사람의 경험에서 배우는 것이다. 선배나 멘토가 전수해 주는 노하우는 때로는 10년의 시행착오를 단 1년으로 줄여주는 힘이 있다. 예컨대, 미국 메이저리그가 한국 야구보다 한 수 위라고 평가받는 이유 중 하나는 단순히 실력 때문만은 아니다. 수십 년, 혹은 100년에 가까운 야구 문화의 역사 속에서 쌓인 방대한 기술과 노하우가 다음 세대에 고스란히 전수되기 때문이다. 결국 **기술은 '시간을 압축한 자산'이 되며, 그 자산을 물려주는 것이 교육이다.**

  훈련을 통해 단단해진 개인이, 그 기술을 나누며 성장하는 공동체를 만들고, 그 공동체는 또 다른 개인에게 삶을 견딜 수 있는 기술을 전해준다. 그렇게 기술이 공유되고 경험이 전해질 때, 한 사람의 훈련이 개인을 넘어서 공동체 전체의 성장으로 이어지는 선순환의 구조가 만들어진다.

  감정을 조절하는 훈련, 화를 다스리는 훈련, 거절하는 훈련, 다름을 수용하는 훈련, 인내하는 훈련, 긍정의 시선을 유지하는 훈련 등 삶은 결국 '훈련의 연속'이어야 한다. 이러한 훈련을 통해 우리는 자신의 감정과 관계, 역할에 적합한 기술을 얻게 되고, 마침내 그것은 자신만의 독특한 '삶의 노하우'로 자리 잡는다.

  삶은 훈련이다. 그 훈련은 단지 나만을 위한 것이 아니라, 함께 살아가는 우리 모두를 위한 준비이자 나눔이다. 삶을 훈련병처럼 살아내자. 그리고 훈련으로 얻은 기술을 나누자. 그럴 때 우리 삶은 더 단단해지고, 함께 행복해질 수 있을 것이다.

━━━━━━━━━━━━━━━━━━━━◆ 이제는 지적이 아닌 격려,
걱정이 아닌 신뢰,
비교가 아닌 인정이 필요한 시대이다.

CHAPTER 02

칭찬, 격려

칭찬과 격려는 마음의 자양분이다

대한민국은 칭찬과 격려에 인색한 사회다. 과거에 비해 많은 부분에서 유연해지고 변화했음에도 불구하고, 여전히 지적과 충고를 '좋은 조언'이라 여기는 문화가 강하게 남아 있다. 이로 인해 많은 이들이 타인에게는 물론이고, 자기 자신에게조차 칭찬과 격려를 아끼며 살아간다.

어린 시절부터 우리는 "잘했어"보다는 "더 잘해야지", "수고했어"보다는 "그 정도는 누구나 해"라는 말을 들어왔다. 그러다 보니 자신이 성취한 일에도 기쁨보다는 자책과 부족함을 먼저 찾게 된다.

어느 날 지인의 아이가 시험에서 90점을 맞고는 기쁜 마음으로 부모에게 성적표를 내밀었다. 그러나 돌아온 부모의 반응은 "왜 100점을 못 맞았니?"라는 서운한 핀잔이었다. 이러한 경험을 한 아이는 성취의 기쁨보다 두려움을 먼저 배우게 될 가능성이 높다. 이처럼 많은 부모들이 사랑이라는 이름 아래, 더 나은 미래를 위해서라며 자녀를 끊임없이 압박한다. 하지만 그 이면에는 자신들의 불안과 통제욕구, 그리고 자신의 결핍과 욕망을 대리만족하려는 무의식적 경향이 숨겨져 있기도 하다. 결국 이런 태도는 자녀뿐 아니라 스스로에게도 가혹한 기준을 부여하게 만들며, 정작 중요한 마음의 여유와 회복력을 앗아간다.

칭찬은 단순한 기분 좋은 말이 아니다. 뇌 과학적 연구에 따르면, 칭찬을 받을 때 뇌에서 도파민이 분비되어 동기부여, 집중력, 학습효과를 높이고, 심리적으로는 자존감, 자기효능감, 심리적 안정감을 강화한다. 이는 단기적인 감정의 변화뿐 아니라, 장기적으로 행동을 변화시키고 긍정적 삶의 태도를 형성하는 데에도 기여한다.

'칭찬은 고래도 춤추게 한다'는 말이 있다. 이는 긍정적 피드백이 얼마나 강력한 동기를 부여할 수 있는지를 단적으로 보여주는 비유다. 동물조차 반복된 칭찬과 보상을 통해 행동이 변화하는데, 하물며 복잡한 감정을 지닌 인간에게 있어 그 영향은 더욱 크다고 할 수 있다.

피그말리온 효과(Pygmalion Effect) 또한 이와 일맥상통한다. 이는 '어떤 사람에 대한 긍정적 기대가 실제 그 사람의 성과를 끌어올리는 효과'를 말하며, 교육 현장, 직장 조직, 심리치료 등 다양한 영역에서 입증된 심리학 이론이다. 쉽게 말해, "잘할 거야", "넌 할 수 있어"라는 기대와 격려가 현실이 되는 것이다.

이제는 지적이 아닌 격려, 걱정이 아닌 신뢰, 비교가 아닌 인정이 필요한 시대다. 그리고 무엇보다 타인을 향한 칭찬도 중요하지만, 먼저 자기 자신을 인정하고 칭찬하는 태도도 필요하다. 실수하더라도, 완벽하지 않더라도, "괜찮아", "수고했어", "충분히 잘하고 있어"라는 따뜻한 말 한마디가 마음의 근육을 단단하게 만들어주는 시작점이 된다. 이런 이유에서 누구보다 나 자신에게 관대해지는 법을 배워야 한다. 그래야 타인을 향한 진정한 격려도 가능해진다. 긍정적인 피드백은 단순한 말이 아니다. 그것은 마음의 회복을 가능하게 하고, 삶의 방향을 바꾸는 힘이 될 것이다.

뇌의 부정적인 신호와 마음의 회복

인간의 뇌는 생존을 위해 위험에 예민하게 반응하도록 설계되어 기본적으로 보수적이고 방어적인 성향을 가지고 있다. 뇌는 변화를 두려워하고, 익숙한 것에 머무르려 하며, 가능한 한 '최악의 상황'을 예측하도록 작동한다. 이러한 뇌의 특성 때문에, 우리는 아무런 위협이 없는 상황에서도 불안감을 느끼는 경우가 많다. 특히 불안이나 결핍의 경험이 누적된 사람일수록, 뇌는 점점 더 부정적인 정보를 중심으로 판단하고 해석하려는 경향을 띤다.

아무 일도 하지 않고 잠시 쉬고 있을 때조차, 뇌는 '지금 이 시간은 낭비다', '이렇게 게으르게 있으면 인생이 망할 거야', '남들은 다 열심히 사는데 너는 뭐 하고 있지?'와 같은 부정적인 신호를 마음에 보낸다. 편안해야 할 시간에도 마음은 불편하고 초조해지며, 스스로를 비난하는 감정에 사로잡히게 된다. 이처럼 뇌가 보내는 부정적인 신호는 종종 실제 상황과는 무관하게 작동한다. 단지 과거의 경험, 실패의 기억, 비교의 결과 등을 바탕으로 만들어 낸 왜곡된 해석일 뿐이다.

그렇다면 우리는 이러한 뇌의 신호 앞에서 속수무책일 수밖에 없는가? 그렇지 않다. 바로 '마음의 근육'이 단단해질수록, 뇌의 신호를 비판적으로 분석하고 반박할 수 있는 힘이 생긴다. 부정적인 말을 듣고도 그것을 곧이곧대로 믿지 않고 "아니야, 꼭 그렇진 않아", "지금은 쉴 시간이야", "쉬는 것도 나를 위한 중요한 일이야"라고 말해줄 수 있는 내면의 어른이 존재하는 것과 같다.

이러한 자기 위로와 자기 설득의 과정은 단순한 긍정적 사고를 넘어서, 실제 뇌의 반응을 재구성(Reprogramming)하는 일이다. 즉, 과거의 부정적인 기억 위에 현재의 안정된 경험, 편안한 감정, 긍정적인 인식을 조금씩 덧씌우는 것이다. 이러한 과정을 반복할 때, 뇌는 그 경험을 새로운 사실로 받아들이며, 기억을 다시 쓰는(Rewriting) 작용을 하게 된다.

그러나 이 변화는 결코 단기간에 이루어지지 않는다. 만약 10년 동안 불안에 시달려왔다면, 그 기억은 뿌리 깊은 나무처럼 단단하게 자리를 잡고 있다. 따라서 회복에도 그에 상응하는 10년의 시간과 인내가 필요할 수 있다.

그렇기에 마음의 회복은 '의지'만으로 되는 것이 아니다. 시간, 반복, 지지, 이해, 자기연민, 그리고 무엇보다 '살기 위한 용기'가 함께 필요하다. 이 여정은 험난할 수 있지만, 반드시 걸어야 하는 길이다. 행복해지기 위해서, 그리고 제대로 살기 위해서 말이다.

마음이 아픈 사람은 결코 약한 사람이 아니다. 마음이 아픈 상태에서도 버티며 살아가는 사람은 이미 누구보다 강한 사람이다. 이제는 그 강함을 올바른 방향으로 회복시키는 시간이 필요할 뿐이다. 그러므로 부정적인 생각이 들 때마다 스스로에게 이렇게 말해보자.

"괜찮아. 지금은 내가 나를 다시 회복시켜 가는 중이야."

"쉬어도 돼. 이건 회복을 위한 중요한 시간이야."

"나는 천천히 나아가고 있지만, 분명 나아지고 있어."

이러한 작은 마음의 언어들이 쌓여 불안했던 뇌를 설득하고, 상처 입은 마음을 회복시키는 소중한 기반이 될 것이다. 결국 뇌와 마음은 서로 영향을 주고받으며 성장한다. 그리고 그 출발은 마음의 설득, 즉 자기 자신과의 소통에서부터 시작된다.

마음으로 생각하기

우리는 흔히 '생각은 뇌로 한다'고 알고 있다. 과학적으로도 뇌는 인지와 판단, 정보처리의 중추기관이며, 논리적 사고의 중심이다. 그러나 우리의 일상적인 경험은 그것만으로는 충분하지 않음을 보여준다. 예컨대 누군가의 말에 상처받았을 때 "가슴이 아프다"고 말한다거나, 사랑하는 이가 다쳤을 때 머리가 아닌 "마음이 너무 아프다"고 느낀다. 이것은 인간의 '생각'이 단지 뇌의 활동만이 아니라, 마음이라는 또 다른 차원의 작용도 함께한다는 것을 의미한다.

실제로 뇌는 개인의 생존을 우선하는 이기적인 방식으로 작동하는 경향이 있다. 뇌는 손실을 피하고자 하고, 위협을 감지하면 즉각적인 반응을 일으킨다. 어떤 일이 나에게 불리하거나 손해가 될 것 같을 때, 뇌는 자동적으로 불안 반응을 일으키며 '도망치거나 피하라'는 명령을 내린다. 그러한 반응은 때로는 필요하지만, 과도할 경우 불필요한 걱정과 부정적인 사고로 이어질 수 있다.

마음은 뇌와는 다른 방식으로 작동한다. 마음은 보다 공감적이고 이타적인 방향으로 사고할 수 있다. 내 이익보다 타인의 감정을 먼저 헤아릴 수 있으며, 손해를 감수하더라도 선의를 선택하는 결정이 가능하다. 실제로 '가슴이 아프다', '마음이 찢어진다'는 표현은, 단순히 뇌의 사고만으로 설명할 수 없는 복합적인 정서 반응이자 마음의 인식 작용이다.

뇌 중심의 사고는 흔히 과거의 실패나 상처를 일반화하여 미래를 부정적으로 예측하게 만든다. 예컨대 과거의 대인관계 실패가 '나는 사람들과 잘 지내지 못한다'는 인식으로 굳어지면, 새로운 관계를 시도하는 것이 두려워진다. 뇌는 이러한 패턴을 기억하고 위험 회피적 행동을 하게 만든다. 사고는 점점 부정적이고 방어적으로 굳어지며, 변화 가능성을 스스로 차단하게 된다.

이때 필요한 것이 '마음으로 생각하는 훈련'이다. 마음은 뇌보다 유연하고 포용적이며, 새로운 관점을 받아들일 수 있는 여지를 지니고 있다. 과거의 실수를 부드럽게 감싸주며 이렇게 말할 수 있다.

"그래, 그때는 힘들었지. 하지만 이제는 괜찮아. 그 일이 항상 반복되는 건 아니야."

"그때 실패했지만, 네가 살아낸 것만으로도 충분히 잘한 거야."

"앞으로는 잘할 수 있을 거야. 한 번 해보자."

내적 대화는 뇌에게 안정감을 주고, 변화 가능성을 경험하게 한다. 물론 처음에는 쉽지 않다. 뇌는 익숙한 부정적 예측을 되풀이하려 들 것이다. 그러나 반복적이고 의도적인 자기설득, 그리고 실제 아무 일도 일어나지 않는 '안전한 경험'들을 쌓아가는 과정을 통해 뇌는 점차 마음의 메시지를 신뢰하게 된다. 이런 과정을 우리는 '마음의 근육을 기르는 것'이라고 할 수 있다. 감정조절, 자기이해, 타인에 대한 공감, 현실을 있는 그대로 수용하는 태도 등이 모두 포함된다. 이 마음의 근육이 자랄수록 우리는 불안에 덜 흔들리고, 더 유연하고 따뜻한 사고를 하게 된다.

생각은 단지 뇌의 산물이 아니다. 마음으로도 생각해야 한다. 뇌는 빠르고 날카롭지만, 마음은 깊고 따뜻하다. **변화와 회복은 마음에서 시작되어 뇌를 설득하는 과정을 통해 이루어진다.** 이 훈련이야말로 불안의 시대를 살아가는 우리에게 꼭 필요한 삶의 기술이며, 나 자신을 다시 사랑하는 법을 배우는 첫걸음이다.

스스로를 존중하는 훈련

자신을 폄하하거나 쓸모없는 존재로 대하지 말아야 한다. 동시에 타인을 필요 이상으로 모든 면에서 나보다 나은 사람으로 과대평가할 필요도 없다. 필자는 항상 학생들에게 이렇게 이야기한다.

"내가 했다면, 너희는 더 잘할 수 있다."

이 말은 단순한 격려가 아니다. 사실이기도 하다. 필자 역시 10대와 20대 시절, 지금 생각하면 한없이 부족하고 어리석었던 때가 많았다. 사기도 많이 당했고, 어설픈 선택을 했으며, 실수도 잦았다. 그래서 지금 청년들을 볼 때마다, 오히려 그들이 더 나은 성품과 건강한 삶의 자세를 가지고 있다고 느낀다. 정보도 더 많고, 사고도 더 유연하며, 시대의 변화에 훨씬 민감하게 반응한다. 그럼에도 불구하고, 많은 청년들은 스스로를 늘 부족하게 여긴다.

교육의 수준, 물질적 환경, 사회적 배경은 다를 수 있지만, 감정의 구조는 누구나 비슷하다. 우리가 보기에 '좋은 사람'이라 여겨지는 사람들 역시 분명 좋은 사람일 수 있다. 그러나 그렇다고 해서 그 사람과 나를 비교하며 자신을 '나쁜 사람'으로 규정할 이유는 없다.

멀리서 보면 사람은 대단하고 특별해 보인다. 하지만 함께 살아보고, 함께 부딪혀보면 모두 비슷한 평범한 인간이라는 사실을 깨닫게 된다. 그러니 자신을 폄하할 필요는 없다. 특히, 자신이 하는 일에 대해 '누구나 다 할 수 있는 일'이라 치부하지 말아야 한다. 세상에 쉬운 일은 없다. 내가 하는 일도 나이기 때문에 더 잘하고 있는 것이다. 그 생각이 바로 자부심이고, 자부심은 자존감을 키우는 중요한 밑거름이 된다.

교만하거나 이기적인 사람이 되라는 뜻은 아니다. 자신을 객관화하되, 과도하게 낮춰보는 태도를 경계하자는 말이다. 인간은 모두 비슷하다. 다만, 드러나지 않았을 뿐이다. "나만 바보 같다", "나만 뒤처진 것 같다", "해봤자 소용없다", "저 사람은 특별하고, 나는 아니야"와 같은 자신을 향해 끊임없이 부정적인 메시지를 보내는 생각들은 뇌의 방어기제이며, 사실과는 다르다.

나에게 필요한 건 타인의 속도와 비교하는 것이 아니라, 나만의 속도와 방향을 인식하고 꾸준히 걷는 일이다. 인내와 성실을 바탕으로 걷다 보면 길은 열리고, 또 열리며, 어느새 스스로의 성장을 목격하게 된다. **꾸준함은 생각보다 강하다. 특별한 사람이기 때문이 아니라, 그저 멈추지 않았기 때문이다.**

사랑은 사람을 건강하게 만든다

사랑에는 다양한 형태가 존재한다. 고대 그리스 철학자들은 사랑을 구분하여 아가페(Agape), 에로스(Eros), 필로스(Philos), 스토르게(Storge) 등의 개념으로 설명했다. 이 모든 사랑의 공통점이자 본질은 단 하나, 바로 희생이다. 사랑이란 결국 누군가를 위해 자신의 시간과 에너지, 자원을 기꺼이 내어주는 행위이며, 이는 곧 희생을 의미한다.

부모가 자녀를 위해 기꺼이 헌신하고, 생계를 책임지며, 보살피고 지켜주는 그 모든 행위는 사랑의 가장 대표적인 모습이다. 이처럼 **사랑은 받는 사람에게 안정감과 보호받고 있다는 감정, 그리고 삶을 살아갈 수 있는 내면의 에너지를 제공한다.** 그것이 곧 마음의 근육을 길러주는 본질적 자원이 되는 것이다.

그러나 현대를 살아가는 많은 사람들은 이러한 사랑의 경험이 부족하거나, 왜곡된 사랑을 경험하고 자란다. 사랑을 받지 못하거나, 조건부 사랑, 폭력적 환경, 정서적 결핍 속에서 성장한 사람들은 성인이 되어서도 사랑의 결핍이 불안으로 전이된 삶을 살아가는 경우를 많이 볼 수 있다.

이런 결핍은 단순히 과거의 문제가 아니라, 지금의 자아 형성과 사회생활 전반에 영향을 미치는 심리적 근원이 된다. 사랑의 결핍은 자신에 대한 낮은 신뢰, 대인관계에서의 경계심, 반복되는 자기비하로 이어지고, 결국 사회적 부적응이나 감정적 탈진, 번아웃 증후군과 같은 심리적 질환으로 이어질 수 있다.

어린 시절의 상처와 고착화된 기억, 정서적 트라우마는 단순한 의지나 노력만으로는 쉽게 해결되지 않는다. 이미 손상된 마음으로 성인의 역할을 감당하다 보면, 점점 더 깊은 내적 고갈과 좌절을 경험하게 된다.

많은 이들이 '이제 어른이 되었으니 버텨야 한다'고 말한다. 하지만 성인이라도 사랑받아야 하고, 회복할 기회를 가져야 한다. 몸이 아플 땐 병원을 찾듯, 마음이 아플 때도 우리는 치유의 시간을 가져야 한다. 쉬어야 할 때는 쉬어야 한다. 회복 없이 무조건 버티는 삶은, 결국 마음의 파산으로 이어진다. 그런데도 많은 이들이 쉴 때 오히려 더 불안해하는 상황에 빠져 있다. 일중독 수준으로 자신을 몰아붙이거나, 쉬면서도 끊임없이 자책하고 불안해하는 이들은 결국 더 큰 정서적 손상을 입게 된다.

사랑의 결핍으로 인한 불안과 상처를 회복하기 위해선 몇 가지 구체적인 노력들이 필요한데 그중 가장 효과적인 것은 좋은 사람을 만나는 것이다. 사람과의 관계는 여전히 가장 강력한 치유의 도구이다. 공감해주는 단 한 사람이라도 있으면, 삶은 달라질 수 있기 때문이다. 그것이 어렵다면 전문가의 도움을 받는 것도 좋은 선택이 될 수 있다.

또 다른 중요한 노력은 남과 비교하지 않는 연습이다. 남들과 자신을 비교하는 것은 마음을 병들게 하는 주된 원인이 되기 때문이다. 지금의 나를 있는 그대로 인정하고, 자신에게 허용치를 높이는 연습이 필요하다. 그리고 스스로에게 "괜찮아, 잘하고 있어"라고 말해주는 연습이 필요하다. 이 또한 사랑의 한 형태이기 때문이다.

◆ 가치란
남이 부여해 주는 것이 아니라,
내가 나에게 부여하는 것이다.

CHAPTER 03

휴식, 멈춤, 생각의 전환

아무것도 할 수 없을 만큼 아플 때는 쉼이 먼저다

"힘을 내라", "포기하지 마", "조금만 더 버텨봐", "정신 차리고 열심히 하면 된다" 이와 같은 말들은 분명 누군가에겐 용기와 위로가 될 수 있다. 그러나 그런 말들이 통할 수 있는 건 그 말에 반응할 수 있을 정도의 에너지가 조금이라도 남아 있는 사람에게만 해당된다. 마음의 에너지가 완전히 고갈된 상태에 있는 사람에게는, 그런 말조차도 감당하기 어려운 압박이 된다.

감기나 가벼운 몸살은 충분한 휴식과 수면으로 회복할 수 있지만 암과 같은 중증 질환은 단순한 휴식으로는 회복이 어렵다. 병원 치료와 전문적인 관리, 가족의 돌봄과 사회적 시스템의 도움이 반드시 병행되어야 하는 것처럼 마음도 마찬가지다. 마음이 약간 지쳤을 때는 '자기 관리'나 '동기 부여'만으로 회복이 가능할 수 있다. 하지만 심리적 붕괴나 우울증, 극도의 무기력 상태에 빠졌을 때는 스스로 이겨내야 한다는 말이 오히려 상처가 된다. 정상적인 상태에 있는 사람들은 말한다.

"그까짓 거 왜 못해?"

"꾀병 부리는 거 아냐?"

"마음먹기에 따라 달라지는 거야."

"사람이 게으르니까 그렇지."

그러나 그것은 마음이 아픈 사람의 현실을 전혀 모르는 말이다. 극심한 우울감에 시달리는 사람들은 단순한 일상조차 감당하기 어려워한다. 세수를 하고, 밥을 먹고, 방을 정리하는 일이 산처럼 크게 느껴지고, 세상과 단절되고 싶은 충동에 휩싸인다.

이런 사람들에게 필요한 건 충고가 아니다. 입체적인 치료와 지지, 그리고 비판 없는 공감이다. 몸과 마음, 뇌는 서로 긴밀하게 연결되어 있어 마음이 아프면 몸도 기능을 상실한다. 그러나 **때로는 몸의 건강이 마음을 지지해줄 수 있고, 정신의 힘이 병든 육체를 일으켜 세우기도 하는 등 한 부분의 회복이 다른 영역의 회복을 도울 수 있다.**

영화 〈포레스트 검프〉에서, 주인공 검프는 사랑하는 여자가 떠난 뒤 극심한 고통에 휩싸인다. 그는 경계성 발달장애가 있었기에, 그 슬픔을 말로 표현할 수도, 어떻게 다뤄야 할지도 몰랐다. 그래서 그저 달리기 시작했다. 몇 년을 쉬지 않고 달렸다. 달리는 동안 그는 몸을 움직이는 것으로 아픈 마음을 다스렸고, 자신도 모르는 사이 사람들에게 감동을 주어 사람들은 함께 달리기 시작했다. 그의 달리기는 도망이 아니라 회복을 향한 여정이었다.

이렇듯 마음이 아프고 모든 것이 무너졌다고 느껴질 때는, 먼저 쉬어야 한다. 쉬는 방식은 사람마다 다르지만 몸을 움직이고 마음을 환기시키는 일부터 시작해야 하는 것이 효과적이다. '시작이 반'이라는 말처럼, 아주 작은 시도는 눈에 띄지 않지만 변화의 씨앗이 된다.

매일 한 걸음씩, 자신만의 속도로 걷다 보면 어느새 나아가 있는 자신을 발견하게 된다. 지금 아무것도 할 수 없을 정도로 아프다면, 괜찮다. 그럴 때는 아무것도 하지 않는 것이 정답일 수 있다. 하지만 마음의 에너지가 조금씩 회복되기 시작하면, 그 에너지를 가볍게 움직여주는 일에 써보자. 대단한 것이 아니어도 된다. 세수를 하고, 방을 정리하고, 따뜻한 밥 한 끼를 먹는 것. 이 작은 실천이 곧 회복의 시작이다. 그리고 그런 하루하루가 모여, 마침내 다시 살아갈 수 있는 힘으로 돌아온다.

가치 있는 사람이란 누구인가

가치라는 개념은 절대적이지 않다. 철저히 상대적인 기준에 따라 달라질 수밖에 없다. 예를 들어, 우리가 일상에서 쉽게 접할 수 있는 생수 한 병은 편의점에서 천 원이면 살 수 있고, 그 순간 물의 가치는 단지 '천 원짜리'다. 그러나 만약 그 물이 한 사람의 생존이 걸린 사막 한가운데에서 제공된다면, 그 물은 천 원이 아니라 생명의 무게로 환산될 것이다. 이렇듯 가치는 맥락에 따라 달라진다.

인간의 가치 또한 같다. 어떤 사람에게는 무의미하고 하찮게 여겨지는 사람이, 다른 누군가에게는 너무도 절실하고 소중한 존재일 수 있다. 모든 사람에게 가치 있는 존재가 되는 것은 불가능하다. 그리고 그렇게 될 필요도 없다.

우리는 때때로 "나는 아무 쓸모가 없다", "나는 아무에게도 필요한 사람이 아니다"라고 느끼는 순간들을 경험한다. 그러나 그것은 감정일 뿐 사실이 아니다. 단 한 사람이라도, 나의 존재를 의미 있게 느끼는 이가 있다면 나는 이미 누군가에게 소중한 사람이다. 그런 사람이 당장은 없다 할지라도, 인간은 존재 그 자체로 자신의 위치에만 있어도 이미 가치 있는 존재라는 걸 잊지 말아야 한다.

우리가 살아간다는 사실, 누군가의 삶에 작은 영향을 주고 있다는 사실은 그 자체로 가치를 증명한다. 한 공동체는 머리카락, 손톱, 발톱처럼 겉으로는 보잘것없어 보이는 부분까지 모두 기능을 해야 건강하게 유지된다. 어떤 직업이든, 어떤 위치에 있든, 나의 역할이 반드시 존재하며, 그것이 온전한 사회를 구성하는 필수적인 조각이다.

이러한 이유로, 사람은 늘 겸손해야 한다. 자신이 조금 앞서 나간다고, 남들보다 주목받는다고 해서 그것이 온전히 자기 힘만으로 이루어진 것처럼 생각해서는 안 된다. 누군가의 헌신, 묵묵한 배려, 보이지 않는 노력들이 켜켜이 쌓여야만 한 사람이 빛날 수 있는 법이다.

우리는 모두에게 사랑받을 수 없다. 모두에게 인정받을 수 있는 사람도 존재하지 않는다. 그렇기에 나를 부정하고, 내 가치를 깎아내리는 사람에게 굳이 다가갈 이유는 없다. 오히려 나를 소중히 여겨줄 수 있는 사람, 나의 존재를 따뜻하게 바라보는 공동체를 찾는 것이 더 중요하다.

만약 지금의 관계에서 상처를 받고 있다면, 당장은 그곳을 벗어나는 것이 필요하다. **상처를 치유하기 위해서는 '충분한 휴식'이 먼저다.** 상처 위에 다시 상처를 얹기 전에, 감정의 딱지가 마를 수 있도록 멈추고 숨을 고르는 시간이 반드시 필요하다. 그 다음에는, 내가 나의 가치를 높일 수 있는 방향으로 시선을 옮겨야 한다. 그것은 새로운 사람을 만나거나, 새로운 일을 시작하거나, 나 자신을 새롭게 이해하는 과정일 수도 있다.

가치란 남이 부여해주는 것이 아니라, 내가 나에게 부여하는 것이다. 아무리 세상이 나를 알아보지 못해도, 내가 나를 귀하게 여기면 그 자체로 이미 '가치 있는 삶'을 사는 것이다. 심리학자 아브라함 매슬로는 말한다.

"우리는 누구나 자기 삶에서 어떤 의미 있는 기여를 하고자 하는 욕구를 가지고 있다."

그 욕구는 단순히 사회적인 성공을 의미하는 것이 아니다. 누군가의 마음에 따뜻한 말을 건넨다거나, 작은 손길로 곁을 지킨다거나, 오늘 하루를 충실히 살아낸 것조차도 누군가에게는 큰 위로와 힘이 될 수 있다. 그러니 묻자.

나는 누구의 삶에서, 어떤 의미가 되고 싶은가?

그리고 더 근본적인 질문으로 돌아가 보자.

나는 나를 어떻게 바라보고 있는가?

뇌에게도 휴식이 필요하다

어느 날부터인가 특별히 일을 하지 않고 무리하지 않았음에도 불구하고 피로감에 시달렸다. 몸은 분명 쉬고 있었는데, 항상 만성 피로감에 사로잡혀 있었다. 건강에 이상이 생긴 줄 알고 다양한 건강기능식품을 섭취했지만 근본적인 변화는 없었다. 그러던 중 원인이 '스마트폰'과 지속적인 정보 노출이라는 사실을 알게 되었다. 과거에는 '쉼'이라는 것이 실제로 몸과 마음 모두가 조용해지는 시간이었지만, 현대인에게 쉼은 단지 '앉아 있는 시간'으로 전락했다. 몸은 정지해 있지만, 뇌는 스마트폰이라는 창을 통해 끊임없이 세상과 연결되고 있었던 것이다.

현대 사회는 정보의 홍수 속에 살고 있다. 손안의 디지털 기기를 통해 우리는 하루에도 수백 번의 알림을 받는다. 틈만 나면 영상 콘텐츠를 소비하고, 누군가의 게시물을 확인하며 감정적으로 반응하고, 뉴스로 세상의 불안을 마주한다. 쉼의 시간조차도 오감은 끊임없이 움직이고, 그 결과 '뇌의 과로'가 찾아온다.

문제는 단순한 피로가 아니다. 뇌는 감정과 사고, 판단에 많은 영향을 주는 기관이다. 그것이 지속적으로 정보의 자극을 받으면 과부하에 걸리고, 감정은 둔감해지며, 사고는 고장 나기 시작한다. 무기력, 의욕 상실, 과민반응, 만성 불안, 집중력 저하 같은 증상들이 바로 뇌의 피로에서 비롯된다. 정보를 통해 지식을 얻는 시대에서 정보를 줄이는 법을 배워야 하는 시대에 들어섰다.

뇌가 정보를 받아들인다는 것은 단지 '보는 것'을 의미하지 않는다. 정보를 수용한다는 것은 곧 뇌가 일을 하고 있다는 것이다. 외부로부터 들어오는 수많은 자극을 해석하고, 연결하고, 판단하는 작업이 무의식적으로 반복된다. 이는 우리가 느끼는 피로의 본질이 단순한 육체적 피로가 아니라는 점을 보여준다. 정작 뇌가 쉬지 못하고 있다는 사실이 만성적인 피로의 진짜 원인일 수 있다.

더욱이 우리가 접하는 정보는 '자연스러운 지식'이 아니라, 누군가가 편집하고, 의도하고, 자극적으로 구성한 콘텐츠일 때가 많다. 이른바 '조작된 정보'가 하루에도 수백 번, 수천 번 우리 뇌에 입력되는 것이다. 그렇게 우리는 점차 자신의 내면과 감정, 생각을 돌아볼 여유 없이 멍한 상태, 말 그대로 '정신적 과부하' 속에서 살아가게 된다.

외부의 정보는 분명히 필요하다. 세상을 이해하고, 타인을 배우며, 변화에 대응하기 위해서 정보는 유용한 도구다. 하지만 정보는 선별되고, 숙성되고, 통찰로 연결되어야만 지식이 된다. 그런 과정을 거치지 않고 무분별하게 흡수만 하게 되면, 결국 판단력은 흐려지고, 스스로 생각하는 힘은 약화된다.

뇌에게도 휴식이 필요하다. 잠시 멍하니 창밖을 바라보는 시간,

아무것도 하지 않고 천천히 호흡을 느끼는 그 짧은 고요가 뇌에겐 재부팅과도 같은 치유의 시간이 될 수 있다. 자기계발을 위한 쉼이 아닌, 생존을 위한 쉼. 우리는 잠시라도 디지털에서 끊어져야만 진짜 나의 감정, 진짜 나의 필요를 들을 수 있다.

불안은 정보 과잉에서 오는 경우가 많다. 외부 자극을 줄이는 것은 불안을 줄이는 데 도움이 된다. 하루 1시간이라도 핸드폰을 내려놓고, 멍을 때리거나, 명상을 하거나, 아무것도 하지 않아보자. 그 1시간이 나를 회복시키는 작은 씨앗이 될 수 있다.

생각의 전환

인간은 생각에 지배되는 존재이다. 우리가 느끼는 감정은 대부분 뇌에서 어떤 신호를 보내는가에 따라 결정된다. 이 신호는 곧 '해석'이 되며, 우리의 감정과 행동, 나아가 삶 전체의 방향까지 바꾸어 놓는다. 그러므로 뇌의 신호를 그대로 수용할 것이 아니라, 그 신호를 분별하고 다룰 수 있는 '마음의 근육'이 필요하다.

이 마음의 근육은 선천적인 것이 아니라 훈련을 통해 길러지는 것이다. 반복적인 자극, 연습, 그리고 자기성찰을 통해 우리는 생각을 전환하는 능력을 얻게 된다. 이 과정은 마치 무거운 것을 들기 위해 근육을 키우는 운동과도 같다. 근육이 없을 땐 힘든 일이지만, 키워놓으면 훨씬 수월해진다. 마음도 마찬가지이다. 생각의 전환, 혹은 생각을 바꾸는 힘이란 바로 이 마음의 근육을 키우는 본질적인 훈련이다.

가령 30세의 성인이 어느 날 영화처럼 15년 전인 15살로 돌아간다면, 그는 30세의 생각과 마음을 가졌기에 15살이 겪는 불안과 고통을 그리 심각하게 여기지 않을 것이다. 학교에서 따돌림을 당하거나, 누군가에게 미움받는다 해도, 큰 타격감 없이 자기가 살고 싶은 삶을 살 것이다. 마찬가지로 지금이 15년 후인 45세에서 돌아왔다고 생각하면, 오늘의 시련이나 실수들을 보다 너그럽게 받아들이고 자기가 하고 싶은 일을 하며 살 것이다. 15년 젊어지는 거나 내가 15년 후의 생각을 지금 하는 거나 똑같기 때문이다. 이것이 바로 생각의 전환으로, 자신이 어디에 위치해 있느냐보다 어떻게 해석하느냐가 삶의 질을 결정한다.

그리고 생각의 전환은 단순히 생각뿐만 아니라 실천하게 만드는 동기부여가 되기도 한다. 예를 들어 열심히 영어공부를 하면서도 외국인 앞에 서면 입이 떨어지지 않는다. 그 이유는 단순히 언어능력의 부족 때문이 아니다. 근본적인 이유는 동기부여의 부재이다. 영어가 정말 필요하다고, 진심으로 느끼지 않으면 뇌는 그것을 '불필요한 일'로 분류하고, 에너지를 쓰지 않게 만든다. 그러다 보니 공부를 안 하게 되고, 공부를 안 하니 실력이 늘지 않으며, 실력이 없으니 재미도 없다. 재미가 없으면 더 하지 않게 되고 안하다 보니 못하게 되고 못하니 재미가 없게 된다. 이처럼 생각의 전환이 삶의 결과를 결정하는 연결고리가 되기도 한다.

뿐만 아니라, 대부분의 경우 우리는 외부의 명령에 의해 억지로 움직일 때 쉽게 지친다. 부모가 하라고 해서, 선생님이 시켜서 공부하거나 일하는 경우에는 내면의 동기가 작동하지 않는다. 인간은 내면이 납득하지 못하는 일을 지속할 수 없다. 그러므로 중요한 것은 억지로 무엇을 하게 만드는 것이 아니라, 스스로 납득하고 동기화되는 과정, 즉 '자기 설득'의 경험이 필요하다.

생각을 바꾸는 일은 쉬운 일이 아니다. 많은 사람들이 '스스로 생각을 바꿔야 한다'는 말에 막연한 무력감을 느낀다. 그러나 우리는 기억해야 한다. 생각은 고립 속에서 더 나쁜 방향으로 흘러가기 쉽다. 사람은 혼자 깊이 생각할수록 부정적인 결론에 이르기 마련이다. 뇌는 본능적으로 위험을 감지하고, 불안을 먼저 인식하도록 만들어졌기 때문이다. 그렇기에 긍정적인 사고는 '스스로 노력'만으로는 불가능한 영역이기도 하다. 날마다 외부로부터 긍정적이고 희망적인 메시지를 공급받아야 한다. 인문서, 상담 전문가, 방송, 소통 훈련 자료 등은 마음의 근육을 키우는 데 좋은 재료가 된다. 이 과정을 통해 우리는 뇌의 신호를 의심하고, 재해석하며, 필요에 따라 마음으로 뇌를 설득하는 힘을 기르게 된다.

결국, **우리가 바꿔야 할 것은 외부 환경이 아니라 '생각의 구조'다. 생각이 바뀌면 감정이 바뀌고, 감정이 바뀌면 행동이 달라지고, 행동이 달라지면 인생이 달라진다.** 그 출발점은 내면의 마음 근육을 기르는 일이다. 이 훈련은 평생 지속되어야 한다. 우리의 뇌는 안정을 원하고 과거의 패턴으로 회귀하려는 경향이 있기 때문이다. 지속적으로 긍정적인 정보, 건강한 소통, 따뜻한 관계 속에 머물다 보면 뇌가 보내는 신호 자체가 서서히 바뀌게 된다. 그때 우리는 놀랍게도 감정이 달라지고, 세상이 달라 보이게 되는 경험을 하게 된다.

생각의 전환은 단순한 '긍정적인 사고' 이상이다. 그것은 생존을 위한 전략이자, 인간답게 살아가기 위한 능력이다. 고통 앞에서 무너지지 않고, 오히려 그 안에서 새로운 가능성을 발견하는 힘, 그것이 바로 성숙한 인간이 갖춰야 할 삶의 태도이다.

세상에는 당연한 것이 없다

인간은 종종 자신이 누리고 있는 많은 것들이 당연히 얻어지는 것이라 생각하며 살아간다. 매일 켜는 전등, 손에 들려 있는 스마트폰, 편리하게 이용하는 대중교통, 배달되는 음식과 따뜻한 집, 이 모든 문명의 혜택을 마치 공짜로 하늘에서 떨어진 것처럼 여기고 살 때가 많다. 그러나 실상은 그렇지 않다. 우리가 누리는 모든 삶의 편의는 당연한 것이 하나도 없다. 누군가의 수고와 헌신, 수많은 시행착오와 발전의 역사를 통해 이루어진 결과이고 혜택이다.

'당연하다는 생각'은 곧 삶의 만족과 감사의 결핍으로 이어진다. 인간이 불행해지는 첫 번째 이유는 바로 이 '당연함의 착각'에서 비롯된다. 매일 반복되는 삶에 익숙해진 나머지, 우리는 그것이 얼마나 귀한 것인지, 또 얼마나 많은 사람들의 노력과 시간이 담겨 있는지 잊고 살아간다.

가령, 우리가 식당에서 마주하는 만 원짜리 한 끼 식사. 이 한 끼의 식탁이 차려지기까지는 수많은 사람들의 수고와 에너지가 동원된다. 밥 한 공기를 위해 농부는 땅을 일구고, 씨를 뿌리고, 수확의 때를 기다린다. 채소 하나, 고기 한 점, 식기 하나, 젓가락과 숟가락조차도 단순한 것이 아니다. 재료의 재배, 가공, 운송, 유통, 조리, 서비스까지 각 단계마다 적게는 수십 명에서 많게는 수천, 수만 명의 사람들의 노동과 기술, 시간과 배려가 축적되어 있다. 결국, 우리는 수많은 타인의 수고로움 위에 앉아 한 끼 식사를 하고 있는 셈이다.

이러한 깨달음은 일상의 모든 풍경을 새롭게 바라보게 한다.

형광등이 없던 시절에는 밤을 밝히기 위해 초롱불을 켜야 했고, 교통수단이 없던 시대에는 먼 길을 걸어야만 했고, 냉장 시설이 없던 세상에서는 음식 하나를 오래 보관하기 어려웠다. 그런 과거의 시점을 현재와 비교해보면, 지금 우리가 살아가는 이 세상은 기적처럼 느껴질 것이다.

이러한 '새롭게 보기'는 철학적으로 낯설음(Verfremdung)의 감각과도 닿아 있다. 독일에서는 '창의(創意, Kreativität)'의 어원을 낯설음으로 보기도 한다. 창의란 무(無)에서 유(有)를 만들어 내는 창조와는 달리, 이미 존재하는 것을 새로운 시각으로 재해석하고 조합하는 힘이다. 즉, 매일 보던 익숙한 것을 낯설게 보는 순간, 우리는 진정한 감탄과 통찰에 도달할 수 있다. 그렇기에 '당연하지 않음'을 자각하는 것은 단순한 감사의 차원을 넘어, 창의성과 삶의 통찰을 회복하는 출발점이 된다.

예를 들어, 백억 원의 빚 중 일억 원이 남아 있을 때 대부분은 "아직도 일억이라니 나는 끝났어"라고 절망한다. 하지만 이렇게도 생각해볼 수 있다. "나는 원래 백억 원의 빚이 있었고, 이제 겨우 일억 원만 남았어. 거의 다 갚았다!" 같은 상황이라도 어떻게 해석하느냐에 따라 마음의 무게와 방향은 달라진다. 이것이 바로 '생각의 전환'이 주는 힘이며, 궁극적으로 삶의 질을 바꾸는 열쇠가 된다.

종종 영화의 한 장면처럼 어제까지 80세였는데, 죽기 직전 갑자기 지금 나이로 돌아왔다고 상상하고는 한다. 이러한 상상은 하루하루를 소중하고 감사하게 새로 주어진 삶의 기회로 받아들이게 된다. 스마트폰, 대중교통, 인터넷, 깨끗한 물, 따뜻한 집, 살아 있는 몸, 이 모든 게 당연히 누려야 할 혜택이 아닌 '기적의 조합'이라는 사실을 깨닫게 된다.

지금 이 순간에도 병상에서 생의 마지막 시간을 준비하는 사람들이 있다. 시한부 인생을 선고받은 누군가는 자신이 죽는다는 사실에 절망하고 있을 것이다. 우리에게 당연한 이 하루가 그들에게는 너무나 소중하게 느껴질 것이다.

그런 이유에서 우리는 '살아 있음' 그 자체만으로도 이미 큰 축복을 누리고 있는 것이다. 아무리 많은 돈과 명예가 있어도 내일 죽는다면 그것은 무의미하다. 그러므로 지금 내가 누리는 모든 것이 절대로 당연하지 않다는 사실을 자각하는 것, 살아 있다는 것만으로도 감사함을 느낄 때 그것이야말로 삶의 질을 바꾸는 진정한 시작이며 더욱 삶을 풍요롭고 행복하게 만들어준다.

♦ 거절은 때로 자존감을 지키는
가장 중요한 행위이며,
건강한 관계를 위한 경계 설정이기도 하다.

CHAPTER 04
자기존중

관계에서 나를 지키는 법

우리는 사회에서 수많은 사람들을 만나고, 그들과 다양한 방식으로 소통하며 살아간다. 사람을 만난다는 것은 단순히 우연의 결과가 아니다. 어떤 사람을 만나느냐에 따라 인생이 바뀌기도 하고, 때로는 되돌릴 수 없는 상처를 입기도 한다. 좋은 사람을 만나 인생의 전환점을 경험할 수도 있고, 해로운 사람을 만나 깊은 절망에 빠지기도 한다. 그만큼 사람과 관계를 맺고 소통한다는 것은 매우 중요한 일이며, 신중한 태도가 필요하다.

세상에는 친절한 사람, 상처가 많은 사람, 교만한 사람, 무례한 사람, 나름대로는 착하다고 생각하지만 실상은 미성숙해서 주변을 지치게 만드는 사람 등 참 다양한 사람이 존재한다. 많은 경우, 우리가 겪는 갈등은 상대의 악의적인 행동이라기보다는 미성숙함에서 비롯되는 경우가 많다. 그리고 미성숙한 사람들은 자기가 타인에게 피해를 주고 있다는 사실조차 인식하지 못한다. 오히려 자신에게 미성숙한 행동을 하는 타인을 비난하고 공격한다. 이런 아이러니한 관계 속에서 우리는 어떻게 반응해야 할까?

관계를 맺는 데 있어 가장 중요한 판단기준은 "상대에게 악의가 있는가, 혹은 단순한 미성숙함인가?"를 구별하는 능력이다. 상대가 고의로 해를 끼치려는 의도가 있는가? 아니면 단지 소통 능력의 부족이나 삶의 미숙함에서 비롯된 행동인가? 이것을 판단할 수 있다면, 관계에 휘둘리거나 불필요하게 상처받는 일을 줄일 수 있다.

상대가 악의적으로 대하지 않는다면, 그 사람의 미성숙함을 감정적으로 받아들이기보다는 이해하고, 합리적으로 대화하며 관계를 조율해 갈 수 있다. 그리고 반대로 나 또한 다른 이에게 미성숙한 모습을 보일 수 있다는 것도 생각해야 한다. **완전한 성숙은 존재하지 않으며, 인간은 죽는 그날까지 성숙해 가는 존재이기 때문이다.**

성숙은 고립 속에서 이루어지지 않는다. 여러 사람들과의 관계 속에서 부딪히고, 이해하고, 성찰하며 조금씩 자라나는 것이다. 그렇기 때문에 사람을 만날 때마다 필요한 것은 관계 필터링 능력이다. 나를 피곤하게 만드는 사람, 나를 반복해서 슬프게 만드는 사람, 나에게 죄책감을 유도하는 사람을 만났을 때, 그들이 단순한 미성숙함의 표현인지, 아니면 의도적인 악의적인 행동인지 판단해야 한다.

만약 상대가 반복적으로 의도적으로 나를 공격하고, 감정적으로 조종하려 하며, 내 자존감을 깎는다면, 그 사람과의 관계는 멈춰야 한다. 악의적인 의도는 처음에는 미묘하지만 시간이 갈수록 선을 넘는다. 특히 연인 관계에서 이를 방치하면, 스토킹이나 협박, 심지어 물리적 폭력으로까지 이어질 수 있다. 그렇기 때문에 초기 단계에서 문제를 인식하고, 단호하게 거리를 두는 것, 필요한 경우에는 외부의 도움을 요청하는 것이 중요하다. 보통 이런 악의적인 사람들은 정작 내면은 두려움과 결핍으로 가득 찬 겁쟁이일 때가 많다. 그러나 그 두려움이 타인에게 폭력적으로 전이될 때, 그것을 방치하거나 허용해서는 안 된다.

내 삶을 지치게 만드는 사람들과 무리해서 관계를 유지하려 하지 않아도 된다. 상처가 많은 사람은 오히려 좋은 사람을 만나야 회복된다. 단지 외로움 때문에 아무 관계에나 매달리다 보면, 더 깊은 외로움과 상처에 빠지게 된다. 따라서 관계를 맺는 데 있어서도 균형, 예의, 거리 조절이 반드시 필요하다.

착한 사람이 될 필요는 없다

어릴 적부터 우리는 '착하게 살아야 한다'는 말을 귀에 못이 박히도록 들어왔다. 부모는 자녀에게 "착한 아이가 되어야 해"라고 말하고, 학교에서는 착한 학생이 모범생으로 칭찬받는다. 사회 또한 예의 바르고 잘 따르는 사람을 '좋은 사람'으로 인식한다. 그러나 이처럼 보편적으로 통용되는 '착함'의 기준은 과연 누구를 위한 것일까?

우리가 일반적으로 사용하는 '착하다'는 표현은 사실상 '말을 잘 듣고, 순응하며, 갈등을 피하는 사람'을 가리키는 경우가 많다. 부모의 말에 반항하지 않고, 친구들의 부탁을 거절하지 않으며, 조직 내에서 시키는 일을 묵묵히 수행하는 사람이 착하다고 여겨진다. 그러나 이런 모습은 때로는 '호구'라고 불릴 수 있으며 타인의 이익을 위해 자신을 지나치게 희생하는 사람으로 여겨지기도 한다.

진정한 의미의 '착함'은 단순한 순종이나 자기희생을 의미하지 않는다. 그것은 타인을 향한 배려이면서도 자신을 잃지 않는 절제된 태도여야 한다. 내가 감당할 수 있는 한도 내에서, 나 자신도 돌보면서 남을 도울 수 있는 사람, 그것이 건강한 의미의 착한 사람이다.

문제는 우리가 아직 자기 자신조차 돌볼 여유가 없을 때조차도, 억지로 '착한 사람'의 역할을 하려 할 때이다. 마음의 근육이 약해 스스로도 버거운 상황에서, 타인의 기대에 맞추어 무리하게 '좋은 사람'이 되려 하다 보면 내면의 고갈과 정서적 탈진을 겪게 될 수 있다. 결국 '착함'은 내 존재를 지키는 미덕이 아니라, 나를 지우는 역할로 변질되곤 한다.

따라서 **우리는 '착한 사람이 되기 이전에', 자기 자신을 먼저 이해하고 돌보는 사람이 되어야 한다.** '싫다'는 말을 어렵게 여기지 말아야 하며, 부당하거나 감당할 수 없는 상황에서는 분명히 경계를 설정해야 한다. 때로는 정중한 거절, 단호한 요청, 관계의 정리가 필요하다. 상대방이 감정적으로 반응하더라도, 그것은 내가 감정적으로 반응해야 할 이유가 되지 않는다. 타인이 나를 공격적으로 대하거나 일방적으로 대할 경우, 과감히 거리를 두거나 단절하는 것이 오히려 자신을 지키는 길이 된다.

우리는 '모든 사람과 잘 지내야 한다'는 강박을 가지고 살아간다. 친구가 많아야 사회성이 좋고, 외롭지 않다고 여긴다. 그러나 진정한 관계는 양방향의 소통과 공감, 그리고 서로를 향한 신뢰와 배려를 바탕으로 해야 한다.

친구가 많다고 좋은 것만은 아니다. 친구가 많다는 것은 그만큼 시간과 감정을 나눠야 할 대상이 많다는 뜻이기도 하며, 때로는 자기 자신을 돌볼 시간을 뺏기기도 한다. 좋은 친구란 함께 있을 때 진심으로 격려하며, 시기와 질투 없이 선의의 경쟁과 진심어린 응원을 나눌 수 있는 사람이어야 한다. 그런 친구 한 사람을 만나는 것이 결코 쉬운 일은 아니다.

그런 이유에서 상처와 아픔이 많은 사람일수록 더욱 좋은 사람을 만나야 한다. 그렇지 않으면 자기 안의 결핍이 더욱 깊어지고, 오히려 고립될 가능성이 높아진다. 외로움을 달래기 위해 무리하게 관계를 맺는 것은 또 다른 상처를 만드는 길일 수도 있다.

착하다는 소리를 듣기 위해 자신을 억누르고 희생할 필요는 없다. 물론, 남에게 해를 끼치지 않는 성숙한 태도는 중요하다. 그러나 자기 존중 없이 이루어지는 착함은 오래 지속되지 않으며, 결국 나도, 상대도 모두 피로하게 만든다.

진정으로 건강한 인간관계란 서로를 지치게 하지 않고, 경계를 존중하며, 여유와 균형을 바탕으로 형성되는 관계다. 누군가가 선을 넘는다면 정중하게 알려줄 필요가 있고, 반복되는 무례에 대해서는 과감히 멈추게 하는 용기도 필요하다. 그런 선택이 나쁜 것이 아니다. 오히려 그것이 진짜 착한 삶, 균형 잡힌 삶의 시작이다.

'착하다'는 말은 더 이상 일방적인 희생이나 무조건적인 수용의 의미로 사용되어서는 안 된다. **진정한 착함은 스스로를 돌볼 줄 알고, 또한 자기 한계를 알며, 타인과의 건강한 경계를 설정할 줄 아는 사람의 태도다.**

착한 사람보다 중요한 것은 자기 자신을 존중할 줄 아는 사람, 그리고 서로를 지치지 않게 하는 관계를 만들 줄 아는 사람이다. 그렇기에 무리하지 않고, 조급해 하지 않으며, 자신의 시간에 맞춰 관계를 선택할 자유도 스스로에게 허락해 주어야 한다.

거절은 나쁜 일이 아니다

많은 사람들이 거절을 힘들어한다. 부탁을 거절하는 것이 마치 냉정하거나, 나쁜 사람이 되는 것처럼 느껴지기 때문이다. 그러나 이는 오해다. **거절은 때로 자존감을 지키는 가장 중요한 행위이며, 건강한 관계를 위한 경계 설정이기도 하다.**

거절을 어려워하는 이유는 대부분 심리적 훈련이 되어 있지 않기 때문이다. 부탁을 받았을 때 그것이 나에게 과도하거나, 부당하거나, 감당할 수 없는 일이라면 분명히 '아니오'라고 말할 수 있어야 한다. 그러나 많은 경우, 사람들은 그 부탁을 들어주지 않으면 상대가 실망하거나 관계가 끊어질까 두려워 결국 자신을 희생하는 선택을 하게 되는 경우를 많이 볼 수 있다.

그러나 **꼭 기억해야 할 사실이 하나 있다. 진짜 친한 사람은, 애초에 거절하기 어려운 부탁을 하지 않는다는 것이다.** 거절은 무례하거나 잘못된 행동이 아니다. 오히려 자신의 삶과 마음을 지키기 위한 정당한 권리이자, 스스로를 존중하는 표현이다. 물론, 상황과 대상에 따라 도움을 줄 수 있는 경우도 있다. 내가 여유가 있고, 상대가 그만한 신뢰를 가진 사람이라면, 마땅히 도울 수 있다. 그러나 내 능력을 벗어나거나, 부담이 되는 수준이라면 분명하게 선을 긋는 것이 필요하다.

거절을 통해 관계가 끊어진다면, 그 관계는 처음부터 건강하지 않았던 것이다. 내가 '예스'를 하지 않는 순간 떠나가는 사람이라면, 그 사람은 언제든 자기 기준에 맞지 않으면 떠날 준비가 되어 있는 사람이다. 그런 관계는 오래 가지 못한다.

한 번 들어준 부탁은 두 번, 세 번으로 이어질 수 있다. 그리고 반복되는 부탁은 어느 순간 '요구'로 변질된다. 처음에는 고마워하던 사람이, 나중에는 당연하게 여기고, 더 이상 들어주지 않으면 오히려 원망하거나 비난하는 경우도 생긴다. 이런 상황을 방지하려면 처음부터 경계를 분명히 하는 것이 중요하다. 그래서 **거절도 연습이 필요하다. 상황을 미리 예측해보고, 스토리를 구성해 놓고, 정중하면서도 단호한 표현을 연습하는 것이 도움이 된다.**

필자의 아들에게 회사 선배가 50만 원을 빌려달라고 부탁한 일이 있었다. 둘은 만난 지 몇 달 되지 않았고, 선배는 평소에도 금전적 어려움을 겪고 있었다. 선배는 "급하게 필요하다, 미안하지만 좀 도와줄 수 없겠냐"며 부탁을 했다. 아들은 돈을 빌려주면 못 받을 것 같고, 못 받으면 자신의 마음이 불편해질 것 같은데, 그렇다고 돈을 안 갚는 선배에게 다시 달라고 말할 자신도 없어 너무 고민된다고 털어놓았다. 이때 정중하게, 자신의 상황을 솔직히 밝히고 거절하라고 조언해 주었다.

"선배, 제가 정말 도와드리고 싶은 마음은 있는데, 저도 지금 사정이 좋지 않아서요. 가족 생활비도 일부 지출하고 있어서 생활비도 빠듯한 상황이에요. 죄송합니다."

물론 이것이 정답은 아니다. 하지만 핵심은, 정중하게 거절함으로써 감정적 상처 없이 건강하게 관계를 유지할 수 있다는 점이다.

거절은 잘못된 행동이 아니다. 나의 감정을 보호하고, 나의 삶의 중심을 지키기 위한 선택이다. 중요한 것은 무례하지 않게, 그러나 분명하게 말하는 것이다.

거절을 상황에 맞게 잘하는 사람은 자신과 타인의 경계를 잘 아는 사람이다. 경계를 존중할 줄 아는 사람만이, 타인에게도 진정한 의미에서 도움을 줄 수 있다. 감정에 휘둘려 억지로 관계를 유지하거나, 내 마음에 불편을 남기는 선택은 결국 자존감의 침식을 부르게 된다. **거절을 잘하는 사람은 냉정한 사람이 아니라 건강한 사람이다. 그것은 용기의 표현이고, 자기 존중의 실천이다.**

따돌림, 아이의 생존을 위협하는 심리적 위기

사람은 사회적 동물이며, 무리 속에서 살아가도록 설계되어 있다. 인간뿐 아니라 많은 동물들 역시 집단을 이루어 서로 보호하고 생존 확률을 높이며 살아간다. 특히 먹이사슬의 하위에 있는 동물일수록 무리에서 이탈하면 생존 자체가 위협받는다. 인간도 마찬가지다. 무리에서 배제되거나 따돌림을 당하면 본능적으로 생존의 위기를 감지하고, 이는 곧 '죽음의 공포'와 유사한 심리적 압박을 받는다.

특히 청소년기에 따돌림을 당하는 것은 단순한 심리적 스트레스가 아니라, 인생 전체에 깊은 상처를 남길 수 있는 심각한 문제다. 이 시기의 정체성과 자존감은 매우 유동적이며, 타인의 시선과 인정에 큰 영향을 받기 때문에 더욱 그렇다. 무리에 속하지 못하고 배제당하는 경험은 존재 가치 자체에 의문을 갖게 만들며, 잘못된 자기 인식과 낮은 자존감으로 이어진다.

이런 이유에서 청소년기 시절 따돌림은 단순한 개인 간의 갈등이 아니다. 보통 한 명의 주동자가 약한 대상을 정하고, 그 주변에 협력자와 방관자가 붙는 나름 체계적인 구조를 가진다. 주동자는 타인의 약점을 이용해 자신이 우월하다는 인식을 얻으려 하는데 왕따를 시키는 아이는 사실 강하거나 건강한 사람이 아니다. 오히려 자신의 약함을 감추기 위해 약한 사람을 공격하는 것으로 자신의 결핍과 불안에서 비롯된 방어기제 행동이라 할 수 있다.

협력자들은 주동자의 눈밖에 나지 않기 위해 동조하며, 방관자는 침묵으로 가해에 가담하게 된다. 이 과정에서 피해자는 점점 더 고립되고, 심리적으로 극심한 고통을 받게 된다. 많은 경우 처음에는 애매하게 시비를 거는 것에서 시작되다가, 피해자가 제대로 반응하지 못할 경우 점차 수위가 높아져 학교폭력으로 이어질 수 있다.

따돌림 문제를 경험하게 되는 아이들은 대부분 감정을 정확하게 표현하지 못하거나, 자신이 뭔가 잘못해서 이런 일을 당하는 것처럼 느낀다. 이런 상태를 방치하면, 결국 스스로를 비난하며 자책하게 되고 자존감은 바닥까지 떨어진다. 그래서 부모는 아이의 일상적인 감정의 변화를 민감하게 살필 수 있어야 하며, 사소한 신호라도 놓치지 말아야 한다.

필자의 막내아들은 12월 24일생으로, 같은 학년의 또래 아이들보다 신체적으로 작고 연약해서 따돌림 대상이 될까 염려되었다. 그래서 중학교에 입학하기 전, 혹시라도 시비를 거는 아이가 생기면 바로 말해달라고 미리 이야기해 두었다. 입학 초기 실제로 시비를 거는 학생이 나타났고, 아이는 바로 필자에게 연락했다. 필자는 즉시 담임교사에게 상황을 알렸고, 학교 차원이 아닌 부모 간

대화로 풀어가는 방향을 제안했다. 상대 아이의 부모와 연락한 후, 직접 가해 학생과 통화를 시도해 감정적이지 않게 단호함으로 설득했다.

"네가 만약 우리 아들이 덩치도 크고 싸움을 잘하는 아이였다면 시비를 걸었을까? 그리고 네가 괴롭히는 아이에게도 부모가 있고, 가족이 있어. 너희 누나가 친구들에게 괴롭힘을 당한다고 생각해봐라. 넌 어떻게 하겠니? 지금은 작고 만만하게 보여도 나중에 사회에 나가면, 친구를 괴롭힌 낙인이 남을 수 있단다. 오늘은 넘어가겠지만 다음엔 그냥 넘어가지 않을 것이고 이 일이 공론화될거야."

다행히 사태는 조기에 마무리되었고, 큰 문제로 번지지 않았다. 따돌림 문제에서 부모와 선생 그리고 학교는 절대적으로 피해 아동의 편에 서서 지지하고 보호해야 한다. 결코 아이를 나무라거나 "왜 제대로 대처하지 못했느냐"고 비난해서는 안 된다. 가해 학생과 감정적으로 풀려는 방식도 바람직하지 않다. 특히, 학교 내에서 아이가 더 고립되지 않도록 신중하게 접근하되, 필요하다면 외부 기관의 도움을 요청하는 것도 고려해야 한다.

아이에게 사전에 교육해야 할 내용도 있다. 따돌림은 갑자기 폭력적으로 시작되는 것이 아니다. 처음에는 애매한 말투나 은근한 비난, 사소한 조롱으로 다가온다. 이럴 때 적절히 대응하지 못하면 가해자는 점점 행동의 강도를 높이고, 어느 순간엔 본격적인 괴롭힘이 시작된다.

따라서 아이가 모욕감을 느끼거나 기분 나쁜 상황을 경험했다면, 그것을 애매하게 넘기지 말고 바로 표현하며, 부모나 교사에게 알려야 한다는 교육이 필요하다. 또한, 모든 따돌림은 피해자의 잘못이 아님을 명확히 인식시켜야 한다. **누군가의 공격은 가해자의 문제이지, 피해자의 잘못이 아니기 때문이다.** 이것을 초기에 잘못 인식하게 되면, 피해자는 자기 탓을 하며 더욱 움츠러들게 된다.

인간은 누구나 존엄을 지닌 존재다. 그 어떤 이유로도, 한 사람이 다른 사람을 마음대로 다루거나 괴롭힐 권리는 없다. 인간은 노예가 아니며, 그 누구도 타인의 인격을 침해할 수 없다. 청소년기 따돌림은 그저 어릴 때의 한순간이 아니라, 인생의 기초를 흔들 수 있는 치명적인 문제다. 부모, 교사, 사회 모두가 이 문제에 예민하게 반응해야 하며, 아이의 눈높이에서 공감하고 지지해주는 태도가 필요하다. 혼자가 아니라는 확신, 그 확신이 아이를 다시 일으키는 힘이 되고 건강한 사회인으로 성장하게 만든다.

좋은 직업이라는 환상

인간은 일을 통해 먹고산다. 생계를 유지하려면 일을 해야 하고, 이는 곧 직업이라는 형태로 구체화된다. 우리는 각자 직업을 통해 사회의 일원으로서 역할을 수행하며 공동체의 구성원으로 살아간다. 그런데 문제는 직업이 곧 사람의 가치를 판단하는 기준으로 오해된다는 데 있다. 어떤 직업은 더 중요해 보이고, 어떤 직업은 하찮게 여겨진다. 하지만 공동체는 크고 작은 역할이 조화를 이루어야만 돌아가는 유기체다. 작은 일이 없다면 큰일도 성립되지 않는다. 즉, **일의 '중요성'이 사람의 '존엄성'을 결정할 수는 없다.**

사람은 누구나 좀 더 쉽게, 좀 더 적은 스트레스로 돈을 벌고 싶어 한다. 하지만 대부분의 경우, 쉬운 일일수록 낮은 보상을 받는다. 왜냐하면 사람들은 본능적으로 돈을 '원하지', 나누려 하지 않기 때문이다. 결국 돈은 자기가 하기 싫은 일, 어렵고 귀찮은 일, 혹은 누군가의 전문 기술과 정보가 필요한 상황에서만 지출된다. 그래서 돈을 번다는 것은 본질적으로 쉬운 일이 아니다. '쉬운 일, 높은 보상'이라는 환상은 쉽게 무너지고 만다.

사회 초년생, 즉 일을 처음 시작한 청년들은 같은 업무를 수행하더라도 훨씬 더 큰 피로감을 느낀다. 이유는 간단하다. 처음이기 때문이다. 처음에는 긴장도도 높고, 실수도 잦으며, 경험이 없기 때문에 같은 일을 해도 더 많은 에너지가 소모된다. 많은 청년들은 지금의 힘듦이 평생 지속될 것이라는 착각에 빠지기도 한다. 그래서 더 쉬운 일을 찾아 이직을 하거나, 아예 일을 그만두는 경우도 생긴다. 그러나 명심할 것이 있다. 이 세상에 쉬운 일은 없다. 일은 언제나 귀찮고 힘들다. 다만 반복을 통해 익숙해지고, 능숙해짐으로써 무게감이 줄어들 뿐이다.

성공의 핵심은 스펙도 아니고, 학벌도 아니다. 물론 큰 도움은 되겠지만 가장 중요한 것은 인내와 성실, 곧 '참는 힘'이다. 일을 하며 경험이 쌓이고, 실패를 견디며 자신감을 회복하게 된다. 그 시간 동안 '일'이 주는 스트레스는 점점 줄고, 자부심이 생긴다. 하지만 이러한 인내력은 마음의 건강에서 나온다. 결핍이 많은 사람, 상처가 많은 사람은 긴장 상태나 스트레스 상황에서 무너지는 경우가 많다. 결국 일을 버티는 힘은 곧 마음의 탄탄함에서 비롯된다.

오늘날 많은 청년들이 번아웃을 경험한다. 이는 단순히 게으르거나 나약해서가 아니다. 어린 시절부터 쉼 없이 달려온 삶, 시험과 입시에만 몰입했던 환경, 충분히 놀고 쉬어본 경험 없이 성인으로 진입했기 때문이다. 놀면서 회복하고, 실수하면서 자신을 이해하는 기회를 갖지 못한 청년은 사회에 진입하자마자 심각한 피로감을 느낀다.

그래서 지금은 마음의 건강에 대한 인식 전환이 필요한 시점이다. 청년들이 자주 쉬고, 자기 리듬에 맞는 삶을 찾을 수 있도록 사회가 기다려주고 격려해야 한다. 단지 '일을 안 한다'는 이유로 낙오자 취급해서는 안 된다. "괜찮다", "그럴 수 있다" 이런 공감이 있어야 건강한 사회가 만들어진다.

일에 대해 환상을 가지면 안 된다. 일은 즐겁지 않을 수도 있다. 스트레스도 많고, 지겨운 반복이 되기도 한다. 그러나 자부심은 가질 수 있다. 그리고 그 자부심이 삶을 견디게 한다. 세상은 함께 만들어가는 곳이다. 누군가는 쓰레기를 치우고, 누군가는 아이를 돌보고, 누군가는 야근하며 사회 시스템을 유지한다. 그 각각의 자리마다 존중이 필요하다. 그래야만 모두가 존엄을 지킬 수 있고, 나도 안정감을 얻는 선순환 구조가 작동한다. 결국 **일은 '의무'가 아니라 '공동체 속 나의 자리를 지키는 방식'이다.**

인생에는 다양한 길과 방법이 있다

현대 사회에서 어린이, 청소년, 청년들을 바라보며 자주 안타까운 마음이 든다. 교육은 단지 좋은 대학에 진학하거나, 돈을 많이 벌거나, 사회적 성공을 이루는 수단이 되어서는 안 된다. **교육의 본**

질적 목적은 '건강한 사회인을 길러내는 것'에 있다. 그러나 현재의 교육 환경을 보면, 본래의 목적과는 멀게 느껴진다.

나름 성공한 부모들은 자신의 삶의 기준에 맞춰 자녀에게도 같은 수준의 삶을 요구하며, 어릴 때부터 과도한 선행학습과 사교육을 시킨다. 반대로, 힘겹게 살아온 부모들은 "나처럼 살면 안 된다"는 절박한 심정으로 아이들에게 지나친 학업을 강요하곤 한다.

그러나 생각해보자. 어른들에게 휴식도 없이 "일만 하라", "쉬지 말고 계속 성과를 내라"고 끊임없이 요구한다면, 견딜 수 있는 사람이 얼마나 될까? 성인도 버티기 힘든 요구를 아직 감정과 인격이 완전히 성숙하지 않은 어린이와 청소년에게 몇 년씩 반복해서 휴식 없이 공부만 하라고 지속적으로 요구한다면, 과연 그들이 건강한 사회인으로 자라날 수 있을까? 물론 몇몇 아이들은 부모의 기대에 부응하며 '성공한 삶'을 사는 것처럼 보일 수 있다. 그러나 대부분의 청소년들은, 그 과정에서 정서적 피폐와 정체성 혼란, 우울과 번아웃을 겪는다. 겉은 멀쩡해 보여도 속은 병들어 있는 사회인이 되어가는 것이다.

어린 시절은 단지 지식을 축적하는 시간이 아니다. 놀이를 통해 사회성과 공감 능력, 창의성, 체력을 기르는 중요한 시기다. 아이들은 친구들과 함께 뛰어놀면서 배려와 협동, 소속감, 희생, 감정 조절 등을 배운다. 이것들은 삶의 근본이 되는 자산이 된다. 하지만 현실은 정반대다. 놀이를 방해받는 환경 속에 아이들은 살아간다. 학원에만 가야 하고, 게임도 마음 편하게 못한다. 게임을 하더라도 부모의 불안한 감시 아래에서 짧고 제한된 시간만 허락된다. 그 결과 아이들의 마음은 병들어 가고 함께 뛰어 놀 수 있는 놀이터는 텅 비었으며, 어린이들은 친구들과 함께 웃고 떠드는 법을 잊고 있다.

이처럼 놀이가 사라진 어린 시절은 미래에 반드시 대가를 요구한다. 단지 지식을 쌓는 것만으로는 정서적 탄탄함과 인간적인 건강함을 가질 수 없다. 인생에서 편안히 놀 수 있는 시기는 단 한 번, 바로 10대 시절이다. 그 시기를 놓치면, 이후엔 '놀 수 있어도 마음 편히 놀 수 없는 시기'가 이어진다. 성인이 되면 사회인으로서 역할을 해야 행복해지는 시기이기 때문이다. 그래서 놀아도 불안하고, 쉴 수 있어도 편하게 쉬지 못한다.

우리 사회에서는 청소년들이 '대학만 가면 행복할 것'이라며 10대를 전부 공부에 바친다. 그러나 대학에 진학하고도, '취업만 하면 행복할 것'이라며 쉬지 않고 경쟁과 스펙 쌓기에 몰두한다. 그렇게 좋은 대학, 좋은 직장에 들어갔지만, 정작 그곳에서 절망을 느끼는 이들이 많다.

한 제자는 고등학교 시절 내내 쉬지 않고 공부했다. 소위 좋은 대학의 영문학과에 입학했고, 취업을 위해 또 쉬지 않고 노력해 무역회사에 입사했다. 그러나 기다리고 있던 것은 매일 새벽까지 이어지는 야근과 그에 따른 피로, 탈진이었다. 더 큰 문제는, 자신의 선배가 몇 년째 그 일을 계속하고 있는 모습을 보며, 자신의 미래에 대한 깊은 절망을 느꼈다고 했다. 결국 그는 이렇게 말했다.

"이럴 줄 알았으면 그렇게 열심히 공부 안 했을 거예요. 취업하면 행복할 줄 알았는데, 오히려 더 힘들고 불행해요."

최근 자포자기하는 인생으로 주저앉는 청년들을 점점 더 많이 만나게 된다. 이들은 게으르거나 무능한 게 아니라, 마음의 에너지가 완전히 고갈된 상태이다. 우리는 표면적으로 성공한 것처럼 보이는 청년들의 내면에 얼마나 깊은 상처와 피로가 쌓여 있는지 제대로 보지 못하고 있다.

대한민국은 놀라운 속도로 발전한 나라다. 그러나 과거의 방식으로 현재를 살아가려 한다면 반드시 한계에 봉착하게 될 것이다. 이제는 AI가 실시간 통역을 가능케 하는 시대다. 단순 지식은 기술로 대체될 수 있다. 이런 시대일수록 '마음의 건강'에 집중해야 한다. 새로운 시대에 필요한 교육은 '지식의 암기'가 아니라, 자기 자신을 이해하고 타인을 존중하며 공동체 안에서 건강하게 소통할 수 있는 사람을 기르는 것이다. 지금 우리는 아이들이 자라는 환경을 점검하고, 이들에게 정말 필요한 것이 무엇인지 다시 물어야 한다. 우리는 아이들에게 묻고 또 물어야 한다.

"너, 지금 행복하니?"

그리고 우리 자신에게도 물어야 한다.

"나는 진짜 행복한가?"

만약 그렇지 않았다면, 이제라도 내 마음의 회복과 근육 강화에 힘을 써야 한다. 일만 하는 인생이 아니라, 회복과 재충전을 함께하는 인생으로 전환해야 한다. 왜냐하면 건강해야 견딜 수 있는 시대이기 때문이다.

우리 사회는 여전히 대학 진학과 고소득 직업을 인생의 정답처럼 여기는 경향이 강하다. 그러나 시대는 변하고 있고, 성공의 방식과 기준 또한 다양해지고 있다. 이 지점에서 우리는 청년들에게 꼭 '정답'을 강요하기보다는, 각자의 '자기 답'을 찾도록 도와야 한다. 여기, 이러한 가치의 중요성을 보여주는 한 청년의 이야기를 소개하고자 한다.

필자의 제자 중 한 명은 현재 영상 제작 분야에서 활약하고 있다. 그는 가정형편이 좋지 않아 학창시절 남들 다한다는 학원도 다니지 못했다. 고등학교 시절, 공부보다는 사람들과 어울리는 것을 더 좋아했고, 학교 성적은 평균 이하인 8등급 정도였지만 밝고 사교적인 성격 덕분에 반장을 여러 번 맡기도 했다.

10대 시절을 신나게 놀며 보냈던 그는, 고등학교 2학년 무렵부터 자연스럽게 주변에서 뭐라 한 것도 아닌데 스스로 점차 자신의 미래에 대해 걱정하기 시작했다. 고등학교 3학년 때 일반 대학 진학을 준비하는 대신 '위탁교육'을 통해 컴퓨터 디자인을 배웠고, 졸업 후에는 진학 대신 '내일배움카드'를 통해 6개월간 무료로 영상학원에서 강의를 수강하며 실력을 쌓았다.

이후 병무청의 '취업연계병 제도'를 활용해 정훈병으로 입대하게 되었는데, 군 생활이 그의 인생에 큰 전환점이 되었다. 정훈병으로서 다양한 사진과 영상을 제작하며 실무 경험을 쌓을 수 있었고, 비교적 편한 군 생활을 하며 전문 역량도 함께 성장시킬 수 있었다. 그 경험은 그가 영상 분야에 대한 자신감을 갖게 되는 밑거름이 되었다. 제대 후 그는 학점은행제라는 제도를 통해 2년 만에 4년제 학사 학위를 취득했고, 관련 자격증도 12개나 취득하며 전문성을 키워갔다.

나이는 어려도 실력을 인정받아 광고 제작 회사에 입사하게 되었지만 기쁨도 잠시 업무 강도는 상상 이상이었다. 그는 매일 울다시피 힘들어하며 출근했고, 하루에도 몇 번씩 그만두고 싶은 마음이 들었다고 고백했다. 그러나 1년을 버티는 동안 마음의 근육을 단련시켰고, 그 시간을 견뎌낼 수 있었던 것은 마음의 에너지가 충분히 있었기에 가능했다고 말을 했다. 현재는 이직을 해 다른 영상 제작 업체에서 일하고 있지만 바쁜 일정 속에서도 이전보다 현재의 일이 그리 힘들지 않다고 말한다. 힘들었던 시간이 그의 성장을 이끌었기 때문이다.

　현재 그는 25세에 3천만 원 정도를 저축했으며, 실력을 인정받아 나이에 비해 높은 연봉을 받고 있다. 명문대를 나오진 않았지만 현재의 업무가 힘든 일임에도 불구하고 재미와 성취를 느끼며 일하고 있다. 지금 소개한 제자의 이야기가 인생의 정답이라는 것은 아니다. 단지, 다양한 길이 존재한다는 것을 말하고 싶을 뿐이다.

　대학 진학만이 길이 아니며, 수능과 명문대 진학이 성공의 유일한 경로는 아니다. 마음의 소리에 귀 기울이고, 자신에게 맞는 방향을 고민하며, 정부가 제공하는 제도나 다양한 교육과정을 활용하면 누구나 돈을 많이 들이지 않고도 자기만의 방식으로 건강한 사회인으로 성장할 수 있다. **중요한 것은 자신에게 맞는 길을 찾으려는 '노력'이다.** 인터넷과 공공기관, 다양한 교육 플랫폼 등은 풍성한 정보를 제공하고 있다. 가만히 있기만 해서는 기회를 잡을 수 없다. 조금만 발품을 팔고, 찾아보면 예상치 못한 곳에서 문이 열린다.

　누군가는 명문대학교에 진학해 판사, 검사, 변호사, 교수, 연구원, 고위직 공무원, 대기업 임원이 될 수도 있다. 물론 그것도 훌륭한 길이다. 하지만 모든 청년이 같은 목표를 가져야 할 이유는 없다. 세상에는 정말 다양한 역할과 직업이 존재하며, 그 각각이 사회에 필요한 기능을 한다. **중요한 것은 그 직업이 얼마나 '높은가'가 아니라, 그 일을 하며 자신의 삶을 어떻게 살아가느냐이다.**

◆ 진정한 '도'란 무엇인가?
결국 그것은 사람을 이해하고
품는 능력이다.

CHAPTER 05

철학

돈에 대한 철학은 인생의 균형을 지키는 나침반이다

돈은 분명 인간의 삶에 있어서 매우 중요한 자원이다. 인간은 생존을 위해 기본적인 의식주를 해결해야 하고, 이 모든 과정에는 경제적 자원이 필수적으로 소모된다. 더 나아가 돈은 단지 생존을 넘어서, 보다 편리하고 풍요로운 삶을 가능케 하는 수단이 되기도 한다. 그렇기에 많은 사람들은 돈을 벌기 위해 노력하고, 돈을 통해 자신의 삶을 더 나은 방향으로 개선하고자 한다.

그러나 역설적이게도, 돈이 많다고 해서 반드시 행복한 것은 아니다. 때로는 돈이 많기 때문에 불행해지는 사람들도 존재한다.

복권에 당첨되어 수십억의 자산을 가진 이들이 오히려 파탄 난 삶을 사는 사례가 적지 않다. 이는 **돈 자체가 인생을 망가뜨린다기보다, 돈을 다루는 철학과 태도가 제대로 형성되지 않았기 때문이다.** 필자 역시 젊은 시절 돈에 대한 개념이 부족했으며, 경제적 어려움과 시행착오를 통해 값진 교훈을 얻었다. 돈을 많이 벌어야겠다는 의지만큼, 그 돈을 어떻게 바라보고, 어떻게 관리하며, 어떤 가치로 소비할 것인가에 대한 철학이 부족했기에 삶의 균형이 무너졌던 경험을 했던 것이다.

많은 사람들이 간과하는 사실이 있다. 돈은 본질적으로 '중립적 도구'일 뿐이라는 것이다. 우리에게 편의를 제공하고 선택의 폭을 넓혀줄 수는 있지만 돈 자체가 행복이나 자존감을 보장해주지는 않는다. 오히려 돈을 대하는 마음가짐이 그 사람의 행복의 크기를 좌우한다. 초등학생에게 만 원이 백만 원처럼 소중하게 느껴지는 이유는 돈의 '절대적 액수'가 아니라 주관적 만족감 때문이다. 누군가에게는 백만 원이, 또 다른 누군가에게는 일억 원이 동일한 무게감으로 느껴질 수도 있다. **결국 돈의 가치는 '얼마냐'보다는 '어떻게 느끼고 쓰느냐'에 달려 있다.**

경제적 성공의 핵심은 단순히 많이 버는 것이 아니라, 얼마나 현명하게 소비하고, 얼마나 지혜롭게 남기는가에 있다. 천만 원을 벌고 900만 원을 쓰는 사람과, 200만 원을 벌고 100만 원을 남기는 사람은 겉보기에는 큰 차이가 있지만, 삶의 실질적인 만족감이나 재정적 안정을 기준으로 보면 후자가 더 건강할 수도 있다.

돈은 중요하다. 가능하다면 많이 버는 것이 좋다. 그러나 그것보다 더 중요한 것은 돈을 대하는 태도와 철학이 바로 서 있는가이다. 돈이 많다고 해서 교만하거나, 부족하다고 해서 위축될 필요는 없다. 중요한 것은 돈에 의해 내 자존과 삶의 가치가 좌우되지 않는 단단한 중심을 갖는 것이다.

과거 필자가 인상 깊게 보았던 영화 〈영웅본색〉의 주인공이었던 주윤발은 현실에서도 수천억 원의 자산가이지만, 지하철을 이용하고 구형 휴대전화를 고집하며, 자신의 재산을 사회에 환원하겠다는 소신을 밝혔다. 그의 삶이 감동을 주는 이유는, 돈의 많고 적음 때문이 아니라, 돈을 도구로 여기는 철학과 자신만의 가치관이 명확하기 때문이다.

돈은 인간이 만든 도구이지만, 때로는 인간을 지배하는 신처럼 작용하기도 한다. 그래서 더욱 돈에 대한 철학과 가치관을 제대로 정립하고, 그에 맞는 소비 습관과 재정 기술을 갖추는 것이 무엇보다 중요하다. 돈은 필요하다. 그러나 **돈이 목적이 되어서는 안 된다. 돈은 행복의 수단이지, 그 자체가 행복은 아니다. 진정한 부유함은, 돈에 흔들리지 않는 마음과 철학에서부터 시작된다.**

인생의 길 위의 사람, 사람 속의 길

거리 한복판에서 "도(道)를 아십니까?" 하고 다가오는 사람들을 종종 마주친다. 그 질문이 낯설고 의심스러우면서도 어딘가 마음 한 구석을 건드릴 때가 있다. '도'란 과연 무엇일까?

사전적으로 도는 '길'을 뜻한다. 그러나 단순히 공간적 의미의 길이 아니다. 도는 사람이 살아가는 인생의 방향, 마땅히 걸어야 할 바른 길, 인간의 도리와 이치를 포함한다. 결국 도는 삶과 사람을 이해하는 길이 아닐까?

전통적으로 도를 닦는다고 하면 깊은 산중에서 혼자 조용히 수행하는 모습을 떠올린다. 계룡산에서 5년, 소백산에서 10년…, 세상과 단절된 채 자연 속에서 마음을 수련한다고들 한다. 물론 그러한 수행도 분명 의미가 있다. 하지만 진정한 도는 세상 바깥이 아니라, 세상 한가운데, 삶의 마찰과 인간관계의 복잡한 갈등 속에 깃들어 있다고 생각한다.

산속에서 혼자 살아가면 육체는 조금 불편할 수 있어도, 인간관계에서 오는 감정적 충돌이나 갈등은 피할 수 있다. 그러나 세상 속에 다시 나오면 어떨까? 한 번만 누가 말을 거칠게 해도, 줄을 새치기해도, 마음속 깊이 숨겨져 있던 분노와 짜증, 원망이 솟구칠 것이다. 도는 고요한 산중이 아니라 시끄럽고 복잡한 일상 속에서 갈등을 견디고, 타인을 이해하며 살아가는 과정에서 빚어진다.

진정한 도란 결국 사람을 이해하고, 품는 능력이다. 부모의 잔소리를 참고, 연인의 무심함을 넘기고, 자녀의 반항을 품고, 회사에서 억울함을 삼키며 살아가는 것. 그런 고통 속에서 생겨나는 마음의 단단함, 감정의 절제, 이해의 너비가 바로 삶 속에서 닦여지는 도이다. 사는 일이 고되고, 관계 속에서 마음을 다치기도 하지만 그 속에서 계속해서 사람을 이해하고 관계를 이어가려는 그 노력이야말로 도를 닦는 행위라 생각한다. 도는 경전 속에만 있지 않고 감정이 들끓는 현실 속 갈등에서 피어나며, 바로 지금 이 순간 나와 함께 살아가는 사람들 속에 스며 있다.

이 세상은 도장을 따로 두지 않는다. 도장은 바로 삶의 현장이고, 스승은 매일 마주치는 사람들이다. 거기에서 나의 인내심이 시험받고, 나의 공감능력과 이해심이 연마되며, 내면의 분노와 허영이 드러난다. 어려운 인간관계를 통해 자신을 발견하고, 서운함을 견디며 공감의 마음을 키우고, 분노를 다스리며 책임감을 배우는 것이다.

세상이 복잡하고 거칠수록, 삶은 더욱더 '도를 닦기 위한 현장'이 된다. 고요한 산이 아니라 소란한 시장, 깊은 동굴이 아니라 시끄러운 식탁에서 마음은 조금씩 성숙해져 간다. 물론 어떤 이들은 마음의 큰 상처로 인해 세상과 거리를 두고 혼자만의 시간을 선택한다. 산속에서, 혹은 사회로부터 물러난 자리에서 살아가는 그 길이 자기 자신을 살리는 유일한 길일 수도 있다.

이렇듯 도를 닦는 방식은 하나가 아니다. 모든 사람이 똑같은 방식으로 살아야 할 이유는 없다. 도는 자신에게 맞는 속도로, 자신의 방식대로 걸어가야 하는 길이다. 세상이 정한 기준에 억지로 자신을 끼워 넣을 필요도 없다. 중요한 것은, 어떤 방식이든 삶을 대하는 태도이다. 스스로를 돌보고, 주변을 이해하려 하고, 자신의 아픔을 핑계로 남을 해치지 않으려는 마음 그것이 도를 향한 진정한 걸음이다.

도를 닦는다는 것은 현실을 피하는 일이 아니라 현실을 견디는 힘을 기르는 과정이다. 참는다는 것은 무기력한 인내가 아니라 더 깊이 이해하려는 내면의 선택이다. 매일 반복되는 지루한 일상, 사람들 사이에서 오는 갈등과 불편함을 버텨내며 자신을 잃지 않고 살아내는 것. 그것이 도인의 모습이며, 그러한 사람만이 결국 타인을 품을 수 있는 건강한 사람으로 자라게 된다.

그런 이유에서 도는 멀리 있지 않다. 도는 특별한 사람이 닦는 길이 아니다. 누구나 각자의 삶에서 마주치는 문제와 인간관계를 통해 조금씩, 그러나 꾸준히 닦아 나가는 과정이다. 도는 산속에 있지 않고, 곁에 있는 사람 속에 있다. 그 사람을 이해하려는 마음에서 도는 시작된다. 우리는 지금도 도를 닦는 중이다. 자식의 말 대답을 넘기고, 상대의 무심함을 외면하지 않고, 스스로를 포기하지 않고 살아가는 그 모든 순간이 이미 도가 되는 길 위의 삶이다.

하루가 더욱 소중해지는 이유

필자의 아버지는 폐암으로 세상을 떠나셨다. 가족에게는 큰 슬픔이었고, 특히 어머니에게는 말할 수 없는 상실감으로 다가왔을 것이다. 아버지의 장례 이후, 어머니의 말과 행동이 예전과는 다르다는 것을 느꼈다. 처음엔 배우자를 잃은 충격과 슬픔에서 비롯된 반응이라 생각했다. 그러나 같은 말을 반복한다든가, 잃어버린 물건을 누군가 훔쳐갔다고 의심한다든가, 깊은 우울감 등 행동이 점점 예사롭지 않았다. 이후 병원을 찾았고, 어머니는 치매 진단을 받았다.

되돌아보면 아버지께서 생전에 투병하시던 시기 이전부터 이미 어머니에게는 초기 치매 증상이 있었을 가능성이 컸다. 그러나 가족 아무도 그것을 몰랐다. 남편을 간병하고, 감정을 절제하며 살아오신 어머니의 변화는 단순한 노화로 여겼다. 어머니의 치매가 점차 진행되면서, 가족들은 충격과 혼란 속에서 그 사실을 받아들여야 했다.

지금도 어머니는 하루에도 여러 번 전화를 걸어 같은 말을 반복하시고, 방금 이야기한 내용을 전혀 기억하지 못하신다. 추석이 아님에도 오늘이 명절 아니냐고 물으시고, 추석인데 "왜 안 오냐"는 말씀을 하시지만 정작 방문 약속을 한 적도 없다. 자신의 기억이 왜 이렇게 혼란스러운지 본인조차 답답해하시고, 때로는 슬퍼하시며 눈시울을 붉히기도 한다. 그런 모습을 마주할 때마다 자식으로서 안타까움과 무력감이 밀려온다.

처음에는 치매라는 병을 잘 몰라, 화를 내기도 하고 반복되는 질문에 짜증을 내기도 했다. "그게 아니에요."라며 설득하려 애썼고, 기억을 되살려주려 노력도 해봤다. 그러나 시간이 지나 치매에 대해 공부하면서, 어머니의 행동은 병의 자연스러운 경과임을 이해하게 되었다.

특히 '도둑 망상'과 같은 행동은 많은 치매 환자들에게서 나타나는 증상이었고, 논리로 설득하거나 교정하려는 태도는 오히려 어머니를 더욱 혼란스럽게 만들 뿐이라는 사실을 깨달았다. 이후로는 '이해'가 아니라 '공감'으로 어머니와 소통하려 노력하게 되었다. '바로잡기'보다는, 지금 어머니가 느끼는 감정에 반응해드리는 것이 훨씬 중요했다. 어머니는 달라지신 것이 아니라, 뇌의 기능 저하로 세상과의 연결이 흐려졌을 뿐이다. 그 안에는 여전히 '엄마의 마음'이 남아 있었다. 그 마음을 읽어내는 것이 가족의 몫이라는 생각이 들었다.

한 의사는 이런 말을 했다. "나는 죽는다면 암으로 죽고 싶습니다. 암은 유일하게, 가족과 함께 죽음을 준비할 수 있는 시간을 주는 병이니까요." 처음엔 낯선 말처럼 들렸지만, 시간이 지날수록 그 의미에 고개를 끄덕이게 되었다. 갑작스런 사고나 심장마비처럼 예고 없이 찾아오는 이별은 가족에게 더 큰 충격이 된다. 반면, 암이나 치매처럼 '시간을 주는 병'은 가족과 함께 죽음을 준비하고 삶을 되돌아볼 수 있는 기회를 준다.

물론 치매는 너무도 잔인한 병이다. 언젠가는 어머니가 자식의 얼굴조차 알아보지 못하고, 심지어 밥 먹는 방법조차 잊게 될 수도 있다. 그러나 바로 그렇기에 '지금 이 순간'이 더욱 소중하다. 어머니가 내 이름을 불러주실 수 있을 때, 내 목소리에 웃어주실 수 있을 때, 그 모든 순간들이 기적처럼 느껴진다. 인간에게 주어진 시간은 언제나 한정되어 있고, 누구에게나 죽음은 공평하게 찾아오기 때문이다.

사람은 자신이 오래 살 것이라 착각하지만, 어쩌면 나는 어머니보다 먼저 이 세상을 떠날 수도 있다. 인생은 예측대로 흘러가지 않으며, 삶과 죽음은 순서가 없다. 그렇기에 **오늘이라는 시간을 감사함으로 살아야 하고, 매일의 소소한 일상도 의미 있는 선물로 받아들여야 한다.**

심은 대로 거두리라

인생의 원리는 종종 이렇게 요약된다.

"심은 대로 거둔다."

이는 단순한 도덕적 명제가 아니라, 확률에 기반한 현실의 법칙이라 할 수 있다. 물론, 모든 결과가 노력과 비례하지는 않는다. 세상에는 노력하지 않았음에도 성공하는 사람이 있는가 하면, 최선을 다했음에도 불운을 겪는 이들도 있다. 그러나 중요한 사실은, 노력할 때 성공할 '확률'이 높아진다는 점이다.

노력하지 않아도 성공은 가능하다. 하지만 그 확률은 현저히 낮다. 반대로, 노력할 경우 반드시 성공한다고 보장할 수는 없지만, 성공에 도달할 가능성은 훨씬 높아진다. 인생은 정답이 정해진 수학 문제가 아니라 어디까지나 확률의 문제이다.

확률을 높이기 위해 할 수 있는 '내 몫의 노력'을 해야 한다. 우리는 우리가 통제할 수 없는 환경을 탓하기 쉽다. 시대적 흐름, 경제 상황, 주변의 조건 등은 모두 우리의 의지로 바꾸기 어려운 것들이다. 그러나 그 모든 외부 조건을 넘어서, 우리가 선택할 수 있는 가장 확실한 행동은 '내가 할 수 있는 최선의 작은 노력'이다.

물론 노력한다고 해서 늘 효율이 올라가는 것은 아니다. 때로는 시간만 들이고 결과는 미비할 수 있다. 이때 우리는 쉽게 좌절하고, 아예 시도 자체를 포기하게 된다. 특히 많은 이들이 실패의 두려움과 무력감에 사로잡혀 "애초에 해봐야 뭐하냐"는 생각에 빠지기도 한다. 이런 심리는 인간이라면 누구나 가질 수 있는 자연스러운 방어 기제이다. 하지만 그렇다고 해서 노력을 멈춘다면, 우리의 삶은 그대로 고착될 뿐이다. 따라서 현실을 바꾸기 위해서는 용기를 내어 작은 시도라도 계속해야 한다.

물론 심리적·신체적·환경적 한계로 인해 그 '작은 시도조차 할 수 없는 상태'에 이르는 사람들이 있다. 이 경우, 스스로를 끌어올리는 것이 불가능한 수준에 도달한 이들에게 필요한 것은 외부의 개입과 도움이다. 친구, 가족, 공동체의 관심과 개입, 때로는 누군가의 따뜻한 관심 한마디, "요즘 힘들지 않아?"라는 물음이 삶의 방향을 바꾸기도 한다. 주변 사람들의 민감한 관찰과 정서적 지지는, 위기에 처한 이들에게 생명의 끈이 된다. 이런 이유에서 스스로 '도움을 청하는 용기'는 그 자체로 치유의 시작이 될 수 있다.

또한 국가적인 차원의 복지 시스템과 교육 정책이 반드시 보완되어야 한다. 삶의 기회를 제공받지 못하는 사람들에게 기본적인 정보, 시도할 기회, 재정적 지원을 통해 다시 일어설 수 있는 발판을 마련해 주어야 한다. 거기에 개인적으로도 작은 시도와 노력이 필요하다. 찾아보면 다양한 도움이 될 수 있는 복지 시스템들과 다른 사람들의 관심과 도움의 손길이 있다. 자동으로 변화하는 삶은 없다. 인생에는 자동 변속이 없다. 바꾸고 싶다면, 먼저 방향을 정하고 페달을 밟아야 한다. 그 첫 발걸음이 크고 거창할 필요는 없다. 그저 오늘 작은 '시도'를 해보는 것이면 충분하다. **심은 대로 거둔다는 말은 절대적 법칙은 아니지만, 적어도 '더 나은 확률을 위한 삶의 자세'로는 여전히 유효한 진리이다.**

세 살 버릇 여든까지 간다

인간이 모여 살아가는 세상에는 나라마다, 지역마다 저마다의 고유한 문화가 존재한다. 문화란 단순한 관습이나 전통을 넘어, 사람들이 공동체를 이루며 살아가면서 자연스럽게 형성한 생활 방식이자 정신의 흐름이라 할 수 있다. 오랜 시간에 걸쳐 축적된 문화는 각 사회의 정체성을 형성하며, 개인의 생각과 행동에도 깊은 영향을 미친다.

문화는 교육문화, 음주문화, 놀이문화, 정치문화 등 다양하게 세분화되어 나타나며, 눈에 보이는 형태뿐 아니라 인간관계, 가치관, 예절, 사고방식을 포함한다. 한 번 형성된 문화는 쉽게 바뀌지 않는다. 외부에서 새롭게 들어온 사람들도 기존의 문화에 동화되기 마련이며, 사회는 대부분 그 구조를 유지하려는 방향으로 움직인다.

하지만 문화라고 해서 모두 좋은 것만은 아니다. 오히려 해묵은 악습이나 비합리적인 전통이 개인과 공동체의 발전을 가로막는 경우도 많다. 문제는 사람들이 그 문화를 당연하게 여긴다는 점이다. "조상들이 해왔기 때문에", "원래 그런 것이기 때문에"라는 막연한 이유로 수용되고 계승되는 문화는 반복되는 악순환을 낳는다.

좋은 문화는 계승하고 발전시켜야 한다. 그러나 시대의 흐름에 맞지 않거나 인간의 존엄과 자유를 해치는 문화는 과감히 수정하거나 도태시켜야 한다. 시대가 변하고 기술이 발전하면서 문화의 변화 속도가 빨라졌다. 특히 대중매체, 인터넷, 글로벌 교류는 문화의 형성과 전파를 용이하게 만들었다. 이제는 한 사람의 영향력 있는 인물 —정치인, 연예인, 디자이너, 사업가 등— 이 새로운 문화를 창조하고 확산시키는 중심에 서게 되었다.

문화가 바뀌기 위해서는 무엇보다도 '문화충격'이라는 계기가 필요하다. 낯선 문화와 마주하는 경험은 자신이 속한 문화의 문제점을 인식하게 만들어 변화의 시작이 된다. 예를 들어 한국 사회에서 쓰레기 종량제가 도입되기 전 거리의 쓰레기는 일상적인 풍경이었다. 그러다 어떤 공직자가 외국을 방문해 질서정연하고 깨끗한 거리와 종량제 시스템을 접하면서 강한 문화충격을 받게 되었고, 이는 결국 한국에도 쓰레기 종량제를 도입하게 되는 계기가 되었다. 이처럼 다른 문화를 경험함으로써 자기 사회의 문제를 자각하고 개선의 실마리를 얻는 현상은 문화의 진화에 있어 중요한 동력이다.

이 원리는 개인에게도 동일하게 적용된다. 사람에게도 고유한 습관이 있다. 어릴 때부터 형성된 생각과 행동 패턴은 일종의 '개인 문화'이며, 이러한 습관은 속담에 '세 살 버릇 여든까지 간다'는 말처럼 쉽게 고쳐지지 않는다. 그리고 대부분 자신이 가진 습관이 잘못되었는지조차 인식하지 못한 채 살아간다.

개인에게도 '문화충격'이 필요하다. 다양한 사람들과 교류하고, 다른 환경을 경험하고, 스스로를 객관적으로 바라볼 수 있는 기회가 절실하다. 하지만 마음의 에너지가 약해져 있는 사람은 오히려 이런 문화충격에 더 깊은 고립감과 좌절감을 느낄 수도 있다. 변화는 반드시 준비된 자에게 필요한 것이며, 억지로 강요될 수는 없다. 다만, 내면의 힘을 조금씩 회복하면서 외부 정보를 접하고, 비교하고, 질문하는 과정을 거치면 개인적인 성장이 가능하다.

가장 안전하면서도 효과적인 방법은 '독서'다. 책은 다른 시대, 다른 인물, 다른 사고방식을 내면화할 수 있도록 도와주는 도구다. 독서를 통해 타인의 인생을 간접 경험할 수 있고, 삶의 해석이 확장된다. 영상매체나 디지털 콘텐츠가 빠른 정보 전달에 강점이 있다면, 독서는 생각을 천천히 숙성시키고 자기화할 수 있는 장점을 가진다. 실제로 많은 선진국들이 독서에 높은 비중을 두며, 개인의 성숙과 사회의 의식수준을 함께 끌어올리고 있다.

문화는 공동체를 움직이는 큰 힘이고, 습관은 개인의 삶을 움직이는 작은 문화다. 좋은 문화는 공동체를 살리고, 좋은 습관은 한 사람의 인생을 바꾼다. 변화는 어렵지만 불가능하지 않다. 우리는 모두, 더 나은 문화와 습관을 선택할 권리와 책임을 동시에 지니고 있다.

♦ 인간은 어느 누구도
완전히 독립적이지 않으며,
모두가 공동체에 의존해 살아가고 있다.

CHAPTER 06

공동체

함께 살아야 하는 존재, 인간

인간은 결코 혼자 생존할 수 없는 존재다. 생물학적으로나 심리학적으로, 인간은 타인과 관계를 맺으며 살아가도록 설계된 사회적 존재이다. 인간이 생존하기 위해서는 기본적으로 '의(衣), 식(食), 주(住)'라는 세 가지 필요조건이 충족되어야 한다. 즉, 입을 것, 먹을 것, 그리고 잘 곳이 보장되지 않는다면 인간은 존엄하게 살아갈 수 없다.

기본적 욕구가 충족되지 않으면, 어떤 고차원적인 활동도 불가능하다. 문화, 예술, 학문, 종교, 심지어 인간관계조차도 배고픔과

추위 앞에서는 무력해진다. 이것이 바로 공동체가 필요한 근본적인 이유다. 인간은 스스로 모든 것을 해결할 수 없기 때문에, 역할 분담과 상호 협력이 가능한 공동체 안에서만 제대로 생존할 수 있다.

상상해보자. 만약 다섯 명의 사람이 무인도에 함께 조난되었다고 가정하자. 다섯 명 모두가 '먹는 것'만 중요하다고 생각하며 각자 음식을 찾는 데만 집중한다면, 아무도 집을 짓지 않고, 아무도 옷을 마련하지 않고, 아무도 불을 피우지 않아 생존 가능성은 극도로 낮아질 것이다. 그러나 다섯 명이 각자의 역할을 분담하여 한 사람은 식량을 구하고, 다른 사람은 거처를 마련하고, 또 다른 사람은 불을 관리하며, 각자 맡은 바 역할을 책임 있게 수행한다면, 이 조그마한 공동체는 생존 확률을 높이고 심리적 안정감까지 제공하게 될 것이다.

이처럼 **공동체는 단순한 모임이 아니라 '살기 위한 연대'이며, 상호 의존적 구조이다.** 공동체는 각자가 자신의 역할을 인식하고, 타인을 배려하며, 상부상조할 때 비로소 건강하게 유지된다. 그러나 누군가 자신이 가장 중요한 역할을 한다며 타인을 무시하거나 통제하려 든다면, 이른바 '갑질'을 하게 되면, 공동체는 균열을 일으키고 결국 붕괴될 수 있다. 그리고 공동체가 무너진다는 것은 나의 생존 기반 자체가 사라지는 것이다.

고도화된 현대 사회는 효율성과 생산성 중심으로 운영되기 때문에, 속도가 느리거나 다르게 살아가는 이들을 쉽게 소외시키는 구조를 갖는다. 그리고 이로 인해 많은 이들이 자신의 존재 이유를 찾지 못한 채 절망하거나 극단적인 선택을 하게 된다. 공동체에서 배제되거나 이탈하는 것은, 인간에게 죽음과 유사한 감정적 충격을 준다. 그래서 사회에서 자신의 역할을 잃었다고 느끼는 사람들, 자신이 쓸모없는 존재라 여기는 이들은 깊은 불안과 우울, 자책감에 빠지게 된다. 스스로를 '실패자', '인간 말종', '인간 쓰레기'로 낙인찍는 이들이 많아지는 사회는 공동체적 안정감을 상실한 사회라 말할 수 있다.

이들은 단순히 '도움이 필요한 사람'이 아니라, 우리가 함께 도와야 할 이유 그 자체이다. 우리가 그들을 외면하는 것은 결국 내 자신의 안전을 위협하는 일이기도 하다. 왜냐하면 누구든 언제든 그들과 같은 위치에 설 수 있기 때문이고, **인간은 어느 누구도 완전히 독립적이지 않으며, 모두가 공동체에 의존해 살아가고 있기 때문이다.**

불안을 조절하는 일은 결코 간단하지 않다. 이는 의지의 문제가 아니라 정신적·신체적 상태 전체와 연결되어 있는 복합적 현상이기 때문이다. 불안지수가 높아지면, 뇌 기능이 영향을 받아 사고력과 감정조절 능력이 저하되고, 이는 신체적 증상으로도 이어진다. 수면 장애, 소화불량, 피로, 면역력 저하 등은 모두 불안의 생리적 결과일 수 있다. 이처럼 불안이 일정 수준을 넘어서면, 개인의 노력만으로는 조절이 어렵게 된다. 마치 가벼운 감기일 때는 휴식만으로도 회복이 가능하지만, 폐렴이나 독감과 같은 중증 상태에는 약물 치료와 전문의의 도움이 필요하듯, 정신적 불안 역시 외부의 지원과 치료, 공동체의 지지가 반드시 필요하다.

건강한 공동체는 불안으로 힘들어하는 사람에게 정서적 지지와 생존 기반을 제공하는 역할을 해야 한다. 이는 단지 자선을 베푸는 것이 아니라, 인간 사회 전체를 지탱하는 생존 시스템을 유지하는 일이기도 하다. 인간은 본질적으로 함께 살아야 하는 존재다. 공동체는 단순한 편의의 문제가 아니라, 생존의 조건이다. 우리는 모두 서로에게 의존하고 있으며, 어떤 이의 생존을 보장하는 일은 나의 생존을 위한 일이기도 하다.

고립된 개인은 불안을 이겨내기 어렵다. 하지만 공동체 속에서의 안전한 연대와 역할 부여는 불안을 견디고 조절하는 데 강력한 방어막이 된다. 그러므로 우리가 지향해야 할 사회는 모두의 생존을 지지하는 '안정된 집합체'이다. 공동체는 나를 살리고, 내가 누군가를 살릴 수 있는 유일한 공간이자, 불안한 인간이 함께 버틸 수 있는 방법이다.

가장 연결된 시대, 가장 고립된 인간들

현대 사회는 인류 역사상 가장 편리한 시대다. 누구나 스마트폰 하나로 전 세계와 소통할 수 있고, 수많은 서비스를 언제 어디서든 이용할 수 있으며, 배달과 이동, 검색과 연결이 손끝에서 이루어진다. 고도로 발전한 기술과 시스템은 이전 시대 사람들이 상상하지 못했던 자유와 효율성을 가져다 주었다.

그러나 아이러니하게도, 가장 연결된 시대를 살아가는 인간들이 점점 더 고립되어 가고 있다. 통계적으로도 '고립 청년', '고립 중년', '고립 노인'이라는 단어가 자주 등장한다. 실제로 혼자 밥을 먹고, 혼자 살며, 인간관계 자체를 피하는 이들이 늘어나고 있다. 왜일까? 이토록 편하고 빠르고 연결된 세상인데, 왜 사람들은 더욱 외로워지고, 자신만의 세계 속에 갇혀 가고 있을까? 많은 사람들이 "요즘 젊은 사람들은 유약하다, 게으르다, 책임감이 없다"며 개인의 나약함 탓으로 돌린다. 하지만 문제는 그렇게 단순하지 않다.

고립은 개인의 문제를 넘어, 사회 전체의 시스템이 만들어 낸 구조적인 결과다. 우리 사회는 빠르게 발전했지만, 그 속에서 공동체의 회복력은 약해졌다. 서로 돕고 연결되며 살아가는 인간의 본래적 모습보다는 성공과 경쟁, 효율과 결과 중심의 구조가 인간을 점점 더 '기능적 존재'로 만들었다. '일을 할 수 없으면 가치가 없다', '성공하지 않으면 실패다'라는 암묵적 기준이 사회 전반을 지배하면서, 조금만 속도가 느리거나 어려움을 겪는 이들은 쉽게 도태되고, 소외되고, 고립된다.

누구나 사고나 질병, 환경의 변화로 인해 어려움을 겪을 수 있다. 타인의 고통은 곧 나의 잠재적인 고통이기도 하다. 사회적 약자 —장애인, 빈곤층, 정신적 질환을 가진 사람들— 에게 관심을 가져야 하는 이유는 단지 동정심에서가 아니다. 그들을 돕는 구조를 갖춘 사회는, 결국 나 자신도 보호받을 수 있는 사회이기 때문이다.

나도 언젠가 도움을 받아야 할 날이 올 수 있다. 그때 우리 사회가 누군가를 어떻게 대했는지는 곧 나에게도 돌아오는 구조가 된다. 또한 우리는 타인의 불행을 볼 때 무의식적으로 공포를 느낀다. "나도 저렇게 될 수 있겠구나"라는 감정은 쉽게 부정되고 억눌리지만, 그 불안은 계속해서 내면을 자극한다. 그러나 사회가 서로 돕고 지지하며 복원력을 갖춘 구조를 만들어 갈 때, 우리는 그 무의식적인 두려움으로부터도 해방될 수 있다.

"그래, 내가 지금은 괜찮지만 만약 힘들어지더라도 사회가 나를 버리지 않겠구나."

이 믿음은 강력한 심리적 안정감을 준다. 이러한 집단적 안정감이야말로 진짜 복지의 핵심이며, 모두가 행복해지는 길이다.

인간은 본래 혼자 살아가도록 설계되지 않았다. 사회적 존재로 태어났으며, 관계 안에서 의미를 발견하고, 공동체 속에서 살아갈 때 안정감을 느끼도록 되어 있다. 따라서 '나만 아니면 된다', '내일 아니니 괜찮다'는 생각은 결국 자기 자신을 고립으로 몰아넣는 잘못된 판단이다.

인생은 생각보다 길지 않다. 긴 역사 속에서 나의 인생은 한 점에 불과하다. 그 짧은 생을 오직 나만을 위해서, 나의 영화만을 위해 사는 것은 궁극적으로 외롭고, 공허한 삶으로 이어진다. 반대로, 내가 받은 사랑과 기회를 나눌 줄 알고, 다른 사람의 고통에 공감하며 공동체에 기여할 줄 아는 사람은 자신도 더 깊은 안정감과 의미를 누리게 된다.

결국 **인간은 '함께 살아야 안정감을 느끼도록 창조된 존재'다. 연결 속에서 살아가야 비로소 '인간답게' 살아갈 수 있다.** 따라서 고립은 단지 외로운 삶이 아니라, 인간 존재의 본질에서 멀어진 상태를 뜻한다. 우리는 더 많은 연결과 더 깊은 이해를 통해 '함께 사는 법'을 회복해 가야 한다.

정치와 나

한 사람이 건강한 사회 구성원으로서 살아간다는 것은 결코 혼자의 힘만으로 가능한 일이 아니다. **인간은 본질적으로 관계 속에서 존재하고, 사회 속에서 성장한다.** 따라서 개인의 삶은 공동체의 도움과 지지 속에서 가능해진다. 반대로, 개인이 공동체에 기여하고 역할을 다할 때 비로소 건강한 사회가 형성되고, 그 속에서 더 많은 사람들이 행복을 누릴 수 있게 된다.

그러나 공동체란 결코 단순한 구조가 아니다. 사회는 다양한 생각, 입장, 이해관계를 가진 수많은 사람들이 모여 함께 살아가는 공간이다. 각기 다른 삶의 배경과 가치관을 지닌 사람들이 같은 문화와 역사관을 공유하며 하나의 국가를 유지하고 있다는 사실 자체가 일종의 기적이라 해도 과언이 아니다. 대한민국이 지금까지 존속되고 있는 것도 바로 그 복잡한 조화를 이뤄내고 있기 때문이라 할 수 있다.

특히 국가는 개인의 안전과 재산을 보호하고, 기본적인 생활을 영위할 수 있도록 도와주는 가장 직접적인 보호망이다. 법과 제도, 정책과 복지는 개인의 삶에 직접적인 영향을 미친다. 누군가는 '국가는 너무 멀고, 내 삶은 내 손에 달렸다'고 말할지 모르지만, 실제로 개인의 삶을 둘러싼 거의 모든 조건은 국가가 결정한다. 직업, 교육, 의료, 주거, 세금, 복지 모두가 국가 시스템 안에 포함되어 있다.

그렇기 때문에 국가를 이끌어 가는 정치와 법은 단지 뉴스 속의 이야기가 아니라, 내 삶의 방향을 정하는 핵심 요소다. 법은 다수의 사람들이 함께 살아가기 위해 수많은 생각과 이익을 조율하고, 공동의 합의를 도출하기 위한 체계이다. 대한민국은 법의 지배 아래에 있는 '법치국가'다. 따라서 법을 만들고 해석하고 집행하는 사람들이 권력을 가진다. 과거에는 왕이 그 권력을 모두 가졌다면, 지금은 대통령, 국회의원, 대법관 등이 권력을 분리해 그 자리에 서 있다.

그러나 인간이 하는 일에는 항상 오류와 왜곡의 가능성이 존재한다. 법 역시 완전하지 않고, 모든 사람에게 공평하게 작동하지 않을 수 있다. 그래서 다양한 이해관계자들이 직접 국회의원을 선출해, 자신들의 목소리를 대변하고 법에 반영되도록 한다. 국회의원이나 대통령은 결국 자신을 지지해준 유권자들의 이익을 반영하려 애쓰게 되고, 그것이 반복되며 사회는 조금씩 변화한다.

이렇듯 법은 내 삶에 실질적 영향을 준다. 하지만 여전히 많은 이들은 정치와 법을 자신과 무관한 것으로 여기며 외면한다. "정치인은 다 나쁘고 똑같다", "투표해도 달라지는 게 없다", "살기 바빠서 정치에 신경 쓸 여유가 없다", "그 사람이 그 사람이다"라는 식의 무관심이 적지 않다. 하지만 이는 큰 착각이다. 누구를 지도자로 만나는가는 개인의 삶에 지대한 영향을 미칠 수밖에 없다. 국가의 지도자, 회사의 지도자, 학교의 지도자, 가정의 지도자 등 각 영역에서의 리더는 구성원들에게 막대한 영향을 끼치며, 그 영향은 단순한 기분이나 성과의 문제를 넘어 생존과 직결되기도 한다.

역사는 이를 잘 보여준다. 임진왜란 당시, 이순신 장군이라는 지도자는 열악한 환경 속에서도 23전 23승이라는 전무후무한 기록을 남겼다. 그는 뛰어난 전략과 깊은 인내, 그리고 병사들을 아끼는 마음으로 수많은 이들의 생명을 지켜냈고, 결국 나라를 지탱하는 기둥이 되었다. 반면 같은 전쟁에서 같은 무기를 들고, 같은 배를 타고, 같은 병력을 이끌던 원균이라는 지도자는 지도자로서의 책임과 역량을 다하지 못함으로써 '칠천량 해전'에서 참혹한 패배를 안겨주었다. 수많은 병사들이 목숨을 잃었고, 귀중한 함선들이 모두 침몰했다. 이처럼 한 사람의 리더가 누구냐에 따라 공동체 전체의 운명과 개인의 삶과 죽음이 갈릴 수 있다.

좋은 지도자를 만나는 일은 우연이나 운에 맡겨둘 수 없는 중대한 선택임을 인식해야 한다. 특히 민주주의 사회에서 살아가는 우리는 선거를 통해 지도자를 선택할 수 있는 권리를 가진 시민이다. 그 선택은 단지 정치적인 일이 아니라, 나 자신과 공동체의 생명과 삶의 질을 결정짓는 책임 있는 행동이다. '사람을 잘 만나야 인생이 바뀐다'는 말은 진실이다. 그리고 그 사람 중 가장 중요한 이는, 사회를 이끌어 갈 지도자다.

정치는 멀리 있는 것이 아니다. 정치 참여는 바로 내가 속한 공동체에 영향을 미치는 가장 빠르고 효과적인 수단이다. 그 영향력은 때때로 인간관계나 취업, 학업보다도 훨씬 직접적이고 강력하다. 나에게 영향을 주는 사회의 법과 문화에 관심을 갖는 것은 결코 '정치적인 사람'이 되는 것이 아니라, 현실을 살아가는 시민으로서의 최소한의 태도다.

사회의 법과 제도는 내가 바꿀 수 없을 만큼 거대한 것처럼 보이지만, 사실은 작은 관심과 참여가 모여 큰 변화를 만들어 낸다. 투표는 그 시작이다. 매체를 통해 정치 소식을 접하고, 입법이 어떻게 나에게 영향을 주는지를 이해하고, 사회의 이슈에 귀를 기울이는 것은 곧 자기 삶에 대한 책임 있는 자세다. 지금보다 조금 더 나은 세상을 바라는 마음이라면, 그 변화의 움직임에 자신도 함께 있어야 한다.

몸이 편안하고, 삶이 안정되어야 비로소 마음과 뇌도 건강해질 수 있다. 정신의 건강과 사회적 안정은 별개가 아니다. '나만 잘 살면 된다'는 사고는 오래가지 못한다. 나의 행복과 성장, 그리고 미래를 위해서라도 사회와 법, 정치에 대한 관심을 가지고, 작게나마 영향을 미치는 존재로 살아가야 한다. **개인이 변화를 일으킬 수 없다고 단정 짓지 말자. 사회는 결국 수많은 개인의 의지와 선택이 쌓여 만들어진다.**

가족의 진짜 가치는 어디에 있는가

한 코미디언이 무대에서 이런 개그를 한 적이 있다.

"내 소원은 재벌 2세가 되는 거예요. 그런데 우리 아버지가 노력을 안 해요."

웃음을 자아내는 말이지만, 이 안에는 꽤 많은 의미가 담겨 있다. 우리 사회는 종종 '좋은 부모'를 판단할 때 경제력이라는 잣대를 들이댄다. 많은 돈을 벌어 자녀에게 풍요를 제공하는 부모는 훌륭하고, 그러지 못하는 부모는 부족하다고 여긴다. 그러나 과연 돈이 많다고 해서 반드시 좋은 부모, 좋은 가족이라 말할 수 있을까?

물론, 돈이 삶을 보다 편하게 만드는 것은 부정할 수 없다. 경제적인 여유는 기회와 선택지를 넓히고, 때론 존중을 부른다. 그러나 돈이 전부는 아니다. 풍요 속에서도 가족 간의 소통이 단절되어 있거나, 서로의 마음을 외면하고 있다면 그 가정은 행복하다고 말하기 어렵다. 반대로, 많이 벌지는 못하지만 가족을 위해 묵묵히 애쓰고, 부족함을 미안해하고 함께 극복하려 하는 부모의 태도는 오히려 더 깊은 신뢰와 사랑을 만든다. 진심은 물질을 뛰어넘는다.

대부분의 가장들은 말없이 책임을 짊어지고 산다. 자신은 조금 부족해도 자식에게는 더 나은 것을 주고 싶어 한다. 금전적으로 드러나지 않는다고 해서 의미가 줄어드는 것은 아니다. 가족을 위해 일하고, 참아내고, 버텨내는 것. 그 자체로 존중받아야 할 가치다. 가족의 의미는 희생을 통해 형성된다. 희생이 눈에 보이지 않더라도, 그 마음이 전해질 때 가족은 더욱 끈끈해진다.

물론 인간은 돈 없이 살 수 없다. 하지만 돈만으로는 가족의 유대를 유지할 수 없다. 사람과 사람 사이의 진짜 안정감은 이해와 존중, 소통에서 비롯된다. 그것이 없다면 아무리 많은 재산이 있어도 외로움과 공허함을 피할 수 없다. **가족은 단지 생계를 위한 협력체가 아니라 감정을 나누는 생존 공동체다.** 말을 아끼는 익숙함 속에서 마음이 멀어질 수 있고, 서로를 당연하게 여기는 태도 속에서 오해가 쌓일 수도 있다. 그렇기에 오히려 더 자주, 더 솔직하게 서로의 감정과 상태를 표현해야 한다.

오늘날 많은 가족이 스스로를 불행하다고 느낀다. 이유는 단 하나, 남들과 비교하기 때문이다. 비슷한 나이에 취업한 친구의 아버지는 넉넉하게 결혼비용을 대줬다는데, 우리 아버지는 그럴 수 없다는 사실이 부끄럽다. SNS에서는 행복해 보이는 가족사진이 넘쳐나고, 비교 대상은 끝도 없이 늘어난다. 그러나 가족은 비교로 완성되지 않는다. 각자의 가정에는 각자의 사정이 있고, 각자의 형태와 모습이 있다. 그 다름을 이해하고 받아들이는 순간부터 가족은 진짜 힘을 발휘한다.

평소에는 친구가 더 편하고, 가족은 어색하다고 느낄 수도 있다. 그러나 진짜 위기의 순간, 가족은 자신의 안위를 걸고도 서로를 돕는 존재다. 누군가 친구를 위해 간을 이식해주는 일은 흔하지 않지만, 친구보다 사랑하지 않았던 거 같은 동생이 위급한 상황에 처했을 때 자신의 간을 내주는 일은 흔히 볼 수 있다. 그 이유는 가족이 단순한 정서적 유대감 그 이상으로 단지 감정의 공동체가 아니라 같은 DNA를 공유하고, 같은 시간을 살아온 운명적 동행자이기 때문이다.

많은 이들이 가족에게 감정을 잘 표현하지 않는다. 가족이니까 당연히 이해해줄 거라 생각하고, 굳이 말하지 않아도 될 거라 믿는다. 그러나 그것은 오해다. 아무리 가까운 가족 사이라도 말하지 않으면 알 수 없다. 서로의 미안함, 감사함, 지침, 아픔을 나눌 때 비로소 가족은 진정한 '공동체'로 다시 태어난다. 서로의 존재를 당연히 여기지 말고, 자주 말하고 자주 표현하며 마음을 나눠야 한다. 그렇게 할 때 가족은 삶의 위기에서 강한 울타리가 되어 준다.

국가는 제도와 법으로 움직이는 조직이지만, 그 뿌리는 바로 가족에 있다. 건강한 가족이 많다는 것은 건강한 사람이 많다는 뜻이며, 이는 곧 건강한 국가로 이어진다. 가족은 그 자체로 하나의 사회이고, 그 안에서 각자는 역할을 수행하며 함께 성장한다. 부족함을 미워하지 않고, 서로를 이해하고 도우며 살아가는 태도는 단지 가족만의 덕목이 아니라 사회 전체를 지탱하는 기반이 된다. 가족이란, 조건이 아닌 관계로 이어지는 삶의 중심이다. 오늘도 각자의 자리에서 가족을 위해 애쓰는 모든 이들의 노고는 이미 그것만으로도 충분히 값지고 위대하다.

◆ ◆ ◆

남녀의 차이, 갈등이 아닌 이해의 출발점으로

남성과 여성은 생리적, 물리적으로 같은 '인간'이지만, 분명히 다른 소통 방식과 생활 방식을 가지고 있다. 이러한 차이는 단순한 성격 차원에서 비롯된 것이 아니라, 인류의 생존과 공동체 유지라는 보다 근본적인 목적 아래 형성된 것이다.

인류는 오랜 시간 동안 남성과 여성이 각기 다른 역할을 수행하면서 생존과 번영을 도모해왔다. 남성은 주로 외부 환경으로부터의 위협을 방어하거나 생계를 책임지는 일을 감당해왔고, 여성은 생명을 잉태하고 돌보며 공동체를 유지하는 데 기여해왔다. 이는 진화심리학적으로도 뒷받침되는 주장으로, 역할의 차이는 곧 생존 전략의 다양성으로 해석될 수 있다.

실제로 생물학적으로 남성과 여성의 뇌 구조, 호르몬 분비, 근육량 등은 차이가 있다. 예를 들어, 평균적으로 남성은 상체 근력이 더 크고, 공간지각 능력이 뛰어난 반면, 여성은 언어 능력과 감정 공감 능력이 더 발달한 경향이 있다는 연구들이 있다.

2014년 스웨덴 웁살라 대학(Uppsala University)의 연구에 따르면, 남성이 감정노동에 장기간 종사할 경우, 정체성 혼란 및 정서적 탈진을 경험할 확률이 여성보다 높게 나타났으며, 이는 역할에 대한 사회적 기대와 개인의 감정 조절 방식의 차이 때문이라고 분석되었다. 이외에 다른 심리학 및 생리학 연구에서도 남성이 여성의 전통적인 돌봄 노동(간호, 유아 교육, 감정노동 등)을 수행할 때 신체적으로는 무리가 없을 수 있지만, 감정적 스트레스나 정서적 소진(Burnout)은 여성보다 더 크게 나타날 가능성이 있다는 결과가 보고되었다.

반대로 여성 역시 남성 중심으로 여겨졌던 직종, 예를 들어 건설, 군사, 기계 조작 등 신체적 부담이 큰 분야에 진입할 수 있다. 그러나 같은 업무를 수행할 때 여성은 남성보다 더 많은 에너지 소비를 하거나 근육 피로도가 높게 나타나는 경향이 있다는 생리학적 연구 결과가 있다. 미국 캘리포니아 버클리 대학교의 연구에서는 동일한 강도의 작업을 할 때 여성은 남성보다 심박수와 피로 지수가 더 높게 측정되었으며, 이는 신체 구조 및 에너지 대사 방식의 차이에서 기인한 것으로 보인다고 설명하였다.

물론 이러한 연구들이 남성과 여성의 가능성이나 능력을 제한하려는 의도는 아니다. 오히려 모든 직업은 성별에 관계없이 수행 가능하지만, 각 개인의 특성에 따라 '더 적합한' 혹은 '덜 스트레스받는' 일의 유형이 존재할 수 있음을 보여주는 근거라고 할 수 있다.

남성과 여성은 결코 경쟁 상대나 적대적 존재가 아니다. 오히려 서로를 보완하며 함께 생존을 도모해야 하는 필수적인 관계이다. 그러나 최근 사회 분위기를 보면 남녀 간의 대화가 종종 갈등과 경쟁의 언어로 소비되고 있는 현실이다. 남녀가 각자의 규칙을 상대에게 강요하며 승패를 가리려는 듯한 모습은 안타까움을 자아낸다.

진정한 소통은 다름을 인정하는 데서 출발한다. 여성은 여성들만의 방식으로, 남성은 남성들만의 방식으로 상대와 소통하려는 경향이 있지만, 그 방식이 서로에게 동일하게 적용되기 어렵다. 예를 들어 남성들은 갈등 상황에서 "미안하다"는 단순한 표현만으로도 충분히 의사를 전달했다고 생각하는 반면, 여성은 그 말 뒤에 감정과 상황의 맥락을 함께 듣고 싶어 한다. 왜 미안한지, 어떤 부분에서 잘못이 있었는지를 듣고 공감받기를 바라는 것이다.

이러한 차이는 뇌 구조와 감정 처리 방식의 차이에서 비롯되기도 한다. 여성의 뇌는 상대적으로 감정을 세밀하게 분류하고 공감하는 데 발달되어 있으며, 언어를 통한 감정 표현이 더 풍부하다. 반면 남성의 뇌는 문제 해결과 결론 중심의 사고방식에 익숙하다. 따라서 여성의 구체적이고 반복적인 설명을 때때로 잔소리나 비난으로 오해하기도 한다. 이 차이를 이해하고 받아들이면, 단순한 표현 하나에도 서로의 진심을 읽을 수 있다.

남성이 여성의 소통 방식을 이해하게 되면, 그것이 공격이나 비난이 아니라 관계를 더 깊이 이해하고자 하는 노력임을 알 수 있다. 마찬가지로 여성이 남성의 짧은 표현을 무성의함이나 무관심으로 받아들이지 않고, 다른 방식의 애정 표현으로 이해하게 된다면 감정적 상처도 줄어들게 된다.

남녀의 다름을 인정한다는 것은 서로의 존재를 존중하고 이해하는 과정이며, 이것은 경험이나 교육을 통해 충분히 배우고 훈련할 수 있는 영역이다. 아는 만큼 보이듯, **다름에 대한 이해가 깊어질수록 소통은 한층 더 원활해지고, 관계는 더 단단해진다. 사랑은 단순한 감정이 아니라, 서로 다름에도 불구하고 함께 살아**

가기를 선택하는 '성숙한 결단'이다. 그러므로 다름을 불편해하지 말고, 그 안에서 배우고 성장하며 서로의 삶에 좋은 영향력을 끼치는 동반자가 되는 것이 진정한 관계의 목표가 되어야 한다.

부모와 자식, 가장 가까우면서도 가장 멀어질 수 있는 관계

부모와 자식의 관계는 세상의 그 어떤 인간관계보다 본질적으로 깊고 본능적으로 연결되어 있는 사이이다. 자식은 부모의 몸에서 자라 태어난 존재이며, 생물학적으로도 하나의 생명에서 비롯된 분리체라 할 수 있다. 이토록 가까운 관계임에도 불구하고, 때때로 부모와 자식은 남보다 더 낯선 존재가 되거나, 심지어 원수처럼 대립하는 경우도 종종 볼 수 있다. 그 이유는 다양하지만, 밑바닥에는 '공감의 결여'와 '다름에 대한 불인정'이 자리 잡고 있다. 자식을 향한 부모의 사랑은 분명 진실하고 절대적이다. 하지만 그 사랑이 '강요'와 '통제'의 형태로 나타나면, 자식에게는 고통이 되고, 관계는 어긋난다.

사랑은 상대가 원하는 것을 자유롭게 할 수 있도록 허용하는 '여유' 속에서 건강하게 자란다. 통제는 순간적으로 질서를 만들어 내지만, 억압이 오래되면 반드시 반발을 낳는다. 필자의 개인적 경험을 예로 들면, 어린 시절 어머니로부터 매일 2천 원씩 용돈을 받아 자유롭게 오락실을 드나들며 게임을 했던 기억이 있다. 당시에는 제지 없이 충분히 즐길 수 있었기 때문에, 일정한 시기가 지나자 스스로 게임에 대한 흥미가 떨어지고 자연스럽게 조절할 수 있는 상태에 이르렀다. **억제된 욕망은 더욱 커지고, 충분히 채워진 욕망은 제 자리를 찾는 법이다.**

부모는 자식을 '나의 연장선'으로 생각하기 쉽다. 하지만 **자식은 단지 내가 낳은 존재이지, 내가 만든 존재는 아니다. 자식은 또 다른 한 명의 '독립된 인격체'이며, 나와는 전혀 다른 가치관과 속도를 가진 하나의 삶이다.** 그래서 오히려 자식을 '내가 낳은 남'이라고 여기는 정도의 거리감과 독립성을 유지하는 것이, 더 건강한 관계를 만들어가는 지혜다. 그것은 차가운 무관심이 아니라, 진정한 이해와 존중에서 비롯된 따뜻한 거리다.

또한 부모는 나이가 많고, 삶의 경험이 많기 때문에 아이보다 성숙하다는 이유로 아이를 판단하고, 지도하려 한다. 그러나 아이는 어른이 아니고, 지금 그 나이의 삶을 최선을 다해 살아내고 있는 중이다. 아이의 속도를 무시한 채, 부모의 잣대로 비교하고 판단하고 훈육하면 아이는 자신이 이해받지 못한다고 느끼고, 결국 소통의 문은 닫히게 된다. 부모는 성숙한 존재로서, 미성숙한 자식을 조금 더 인내하고 포용해야 한다. 성숙한 사람이 조금 더 감정을 조절하고, 이해하는 능력이 있기 때문이다. 성숙은 이해에서 시작되고, 그 이해는 관계의 회복을 이끈다.

소통은 상대의 입장에서 시작된다. 아이가 되어보려는 노력이 필요하고, 아이의 눈높이에서 세상을 바라보는 겸손함이 필요하다. 자식은 단지 '잘되기를 바라는 대상'이 아니라, '함께 성장하는 동반자'다. 남들과 비교하지 않고, 건강하게 살아 있다는 것만으로도 감사할 수 있다면, 아이와의 관계는 훨씬 더 단단해지고 평화로워질 수 있다.

기억해야 할 것이 있다. 자식도 부모를 사랑한다. 단지 그 표현이 서툴고 어색할 뿐이다. 부모는 너무 앞서가지 않아야 하고, 자식은 너무 멀리 달아나지 않아야 한다. 그 가운데서 '함께 살아가는 법'을 배워가는 것이 진정한 가족의 의미다.

좋은 친구를 만나고 싶다면, 먼저 좋은 친구가 되어야 한다

사람은 본능적으로 좋은 친구를 원한다. 가족은 가족대로의 역할이 있지만, 친구는 또 다른 가족과 같은 존재가 될 수 있다는 기대를 품는다. 그러나 과연 '가족 같은 친구'가 실제로 존재할 수 있을까?

한국 사회에서 '친구'라는 개념은 종종 지나치게 단순화되어 있다. 같은 학교를 다녔다는 이유, 같은 나이 혹은 같은 지역 출신이라는 이유만으로 친구가 되기도 한다. 물론 공통의 배경은 관계의 출발점이 될 수 있으나, 그것만으로 진정한 친구가 되는 것은 아니다.

진정한 친구란 단순히 함께 시간을 보냈다는 것으로 정의되지 않는다. 마치 연인 관계가 시간이 흐르며 서로에 대한 이해와 존중을 바탕으로 사랑을 쌓고 결국 한 가정을 이루듯, 친구 관계 또한 오랜 시간 속에서 서로를 알아가고 이해하며 신뢰를 쌓아가는 과정이 필요하다. 깊은 우정은 하루아침에 만들어지지 않기 때문이다.

그러나 현대 사회에서 친구 관계는 점점 더 얕고 가볍게 여겨진다. 겉으로는 함께 웃고 즐기지만, 정작 마음을 나누는 일은 드물다. 이러한 경향은 외로움을 더욱 심화시키고, 실망과 배신의 상처를 키운다. 관계는 많을수록 안정감을 주는 듯하지만, 오히려 신경 써야 할 갈등의 여지도 많아진다. 진정한 친구 하나가, 수많은 가벼운 인맥보다 훨씬 더 소중한 이유다.

사람들은 늘 좋은 친구를 만나고 싶다고 말한다. 하지만 진정한 질문은 이것이어야 한다. 나는 과연 좋은 친구인가? 부모들은 자녀에게 "좋은 친구를 만나야 한다"고 말하지만, 그 말은 종종 "상대는 괜찮은 아이여야 하지만 너는 어떤 친구든 상관없다"는 식으로 전달된다. 그러나 좋은 친구를 원한다면, 먼저 자신이 그런 사람이 되어야 한다. **좋은 친구가 되기 위해서는 시간, 배려, 책임이 필요하다.** 진심으로 상대를 이해하고자 하는 태도, 조율과 화해를 반복하는 성숙함, 그리고 '선'을 지킬 줄 아는 예의가 우정을 지탱한다. 친하다는 이유로 무례해지는 친구는 결국 관계를 망친다. 친밀함은 예의를 지키는 데서 더 깊어진다.

현대 사회는 다양한 방식으로 소통할 수 있는 기술이 넘쳐나지만, 진짜 친구를 사귀는 데는 오히려 서툴러졌다. 요즘은 친구도 스펙처럼 여긴다. 학벌이 좋거나, 직업이 뛰어나거나, 외모나 재력이 우수한 친구를 사귀면 자신이 우월해진다고 느낀다. 그러나 그것은 우정이 아니라 일종의 '관계 투자'이며, 사업 파트너십에 가깝다. 그런 관계는 상대가 가진 것이 사라지면 곧 깨지기 마련이다.

진정한 친구는 그런 조건과 무관하다. 가난할 때도, 실패할 때도 곁에 남는 사람이 진짜 친구다. 물론 그런 사람을 만나는 일은 쉽지 않다. 그러나 불가능한 일도 아니다. 중요한 것은 조급해하지 않는 것이다. 나를 진심으로 이해해주고 삶을 함께 나눌 수 있는 친구는 어딘가에 반드시 존재한다. 다만, 그런 사람을 만나기 위해서는 먼저 자신이 '건강한 사람'이 되어야 한다.

사람은 자기 정체성이 분명한 이에게 끌리게 되어 있다. 억지로 관계를 만들려 하지 말고, 먼저 내 마음의 근육을 단련하는 데 집중해야 한다. 스스로 건강한 삶을 살고자 노력하고, 타인을 이해하고 존중할 줄 아는 태도를 갖추게 되면, 자연스럽게 좋은 사람들이 곁에 모이게 되어 있다. **우정도 결국 사람과 사람 사이에서 피어나는 가장 깊은 생존의 연결이기 때문이다.**

친구가 많을 필요는 없다. 인생에 단 한 명이라도, 진심을 나눌 수 있는 친구가 있다면 그것은 이미 큰 선물이다. 진정한 우정은 숫자가 아니라 깊이에서 피어난다. 그리고 그런 관계를 맺는 사람은 외롭지 않다.

결혼은 기적이고, 부부는 서로를 성장시키는 인생의 동반자다

사람이 사람을 사랑한다는 것, 그것 자체가 기적이다. 수많은 사람들 가운데 단 한 사람을 만나 사랑하게 되고, 서로의 인생을 함께하기로 약속하며 결혼이라는 인생의 동반자가 되는 과정은 절대 당연한 일이 아니다. 그것은 놀라운 우연이자 동시에 필연이며, 자연스러운 듯 보이지만 실제로는 기적과도 같은 일이다.

서로 다른 환경, 가치관, 배경을 지닌 남녀가 만나 사랑에 빠지는 확률은 실로 희박하다. 만나게 되었다고 해서 모두가 사랑에 빠지는 것은 아니며, 사랑에 빠진다고 해도 결혼까지 이어지고 또 가정을 이루는 데까지는 수많은 선택과 인내, 책임이 요구된다. 그러므로 남녀가 만나 사랑하고 결혼하여 한 가정을 이루는 일은 하늘이 주신 선물과 같은 일이며, 생명까지 잉태하는 모든 과정은 그 자체로 신비로운 사건이다.

그러나 현실에서는 종종 사랑을 가볍게 여기는 풍조가 보인다. 특히 육체적인 욕망을 사랑으로 착각하는 경우가 많은데, 진정한 사랑은 욕망이나 감정의 불꽃이 아니라 서로에 대한 희생, 공감, 존중을 바탕으로 형성되는 관계다. **사랑은 감정에서 시작되지만, 결혼 이후에는 선택이고 훈련이며 태도가 된다.**

연애 시절, 사람들은 서로에게 최선을 다한다. 사소한 말 한마디, 작은 몸짓 하나에도 배려와 설렘이 담겨 있다. 밤을 새워 대화를 나누고, 함께 있는 것만으로도 행복하다. 그러나 결혼 이후, 양육과 생계의 부담이 쌓이면서 아름다웠던 감정들은 사라진다. 그 자리를 피로와 스트레스가 대신하고, 점점 서로를 탓하며 실망한다.

많은 부부가 "내 인생이 이렇게 힘들어진 건 너 때문이야."라고 말한다. 그러나 그것은 사실이 아니다. 부부가 되고 나아가 부모가 된다는 것은, 한 인간이 이전의 '나만을 위한 삶'에서 벗어나 '누군가를 위한 삶'으로 이행하는 과정을 뜻한다. 마치 번데기가 나비가 되기 위해 탈피하듯, 부부는 반드시 그 과정을 통과해야 한다. 누구도 예외는 아니다. 모든 부부가 그런 희생과 혼란의 시간을 지나왔고, 지금도 겪고 있는 중이다.

그렇다면 왜 이토록 사랑했던 두 사람이 서로를 탓하고 상처를 주게 되는 것일까? 가장 큰 이유는 '소통의 부재'에 있다. 서로의 언어를 이해하지 못하고, 진심이 왜곡되며, 공감이 단절되기 때문이다. **사람은 말보다 마음으로 연결되어야 한다.** 부부는 서로의 다름을 인정하고, 그 차이를 배워야 한다. 남편은 아내의 마음을 배우고, 아내는 남편의 방식과 생각을 이해하려는 노력을 멈추지 않아야 서로 공감할 수 있는 지점이 생긴다.

결혼은 연애의 연장이 아니다. 전혀 다른 차원의 관계다. 연애 시절보다 몇 배의 에너지와 노력이 필요하며, 부부는 단순한 사랑의 감정이 아니라 하나의 공동체로서 서로를 지지하고 책임지는 존재가 되어야 한다. 남편은 반드시 어느 누구보다도 아내의 편이 되어야 하고, 아내는 남편의 가장 든든한 지지자가 되어야 한다. 외부의 어떤 것보다도 서로를 먼저 이해하고 감싸주는 관계가 되어야 한다.

부부는 서로를 가장 잘 아는 관계이지만, 동시에 가장 쉽게 상처를 주는 관계이기도 하다. 가까울수록 경계를 지키는 일이 중요하다. 친밀함이 무례함으로 변해서는 안 된다. 서로를 공격하는 말은 곧 자신을 아프게 하는 말이며, **부부는 서로의 '적'이 아니라 '한 몸'이다. 같은 편이어야 하고, 서로의 고통에 가장 먼저 응답할 수 있는 사람이 되어야 한다.**

그리고 무엇보다 중요한 것은 초심을 기억하는 일이다. 처음 사랑했던 그날, 떨리던 고백의 순간, 함께 미래를 꿈꾸던 그 시절을 마음 깊이 간직하고 살아야 한다. 그 기억이야말로 결혼 생활의 위기 속에서도 두 사람을 다시 이어주는 강력한 연결고리가 된다.

세월이 흐를수록 부부는 더욱 깊어져야 한다. 존중과 배려, 적절한 거리감 속에서 서로의 삶을 응원하고 지켜보며, 인생 후반부를 함께 동행하는 동반자가 되어야 한다. 그렇게 살아간다면, 노년의 부부는 서로를 향한 고마움과 애틋함으로 다시 청춘처럼 사랑할 수 있게 된다.

─────────────── ◆ 사랑이 배려를 낳고,
배려가 공감을 가능하게 한다.

CHAPTER 07

공감

공감, 마음을 여는 열쇠

소통에서 가장 중요한 요소 중 하나는 단연 공감이다. 공감은 단지 남의 말을 듣고 "그래, 힘들었겠구나"라고 말하는 것만으로 이루어지지 않는다. 진정한 공감은, 상대의 감정과 상황을 마치 내 일처럼 가깝게 느끼는 감정의 동기화에서 비롯된다. 공감은 때로 말 한마디보다 더 큰 위로와 치유를 만들어 낸다.

공감은 경험에서 나온다. 공감은 타고나는 감정이 아니라 경험을 통해 다져지는 감각이다. 누군가가 고통스러운 상황에 놓였을 때, 비슷한 경험을 해본 사람은 훨씬 더 깊고 세밀하게 그 감정의 결을 이해할 수 있다. 이런 맥락에서 **공감은 단순한 감정이 아니라, 삶에서 길어 올린 통찰이다.** 예를 들어 필자가 청년이었을 때, 뉴스를 통해 청소년들의 사고 소식을 접하면 "참 안됐네, 어린 나이에"라는 정도의 안타까움에서 그쳤다. 그러나 결혼하고 자녀를 키우면서, 세월호 사건을 마주한 후에는 며칠을 먹먹하게 지낼 정도로 마음이 깊이 무너졌다. 세월호에 탑승한 아이들의 나이가 나의 자녀와 비슷했기 때문이다. 이처럼 삶의 경험은 공감을 더 깊고 넓게 만들어주는 기초가 된다.

직접적인 경험이 아니라도, 간접적인 경험이나 깊이 있는 상상력도 공감 능력을 키우는 데 도움이 된다. 하지만 아무리 훌륭한 문장을 읊고 좋은 말을 해도, 경험 없는 공감은 때때로 상대의 마음을 더 멀게 만들기도 한다. 이런 경우를 흔히 '공감하는 척'으로 받아들이게 된다.

자격증 시험을 치른 두 친구가 있다고 해보자. A는 합격하고, 다른 B는 불합격했다. 불합격한 B가 낙심해 있는데, 합격한 A가 찾아와 위로를 건넨다.

"다음에 잘 보면 돼, 너가 얼마나 열심히 했는지 알아, 다 과정일 뿐이야."

이 말들이 아무리 진심에서 나왔더라도, 듣는 입장에서는 공허하게 느껴질 수 있다. 반면, 또 다른 불합격한 친구가 말없이 옆에 앉아 함께 있어주는 것만으로도 그 침묵 속에 서로의 좌절이 전해지고, "나만 불합격한 게 아니구나"라는 위로가 자연스럽게 스며든다. 이처럼, 공감은 말의 기술이 아니라 감정의 공유에서 나오는 것이다.

오늘날 우리는 과거보다 훨씬 더 많은 정보에 노출되어 있음에도 불구하고 감정에는 둔감해지고 있다. 누군가의 고통은 뉴스의 헤드라인이 되고, SNS에 올라온 '이슈' 정도로 소비된다. 사람들은 짧은 댓글 몇 개, 이모티콘 하나로 반응을 대신한다. 빠르게 소비되는 공감은 오래 남지 않는다. 진정한 공감은 천천히 느끼고, 오래 곱씹어야 다다를 수 있는 감정이다. 공감은 본래 인간 안에 내재된 감각이다. 하지만 그 감각은 환경과 문화, 그리고 개인의 삶의 태도에 따라 굳기도 하고 깨어나기도 한다.

지금 우리의 시대는 공감이 결핍된 시대이고, 바로 그렇기 때문에 공감은 더 절실하게 회복되어야 할 감정이다. 공감은 마음의 근육 중 하나이다. 공감은 단지 타인을 위한 덕목이 아니라, 자신의 내면을 확장시키고 마음의 건강을 지켜주는 중요한 감정이다. 많은 심리학자들은 공감 능력이 높은 사람일수록 스트레스를 효과적으로 관리하며, 더 안정적인 인간관계를 유지한다고 말한다. 한국 의대생들이 일반인 2,692명을 대상으로 한 연구에 따르면 공감 능력과 스트레스는 반비례 관계였으며, 사회적 지원, 즉 사회적 지지망이 많을수록 공감력이 유지되었다. 이는 스트레스 감소와 공감 유지에 지지체계가 중요한 역할을 한다는 것을 보여준다.

이해받고 싶은 인간의 본능은 결국 공감을 통해 해소된다. 공감할 줄 아는 사람은 결국 더 많은 공감을 돌려받는다. 공감을 베푸는 삶은 자신의 고립을 막는 울타리가 되어준다. 누군가의 고통에 귀를 기울일 수 있는 사람은, 자신의 고통에도 귀 기울일 수 있는 사람이 된다. 감정을 억제하는 삶보다 감정을 건강하게 순환시키는 삶이 결국 더 큰 안정감과 회복력을 갖게 해주는 것이다.

공감, 다름을 인정하는 태도

공감은 단순히 타인의 감정을 이해하고 동조하는 수준을 넘어, 인간 존재의 다양성을 인정하는 태도에서 비롯된다. 공감의 또 다른 이름은 '다름을 인정하는 것'이다. 모든 인간은 생물학적으로 유사한 구조를 지니지만, 심리적·정서적으로 각기 다른 세계를 살아간다. 자라온 환경, 경험, 가치관, 교육, 문화는 각자의 삶을 독특하게 만든다. 그렇기에 **'다르다'는 것은 당연한 일이며, 오히려 '같다'는 것이 예외적인 현상일 수 있다.**

하지만 인간은 본능적으로 낯선 것을 경계하고, 익숙한 것을 선호한다. 신경과학자들의 연구에 따르면, 인간의 뇌는 생존을 위해 '익숙함'을 안전 신호로 해석하고, '다름'을 위협 요소로 간주하는 경향을 보인다. 이처럼 다름에 대한 불편함은 자연스러운 반응이지만, 그것이 공격성이나 배제의 태도로 이어지는 순간 사회적 갈등이 발생하게 된다.

다른 것은 이상하거나 잘못된 것이 아니다. **다름은 학습과 창조의 토대이며, 인류의 문화는 바로 이 다양성 속에서 꽃피워졌다.** 나와 생각이 다른 사람, 생김새가 다른 사람, 말하는 방식이 다른 사람을 이상하게 여기는 태도는 자신도 누군가에겐 '이상한 사람'일 수 있다는 점을 간과한 것이다. 인간은 각자 고유한 배경과 맥락을 가지고 있기 때문에, 동일한 사건을 겪더라도 해석 방식은 다를 수밖에 없다. 이 차이를 인정하고 존중하는 태도가 곧 공감의 출발점이다.

다름은 때때로 두려움을 유발한다. 특히 내가 속한 공동체의 기준과 다른 방식으로 생각하거나 행동하는 사람들을 만날 때, 인간은 본능적으로 경계심을 갖는다. 이 경계는 무지에서 비롯되며, 소통을 통해 해소될 수 있다. 시간이 지나고 관계가 깊어질수록 처음에는 낯설고 어색했던 다름이 오히려 매력적인 개성으로 느껴지기도 한다. 그러나 반대로, 관계가 오래 지속되면서 그 다름이 오해와 불화를 낳기도 한다. 공감의 핵심은 단순한 수용이 아니라, 끊임없는 이해와 대화의 의지에 있다.

사회는 종종 한 사람의 '성공'이라는 단면만을 보고 그 사람 전체를 판단하려는 오류를 범한다. 누군가가 부유하고 사회적으로 높은 위치에 있다고 해서, 그가 나보다 모든 면에서 우월한 존재인 것은 아니다. 우리는 흔히 한 사람의 눈에 띄는 성취를 보며 그 전인격까지 이상화하는 경향이 있다. 하지만 모든 사람은 장점과 단점을 동시에 지닌 불완전한 존재이며, '우열'이라는 개념은 맥락 없이 적용될 수 없다.

세상은 본질적으로 공평하지 않다. 누구는 유리한 출발선에서 시작하고, 누구는 제약을 안고 살아간다. 그러므로 더욱더 공정함이 요구된다. 하지만 인간은 자신의 생존과 안전을 위해 무리 짓고, 이질적인 존재를 배척하려는 본성을 드러내기도 한다. **다름에 대한 배척은 결국 불안에서 비롯된다.** 내 안의 불안이 타인을 향한 혐오로 바뀌지 않도록, 우리는 끊임없이 자각하고 훈련해야 한다.

다름을 인정하는 태도는 궁극적으로 자기 자신에 대한 존중과도 연결된다. 타인의 존재를 있는 그대로 받아들이는 힘은 자기 자신을 있는 그대로 인정할 수 있는 능력과 맞닿아 있다. 다름을 불편하게 느끼는 사람일수록 자기 존재의 근간에 대한 불안이 크다. 반면, 타인을 존중하고 다양한 삶의 방식을 수용할 줄 아는 사람은 자신 역시 그 다양성 속에 속한 존재임을 인식하고 안정감을 얻게 된다.

결국, 다름을 인정하는 태도는 공동체를 건강하게 만들 뿐 아니라, 자신의 내면을 단단히 세우는 일이다. 내가 타인을 향해 보여주는 공감의 폭만큼, 나 자신도 사회 속에서 이해받고 존중받을 수 있는 토대를 얻게 되는 것이다. 그러므로 공감은 단지 감정의 문제가 아니라, 사회와 개인 모두에게 반드시 필요한 윤리적 태도이자 실천이다.

공감은 배려와 사랑에서 시작된다

공감이란 단순히 상대의 말을 들어주는 것이 아니라, 그 사람의 마음과 상황을 깊이 이해하고자 하는 노력이다. 흔히 공감은 '상대방의 입장이 되어보는 것'이라고 정의되곤 하지만, 실제로 우리는 상대가 되어볼 수 없다. 같은 상황에 있어도 느끼는 감정은 다르며, 경험이 다르면 감정의 깊이도 달라지기 때문이다.

예를 들어, 실패를 겪어본 사람은 실패한 이의 좌절과 수치를 더 깊이 이해할 수 있다. 아기를 낳아본 사람은 임신과 출산을 경험하는 이의 고통을 공감할 수 있고, 군 복무를 마친 사람은 군 생활의 특수한 고됨과 희생을 이해할 수 있다. 이처럼 공감은 단지 이론이나 정보로는 채워지지 않는다. **진정한 공감은 실제 경험에서 비롯되는 경우가 많다.**

그러나 모든 것을 직접 경험할 수는 없다. 남자는 여자가 될 수 없고, 여자는 남자가 될 수 없다. 남성은 출산이라는 경험을 온전히 체험할 수 없고, 여성은 남성이 감당하는 생계의 무게와 사회적 압박을 완전히 이해하기 어렵다. 그렇기에 공감은 경험의 유무를 넘어서기 위한 노력이 필요하다. 그 열쇠가 바로 '배려'이다. 배려는 단순한 친절이 아니다. 배려는 타인을 위해 자기를 조금씩 내어주는 행동이며, 그 중심에는 사랑이 있다. **사랑이 배려를 낳고, 배려가 공감을 가능하게 한다.**

하지만 누구나 사랑을 나눌 수 있는 것은 아니다. '사랑을 받아본 사람만이 진정으로 사랑을 나눌 수 있다'는 말이 있다. 사람은 본능적으로 자신을 먼저 챙긴다. 그래서 결핍이 많은 사람, 상처가 깊은 사람은 타인을 향한 공감보다는 자기 보호에 집중하게 된다. 공감을 나누기보다는 상처를 더 깊게 쌓아가는 경우도 많다. 이런 이들은 그 누구보다도 사랑과 공감이 필요하다. 위로받고 이해받으며, 자기 안의 고통이 외면받지 않는다는 경험을 통해 치유가 시작된다. 그러나 현실에서는 그 회복이 쉽지 않다. 사랑은 일시적인 도움으로는 부족하며, 지속적이고도 안정적인 돌봄이 필요하기 때문이다.

건강한 가족이 중요한 이유도 여기 있다. 가족은 가장 기본적인 사랑과 지지를 제공하는 공동체다. 하지만 결핍된 가정에서 성장하며 기본적인 정서적 돌봄을 경험하지 못한 채 살아가는 사람들도 있다. 결핍과 상처는 어른이 되어서도 삶의 깊은 부분에 영향을 미치며, 공감과 관계 형성에 어려움을 주기도 한다.

이런 문제는 개인만의 노력으로 해결하기 어려울 수 있다. 필요하다면 약물치료와 심리상담이 병행되어야 하고, 무엇보다 사회 전체가 이러한 상처를 공공의 문제로 인식하고 함께 치유해야 한다. 공동체가 회복의 공간이 될 수 있어야 한다.

이 시대는 그 어느 때보다 공감이 필요한 시대다. 수많은 다름이 공존하는 세상 속에서, 서로를 이해하고 배려하려는 마음 없이는 공동체의 존속도, 개인의 존엄도 유지하기 어렵다. 중요한 것은, 공감은 남을 위한 행동이 아니라 나를 위한 일이기도 하다는 점이다.

인간은 혼자 살 수 없다. 누구나 공동체 속에 속해 있고, 그 공동체는 곧 나의 삶을 지탱하는 울타리가 된다. 나와 다른 이를 이해하려는 노력은 내가 안전하게 살아갈 수 있는 사회를 만드는 밑거름이 되고, 따뜻하게 반응할 수 있는 사회로 나아간다. **그 시작은 사랑이고, 그 실천은 배려이며, 그 결과는 진정한 공감이다.**

사람은 믿음의 대상이 아니다

사람은 본질적으로 완전한 존재가 아니다. 앞서 살펴보았듯, 인간은 누구나 이기적인 성향을 갖고 있으며, 그로 인해 실수하고, 때로는 의도치 않게 상처를 주는 존재가 되기도 한다. 그렇기에 **우리는 사람을 전적으로 믿는 것에서 많은 실망과 갈등이 시작된다는 사실을 잊지 말아야 한다.**

어떤 이들은 인간을 신앙의 대상으로 여기기도 하는데, 이는 매우 위험하고 무모한 일이라고 할 수 있다. 인간은 결코 절대적 존재가 될 수 없다. 언제든지 변하고, 넘어지고, 실망을 줄 수 있는 불완전한 존재이기 때문이다. 그래서 **사람은 믿음의 대상이 될 수 없다.**

사람을 믿지 말자고 말하면 흔히 오해가 따른다. 그렇다면 사람을 미워하라는 말인가? 끊임없이 의심하라는 뜻인가? 결코 그렇지 않다. 여기서 말하는 '믿지 말라'는 말은, 곧 '과도한 기대를 하지 말라'는 의미다. 기대를 하지 않으면 실망할 이유도 줄어든다. 실망이 줄어들면, 인간을 보다 너그럽고 유연한 시선으로 바라볼 수 있게 된다. 이러한 태도는 소통에서 매우 중요한 '심리적 여유'를 제공한다. 그럼에도 우리는, 자신이 기대하는 바를 기준으로 타인을 바라보며 실망하고, 분노하고, 때로는 관계를 단절하기도 한다. 예를 하나 들어보자.

한 아버지가 중학생 아들과 소통하고 싶어 한다. 하지만 아들은 공부에는 흥미를 보이지 않고, 매일 게임에만 몰두하고 있다. 이에 아버지는 매일 잔소리를 하게 되고, 아들은 부모의 말에 반항적인 태도를 보이게 되며 이들의 관계는 점점 멀어지게 된다. 그러나 만약 아버지가 잠시 자신의 중학생 시절로 돌아가 본다면 그 역시 공부보다는 친구와 노는 것이 좋았고, 어른들의 말이 간섭처럼 느껴졌던 시절을 기억할 것이다. 아기가 걸음마를 하다 넘어지는 것이 당연한 일인 것처럼, 중학생이 공부보다는 게임을 좋아하는 것도 어쩌면 자연스러운 일이다. 그 시절의 자신을 떠올리며 아들을 바라본다면 지금의 아들의 모습이 그리 이상하거나 문제로 보이지 않게 된다.

그 순간부터 소통은 강요가 아니라 공감으로 바뀌게 된다. 아들과의 관계는 잔소리와 갈등이 아닌, 이해와 대화로 전환될 수 있다. 아버지의 입장에서는 여전히 답답할 수 있지만, 짜증은 날지언정 마음에 깊은 상처로 남지는 않게 된다. **소통이란 '같음'을 바탕으로 이루어지는 것이 아니다. 오히려 진정한 소통은 '다름'을 인정하는 데서 시작된다.** 그 다름을 인정하기 위해서는, 인간이란 존재가 본래 미성숙하고, 실수할 수밖에 없는 존재라는 전제를 마음에 새겨야 한다.

그렇게 되면, 상대의 행동을 비난하거나 정죄하는 것이 아니라, "그럴 수도 있지", "아직 미성숙해서 그런 거겠지"라는 이해의 시선으로 바라볼 수 있게 된다. 이것이 바로 '역지사지', 즉 상대의 입장에서 생각하는 태도이다. 역지사지란 단지 지적인 판단이 아니라 마음을 확장하는 태도이며, 타인을 있는 그대로 받아들이기 위한 내적 훈련이다.

우리는 종종 사람에게서 너무 많은 것을 기대한다. 그러나 기대는 실망을 낳고, 실망은 마음을 다치게 한다. 그렇기에 소통의 첫걸음은, 사람을 신뢰의 절대 대상으로 삼지 않는 것이다. 대신 그 사람이 실수할 수도 있고, 부족할 수도 있고, 때로는 나를 아프게 할 수도 있다는 점을 미리 받아들이는 것이다. 그 태도야말로 진정한 이해의 출발이며, 소통을 위한 가장 현실적이고도 건강한 자세라고 할 수 있다.

─────────────────────── ✦ 소통은 곧 연결이며,
연결은 '존재의 지속'을 의미한다.

CHAPTER 08

소통

인간은 관계 속에서 살아가는 존재이다

태어날 때부터 우리는 누군가의 돌봄 없이는 생존할 수 없으며, 자라나는 과정에서 누군가와의 관계를 통해 정서적·신체적 안정을 경험하게 된다. 생존뿐 아니라 삶의 질적인 면에서도, 인간은 타인과의 관계 속에서 의미와 만족을 느끼며 살아간다.

이처럼 관계가 필수적임에도 불구하고, 함께 살아간다는 것은 결코 쉬운 일이 아니다. 인간은 '혼자 살 수 없고, 함께 사는 것도 결코 쉽지 않은 존재'라고 할 수 있다. 이러한 이유로 인간에게 '소통'은 생존과 직결되는 중요한 능력이다.

소통이란 단순한 말의 전달이 아니라, 마음과 생각, 감정이 제대로 교류되는 과정을 말한다. 인간은 진정으로 소통이 잘 이루어질 때 정서적인 안정감을 느끼며, 타인과의 관계 속에서 자기 존재를 더욱 확고히 인식하게 된다.

소통은 곧 '연결'이며, 연결은 '존재의 지속'을 의미한다. 그러나 대부분의 사람들은 이 소통의 과정에서 어려움을 겪는다. 의도와 다르게 전달되거나, 감정이 상하거나, 오해가 쌓여, 관계가 단절되는 경우도 빈번하다. 그럼에도 불구하고 많은 사람들은 소통이란 '살아가면서 저절로 익혀지는 것'이라고 생각하며 특별한 훈련이나 배움 없이 일생을 살아간다. 그러나 이는 매우 위험한 착각이다.

소통은 타고나는 것이 아니라 '배우고 익혀야 하는 기술'이며, 연습과 성찰 없이는 결코 자연스럽게 성장하지 않는다. 소통을 배우지 않으면, 결국 사람들과의 연결이 점점 끊어지고, 외로움 속에서 살아가게 될 수도 있다. 외로움은 단순한 감정이 아니라, 인간 존재의 본질을 위협하는 깊은 고통이며, 때로는 삶을 파괴하는 원인이 되기도 한다. 그럼에도 불구하고 우리 사회는 소통을 정규 교육의 중요한 주제로 다루지 않는다. 가정에서도, 학교에서도, 사회에서도 '제대로 듣는 법', '진심을 말하는 법', '갈등을 조율하는 법'을 가르치는 경우는 드물다. 그 결과 많은 사람들이 오랜 세월 동안 잘못된 방식으로 소통하며 상처를 주고받는다. 건강한 소통을 위해서는 자신과의 내면적 소통, 즉 자기감정과의 대화, 몸과 마음과 뇌 사이의 유기적인 연결을 통한 진정한 자기이해가 우선되어야 한다.

사람은 왜 공동체로부터 외면당하는가? 그 핵심에는 '소통의 부재'가 있다. 건강한 공동체 생활을 위해 반드시 필요한 것은 바로 '소통의 기술'이다. 타인과 적절하게 소통하지 못하면 오해와 갈등이 생기고, 그 결과로 배척당하거나 무시당하는 일이 일어난다.

건강한 소통 능력은 불안감을 조절할 수 있는 가장 효과적인 기술이다. 소통을 통해 공동체 안에 자신의 자리를 만들면 생존 가능성이 높아지기 때문에 자연스럽게 불안이 줄어들게 된다. **소통의 기술은 곧 생존의 기술이며, 불안 조절의 핵심 도구인 셈이다.**

이제 우리는 인식의 전환이 필요하다. 소통은 감정에만 맡겨둘 일이 아니라, 생존을 위한 필수 역량이며 인간다움을 회복하는 핵심 기술이다. 진정한 소통이란, 상대방을 있는 그대로 존중하고 이해하려는 태도에서 출발하며, 그것은 삶의 태도이자 철학이 되어야 한다. 인간은 평생을 두고 소통을 배워야 하며, 그 배움 속에서 진정한 관계를 경험하고, 더불어 살아가는 공동체의 가치를 회복할 수 있다.

관계에는 선이 있다

사람은 단순히 겉으로 드러나는 외모나 말투로 판단해서는 안 되는 존재이다. 소통이란 외적 정보만으로 이루어지지 않는다. 인간은 '몸', '마음', 그리고 '뇌'의 복합적인 작용을 통해 이루어진다. 외모나 언행은 단지 겉으로 드러나는 하나의 '신호'일 뿐, 그 이면에는 수많은 경험, 기억, 상처, 그리고 방어기제들이 작동하고 있다. 그렇기에 소통을 할 때는 상대가 살아온 삶의 궤적과 그로 인해 형성된 내면까지 고려하며 접근하는 섬세함이 필요하다.

같은 농담이나 직설적인 표현이라도 어떤 사람은 유쾌하게 반응하지만 어떤 사람에게는 상처가 될 수 있다. 이는 단지 표현 방식의 차이가 아니라, 받아들이는 마음의 상태와 과거의 경험에 차이가 있기 때문이다. 과거에 비슷한 말로 상처를 받았던 사람은, 의도하지 않은 말에도 민감하게 반응할 수 있다. 문제는 이러한 민감함을 상대방이 파악하지 못하는 경우가 많다는 점이다. 즉, 악의는 없지만 타인의 고통을 인식하지 못하는 '소통의 무지'가 상처를 만든다.

보통 사람들은 처음 만나는 자리에서는 오히려 조심스럽고 예의 바르다. 처음 본 사람에게는 상대의 반응을 살피며 말하고, 조심스러운 태도로 임한다. 그러나 시간이 지나 가까워질수록, 사람들은 말과 행동을 함부로 하게 되는 경향이 있다. 부모와 자식, 부부, 연인, 친구 관계에서도 마찬가지다. "가족이니까", "친하니까", "편하니까"라는 이유로 서로에 대한 존중과 배려의 감각이 무뎌지고, 관계는 쉽게 마모된다. 부모는 자녀를 향해 "내가 너를 낳았으니 다 안다"고 생각하기 쉽고, 자녀는 "우리 부모니까 나를 무조건 이해해줄 거야"라고 착각하기 쉽다. 이러한 오해는 점점 커져 소통의 단절, 감정의 충돌, 관계의 균열로 이어진다.

친구든, 연인이든, 가족이든 어떤 관계든 넘지 말아야 할 경계가 존재한다. 이 '선'은 각자의 자존감과 심리적 공간을 지켜주는 안전망이다. 가깝다는 이유로 마음대로 말하고, 함부로 행동하는 것은 관계를 갉아먹는 행위다. **관계에서는 서로 조심하고, 존중하고, 선을 지키는 태도가 반드시 필요하다.** 누군가 그 선을 넘었다면 감정적으로 반응하기보다는 대화를 통해 조율하고 통제하는 과정이 있어야 한다. **선이 무너진 관계는 곧 신뢰가 무너지고, 신뢰가 무너지면 회복하기가 매우 어려워진다.**

처음 소개팅을 할 때처럼, 중요한 미팅을 할 때처럼 상대를 배려하고, 말 한마디에도 신경을 쓰는 자세를 오랜 관계 속에서도 유지해야 한다. 관계가 오래될수록 편해질 수는 있다. 그러나 '편안함'과 '무례함'은 다르다. 편하다고 해서 배려를 멈추고, 선을 넘는 언행을 한다면 그 관계는 점점 피로해지고, 무너지게 된다.

진짜 좋은 관계란, 오래 되었기 때문에 편안하면서도 여전히 조심스럽고 배려가 있는 관계다. 처음의 조심스러움이 오래 유지되는 관계, 그것이 소통의 성숙이며 관계의 성숙이다. 소통은 기술이자 태도이며, 관계를 지탱하는 힘이다. 그 기술은 결코 대단하거나 거창한 것이 아니다. 작은 말투, 작은 표정, 작은 질문 하나로도 관계는 달라질 수 있다.

사람은 누구나 자신의 내면을 알아봐 주는 사람을 원한다. 그렇기에 우리는 상대를 겉모습으로 판단하는 대신, 그가 살아온 인생의 경험, 마음의 상처, 말투 이면의 뇌의 작용까지 섬세하게 이해하려는 조심스러운 태도를 가져야 한다. 가까운 사람일수록 더 조심해야 하며, 관계에는 반드시 선이 존재한다. 그 선을 지키는 것이 진짜 사랑이며, 진짜 소통이고 배려이다.

비뉴턴 유체와 같은 인간의 마음

과학에서 '비뉴턴 유체(Non-Newtonian Fluid)'라는 개념이 있다. 이는 외부에서 강한 충격이나 압력이 가해질 때, 순간적으로 고체처럼 단단하게 굳는 독특한 성질을 지닌 액체를 말한다. 대표적으로는 옥수수 전분과 물을 일정 비율로 섞은 혼합물이 있다. 평상

시에는 손가락으로 휘저을 수 있을 만큼 유연하고 부드럽지만, 갑작스럽게 주먹으로 쳐보면 단단한 벽처럼 반응한다. 물리적으로는 액체지만 상황에 따라 고체처럼 반응하는 이 성질은 인간의 마음을 설명하는 하나의 은유로 사용될 수 있다.

태어날 때 인간의 마음은 깨끗한 백지와 같고, 유연하고 순수한 액체처럼 말랑말랑하다. 외부 세계로부터의 자극과 경험을 통해 점차 형태를 갖추어 가는데, 이 과정에서 부드러운 소통과 온화한 접촉은 마음을 풍요롭게 만들지만, 갑작스럽고 날카로운 충격 —비난, 조롱, 폭언, 혹은 반복되는 무시— 은 마음을 경직시키고 닫히게 만든다.

비뉴턴 유체가 충격을 받을 때 순간적으로 딱딱하게 굳듯, 인간의 마음 또한 부정적인 언어와 공격적인 태도에 노출되면 방어적으로 굳고, 감정의 문을 닫는다. 소통은 가능하나, 더 이상 그 안으로 들어갈 수 없게 되는 것이다. 이는 인간이 본능적으로 자기 보호 기제를 작동시키는 방식이기도 하다.

진정한 소통은 부드러운 접근에서 시작되어야 한다. 공감, 인정, 칭찬, 격려와 같은 긍정적인 정서적 자극은 마음을 이완시키고, 다시금 열린 채로 상호작용할 수 있는 환경을 조성한다. 의도는 좋더라도 표현 방식이 강압적이거나 날이 서 있을 경우, 상대는 그것을 위협으로 인지하고 마음을 단단히 닫아버릴 수 있다.

많은 사람들이 '내가 말을 하지 않아도 상대가 내 마음을 알아줄거야'라고 생각하지만, 인간의 마음은 결코 투명하거나 읽히기 쉬운 구조가 아니다. 말로 표현되지 않은 마음은 전달되지 않으며, 상대는 기대하는 만큼 정확히 이해할 수 없다. 인간은 각기 다른 성장 배경, 경험, 감정의 스펙트럼을 가지고 있기 때문에 같은 상황도 전혀 다르게 받아들인다.

상대에게 자신의 감정과 상태를 부드럽고 섬세하게 전달함으로써 굳은 마음도 다시금 유연하게 풀어낼 수 있을 때 효과적인 소통이 가능하다. **인간의 마음은 상처 앞에 단단해지지만, 진심 어린 온기 앞에서는 다시금 부드러워질 수 있다.** 마치 비뉴턴 유체가 압력을 거두면 다시금 액체로 돌아가는 것처럼 말이다. 그리하여 우리는 말할 수 있어야 하고, 또 들어줄 수 있어야 한다. 단단하게 굳은 마음을 다시 녹이기 위해 더 부드럽고 친절한 말, 다정한 태도로 다가가야 한다. 소통이란 마음의 온도로부터 출발하는, 인간다운 여정이기 때문이다.

오감의 일치와 소통의 정확성

인간은 세상을 인식하고 타인과 소통하기 위해 시각, 청각, 미각, 후각, 촉각, 즉 오감을 사용한다. 감각기관은 단순한 정보 수용의 창구가 아니라, 감정과 판단에 결정적인 영향을 끼치는 매우 정교한 시스템이다. 오감은 서로 긴밀하게 연결되어 있어, 각 감각이 조화를 이루고 일치할 때 인간은 강한 쾌감, 즉 '좋다'라는 긍정적 인식을 형성하게 된다.

누군가가 매우 맛있는 초콜릿을 건넨다고 하자. 그런데 그 초콜릿이 디테일하게 조형된 '변기 모양'이라면 어떨까? 미각은 분명 달콤함을 감지하지만, 시각은 그것을 더럽고 혐오스럽다고 판단해, 전체적인 맛의 경험이 왜곡되거나 심지어 거부감으로 바뀔 수 있다. 이처럼 인간은 감각 간의 일치를 통해 '신뢰' 혹은 '쾌감'을 경험하며, 하나의 감각이 나머지와 충돌할 때 전체 인식은 왜곡되거나 손상된다.

비슷한 예는 사회 실험에서도 발견된다. 한 유튜브 콘텐츠에서 고급 레스토랑을 대관해, 고급 코스 요리를 대접한다고 친구를 초대한다. 하지만 실제로 제공된 음식은 편의점에서 구매한 인스턴트 스파게티였다. 다만 고급 식기, 세련된 조명, 분위기 있는 음악, 고급 레스토랑이라는 장소 자체가 음식을 마치 '비싼 요리'처럼 느끼게 만들었다. 결국 친구는 음식이 편의점 제품이라는 사실을 모른 채 "정말 맛있다"고 말하며 감탄했다. 미각의 정보가 조금 부족했더라도 시각, 청각, 후각, 촉각의 정보들이 그것을 보완해 주었고, 오감의 '총합'이 결국 긍정적인 인식으로 이어진 것이다.

반대로 정말 맛있는 고급 레스토랑의 스파게티를 종이접시에 담아 전자레인지로 데운 뒤, 어수선한 집에서 아무 음악도 없이 먹는다고 가정하면 어떨까? 미각이 아무리 우수하더라도 다른 감각 정보가 그것을 지지하지 못할 경우, 전체적인 만족감은 급격히 저하될 것이다. 이처럼 오감은 서로 보완하고, 강화하거나 약화시킬 수 있다. 이는 타인에게 정보를 전달할 때 우리가 감각을 얼마나 의식적으로 사용할 필요가 있는지를 보여준다. **감각이 일치되지 않으면 메시지는 왜곡되고, 오해가 생기며, 나아가 관계의 단절로 이어질 수도 있다.**

이 개념은 소통에도 그대로 적용된다. 사람과 사람 사이의 소통은 단순히 언어로만 이루어지지 않는다. 말의 내용이나 목소리의 억양(청각), 표정(시각), 거리감이나 접촉 여부(촉각), 냄새(후각)까지 상대에게 하나의 메시지로 전달된다. 이 중 어느 하나라도 부조화를 일으킬 경우, 메시지는 왜곡되거나 의심을 유발하게 된다.

예컨대, 상대에게 "미안해"라고 말하면서도 눈을 치뜨고 표정은 싸늘하며, 말투가 차갑다면, 청각으로 들어온 '사과'의 내용은 시각과 감정 정보에서 부정당한다. 말은 사과인데 행동은 비난으로 읽히는 것이다. 결국 그 사과는 사과가 아닌 것이 된다. 이것이 오감의 불일치가 일으키는 소통의 오류다.

이와 관련하여 UCLA의 심리학 교수인 앨버트 메라비언(Albert Mehrabian)은 인간 커뮤니케이션에 있어 언어적 메시지는 단 7%에 불과하며, 38%는 말의 억양(청각 정보), 나머지 55%는 표정이나 몸짓 등 비언어적 요소(시각 정보)에서 비롯된다고 주장한 바 있다. 이는 우리가 대화를 나눌 때 상대의 말보다 태도나 표정, 목소리의 높낮이, 말의 속도와 같은 감각적 요소를 통해 더 많은 의미를 해석하고 반응한다는 사실을 보여준다.

소통은 같아짐이 아니라, 다름을 이해하는 기술이다

많은 사람들이 '소통'을 말할 때, 일종의 같아짐으로 착각하곤 한다. 서로가 같은 생각, 같은 감정, 같은 입장을 가질 수 있다고 기대하는 것이다. 그러나 현실의 소통은 결코 그렇게 단순하지 않다. 오히려 **소통이란 서로 다름에도 불구하고 그 간극을 좁혀가며 이해를 확장하는 과정이다. 즉, 소통은 오해를 줄여가는 '과정'이며, 완전한 합일이 아닌, 불완전한 조율이다.**

소통이 어려운 이유는 인간이 단순하지 않기 때문이다. 인간은 각자 다른 경험, 다른 감정의 구조, 다른 환경에서 자라왔다. 이러한 배경의 차이는 곧 마음의 근육, 즉 감정적 반응 방식과 스트레스 대처 능력의 차이를 만들어 낸다. 결국, 서로 다른 마음의 언어를 쓰고 있는 셈이다. 이러한 차이를 이해하지 못하면, 사람들은 종종 자신과 다르다는 이유만으로 타인을 잘못된 존재로 간주하거나, 감정적으로 상처를 받는다. 그러나 소통의 출발점은 '다름의 인정'이다. 우리는 절대로 같아질 수 없다. 그래서 공부해야 한다. 이해를 위한 노력, 그것이 바로 소통의 기술이다.

사람들은 종종 '진심이면 통하겠지'라는 기대를 갖는다. 그러나 실제로는 진심만으로는 충분하지 않다. 단적인 예로 남성과 여성은 같은 인간이지만, 소통의 구조와 방향성이 뚜렷하게 다르다. 여성은 대체로 섬세하고 공감 중심의 소통을 선호한다. 감정을 나누고, '들어주는 것' 그 자체를 중요한 소통으로 여긴다. 반면 남성은 맥락 중심적이고 해결 지향적인 대화를 추구하는 경향이 있다. 문제를 제기하면, 그것을 어떻게 해결할지를 우선 생각한다.

예를 들어, 여성이 하루를 마무리하며 "오늘 회사에서 과장 때문에 너무 힘들었어. 나한테만 뭐라고 해."라고 말했다고 해보자. 그녀는 말과 함께 피곤함과 외로움, 위로받고 싶은 마음을 함께 내비친 것이다. 그러나 이 말을 들은 남성은 "자기가 뭔가 잘못해서 그런 거 아냐? 좀 참아봐. 원래 일이란 게 다 힘든 거잖아."라고 반응할 수 있다. 문제는 소통 방식의 차이에서 발생한다. 여성은 공감을 원했고, 남성은 문제 해결을 시도했다. 여성은 자신의 감정을 있는 그대로 받아주길 바랐지만, 남성은 상황을 분석하고 조언을 통해 도와주려는 태도를 보였다. 이처럼 서로의 방식이 다름을 모르면 오해는 필연적이다. 자신의 방식을 강요하기보다는 서로 다르다는 것을 알고 서로에게 맞는 소통 방식을 배우는 것이 중요하다.

연인 관계, 친구 관계, 부부 관계에서도 이런 차이는 뚜렷하게 드러난다. 연애 초기에는 서로의 다름이 매력으로 다가오지만, 시간이 지나면 그 다름이 갈등의 씨앗이 되기도 한다. 말투 하나, 메시지 하나에도 서로 감정이 상하고, 결국 잦은 다툼 끝에 관계가 무너지는 경우도 많다.

소통의 핵심은 '다름을 받아들이는 것'이다. 다름을 인정하기 위해서는 우선 내가 나 자신에게 허용치가 높을수록, 타인에게도 관대해질 수 있다. 반대로 자신에게 지나치게 엄격한 사람은, 타인에게도 쉽게 비판적이 되고 불만족하게 된다. 결국 소통의 바탕은 허용의 마음이다. 서로가 다르다는 것을 전제로 접근해야 하고, 다름을 틀림으로 오해하지 말아야 한다. 다르다고 상대를 깔보거나 기분 상해할 이유는 없다. 그저 다를 뿐, 틀린 것이 아니기 때문이다.

가까운 사이일수록, 소통은 더 어렵다

가까운 사람일수록, 우리는 그들의 장점보다 단점을 더 잘 알게 된다. 외부인에게는 보여주지 않는 민낯과 허점을 자연스럽게 마주하게 되기 때문이다. 그래서 진심으로 가까운 사람일수록 존경의 감정보다는 '평범하고 편안한 사람'이라는 인식으로 굳어지는 경향이 있다. 특히 연인 사이에서는 더 그렇다. 처음에는 서로에 대한 호기심과 이상화된 이미지로 시작되지만, 시간이 지날수록 현실적이고 결핍된 모습들이 노출되며 이상은 차츰 사라진다.

이러한 심리는 가까운 사람의 충고와 조언이 낯선 사람의 말보다 덜 설득력 있게 다가오는 이유이기도 하다. '부부 간에는 운전 연습을 가르치지 말라'는 농담이 있듯이 가까운 관계는 친밀한 만큼 감정적 경계가 낮아져 조언은 충고로, 충고는 지적으로 받아들여지기 쉽다. 필자 역시 아들에게 내가 겪은 삶의 다양한 경험과 조언을 해준다. 그러나 아들의 반응은 종종 이렇게 돌아온다.

"아빠 말을 듣다 보면, 아빠는 하지 말라는 거 다 한 거 같은데."

그 말을 듣고 가만히 돌이켜보니 정말 그렇다.

'보증을 서지 마라', '동업하지 마라', '빚을 지지 마라' 등 정작 나 자신은 이 모든 것들을 해보았고, 수많은 시행착오와 실패를 했다. 물론 아이가 말은 그렇게 하지만, 아버지의 말을 마음속에 담고, 시간이 지나 조금씩 실천해가는 모습을 보면 소통은 단지 말의 전달이 아니라 진심의 전파라는 사실을 새삼 느끼게 된다.

가까운 사이란 곧 깊은 신뢰와 안정감이 내재된 관계이다. 그러나 친밀하다는 이유로 무례나 침범을 정당화해서는 안 된다. 가까울수록 더 섬세한 배려와 경계가 필요하다. 반대로, 가까운 사이일수록 서로의 약점 또한 잘 알기에 갈등이 발생했을 때 가장 아픈 말을 골라 던질 수 있고, 그로 인해 누구보다 깊은 상처를 주는 경우도 적지 않다.

이처럼 친밀함은 **양날의 검이다. 잘 다루면 가장 든든한 생존의 자산이 되지만, 잘못 다루면 가장 큰 감정적 부채가 될 수도 있다.** 가까운 관계를 건강하게 유지하기 위해서는, 상대가 나에게 해주기를 바라는 만큼, 나 역시 그만큼을 돌려주어야 한다. 주는 것 없이 받기만을 기대하면 언젠가는 그 관계가 불균형으로 무너지게 된다.

친밀한 관계일수록 소통이 더 쉽다고 생각하는 것은 착각일 수 있다. 오히려 더 조심스러워야 하며, 더 정성스러워야 한다. 가까움이 이유가 되어 상처를 주지 않도록, 우리는 서로의 마음에 다정한 거리를 유지해야 한다. 그것이 긴 관계를 단단하게 이어주는 삶의 지혜다.

작지만 지속적인 말의 폭력

우연히 본 단편 영화 〈숟가락 살인마〉는 처음엔 코믹한 공포물처럼 보였다. 괴물은 주인공을 죽일 듯 무섭게 공격하지 않는다. 다만 숟가락으로 끊임없이, 쉼 없이, 매일같이 주인공을 때린다. 한 번의 공격으로는 죽지 않지만, 24시간, 수년간 지속되는 고통은 결국 주인공을 파괴시킨다. 이 영화를 보며 문득 떠오른 생각은 이렇다.

혹시 소통에서 무심코 던진 말들, 혹은 의도 없이 반복된 상처가 누군가의 삶을 그렇게 천천히, 그러나 확실하게 파괴하고 있지는 않을까?

어린 시절의 감정은 아직 미숙한 인지 구조 위에서 더 깊게, 더 날카롭게 각인된다. 성인보다 더 강한 공포감과 날 선 수치심을 경험하게 된다. 특히 상처를 주는 대상이 부모일 경우, 그 아이는 도망칠 곳 없는 지옥과도 같은 고통을 겪는다. 가해자가 가장 의지해야 할 보호자일 때, 그 고통은 더 이상 '상처'가 아니라 존재의 붕괴로 이어질 수 있다.

우리 사회 곳곳에는 이러한 상처를 안고 살아가는 사람들이 많다. 겉으로는 정상적인 일상생활을 영위하는 듯 보여도, 그 내면에는 숟가락 살인마처럼 매일 마음을 내려치는 감정들이 있다. 오래 누적된 상처는 높은 불안감을 만들어 낸다. 높은 불안 지수는 감정의 도미노를 만든다. 그리고 이 불안은 단순한 감정을 넘어서 다양한 부정적 감정군(感情群)을 만들어 내는 근원이 된다.

1단계 : 우울

우울은 슬픔 그 이상이다. 내면을 잠식하며 다양한 감정으로 뻗어나간다.

→ 외로움, 조바심, 서운함, 죄책감, 자책, 부끄러움, 민망함, 망설임, 권태, 허무, 소심, 어색함, 집착, 예민함, 겁먹음, 주저함, 동경, 몰입 등

2단계 : 분노

우울이 내면을 향한다면, 분노는 바깥을 향해 분출된다.

→ 짜증, 원망, 억울함, 질투, 시기, 적개심, 반감, 혐오, 불쾌감, 화남, 갈등, 증오, 까칠함, 충격 등

3단계 : 상실감

감정이 극단으로 치달을 때, 사람은 무기력과 체념에 빠진다.

→ 무력감, 슬픔, 실망, 후회, 회환, 공허함, 냉담함, 무관심

4단계 : 두려움

최종적으로, 감정은 실체 없는 공포로 전이된다. 존재 자체가 위협받는 상태다.

→ 공포, 혼란, 자해 충동, 자살 충동, 경계심, 고통, 공격성, 환멸, 맹목성, 절망, 미친 감정, 끔찍함 등

모든 감정들은 개별적으로 봤을 때 작은 파편처럼 보일 수 있지만, 오랜 시간에 걸쳐 지속적이고 반복적으로 누적될 경우, 한 사람의 삶 전체를 잠식할 수 있다.

사람들은 종종 "그 정도 말에 왜 그렇게 예민해?", "그건 다 옛날 일이야."라고 말한다. 하지만 감정은 논리로 해소되지 않는다. 특히 언어를 통한 소통의 상처는 물리적 폭력보다 더 오래 남는다. 24시간, 쉬지 않고 내면을 때리는 감정의 공격은 숟가락으로 때리는 것처럼 사소해 보일지 몰라도, 끊임없이 반복될 경우 그것은 충분히 치명적이다. 말이 칼보다 날카롭다는 말은, 단지 수사적 표현이 아니다.

말의 무게를 이해하는 것이 진짜 소통이다. 소통이란 단순히 말하는 것이 아니다. 상대의 내면을 고려하고, 말의 파급력을 인지하며, 감정의 무게를 함께 감당하려는 태도가 필요하다. 누군가에게 숟가락 살인마처럼 존재하고 있지는 않은가? 혹은, 이미 오랜

시간 감정의 폭력 속에 놓여 있었던 것은 아닌가? 진정한 회복은 감정을 다시 마주하고 그 기억을 새롭게 해석하며, 감정의 고리를 하나씩 풀어가는 데서 시작된다. 그 첫걸음은 말이다. 말의 무게를 알고, 상처의 깊이를 공감하는 말. 그것이 감정의 폭력을 멈추고 다시 관계를 회복하는 소통의 시작이다.

믿음은 가지는 것이 아니라 받는 것이다

소통의 핵심은 무엇인가. 대부분 경청, 공감, 표현 등을 떠올릴 것이다. 물론 이러한 요소들은 소통을 구성하는 중요한 요소임에 틀림없다. 그러나 이 모든 것의 기저에는 '신뢰', 곧 '믿음'이라는 본질적인 토대가 존재한다. 믿음 없이 이루어지는 소통은 단지 정보의 교환에 불과하며, 마음과 마음이 이어지는 진정한 소통으로 발전할 수 없다.

그렇다면 '믿음'이란 과연 무엇인가. 일반적으로 사람들은 "나는 너를 믿어."라는 말을 자신의 결단이나 의지의 표현으로 받아들인다. 믿음을 마음먹기에 따라 생겨나는 감정이며, 노력을 통해 쌓아 올릴 수 있는 태도라고 생각하는 것이다. 그러나 이는 일종의 착각이다. 믿음은 결코 의지만으로 형성되는 것이 아니다. 내가 의도적으로 '갖는' 것이 아니라, 상대의 태도와 삶의 증거로부터 '받는' 것이기 때문이다.

믿음은 관계 속에서 자연스럽게 형성된다. 그리고 그 관계는 반드시 상대가 신뢰를 줄 만한 언행과 인격적 기반 위에 구축되어야 한다. 아무리 내가 누군가를 믿고자 노력하더라도, 그 사람이 반복적으로 거짓을 말하고, 약속을 지키지 않으며, 타인을 해치거나 자기중심적으로 행동한다면, 아무리 믿으려 노력해도 믿을 수 없다. 믿음은 내 의지로 억지로 품을 수 있는 감정이 아니다. 믿음의 대상이 믿을 만한 신뢰를 보여줌으로써 받는 것이다.

그럼에도 불구하고 우리는 현실에서 종종 '믿어서는 안 될 사람'을 맹목적으로 신뢰하는 사례들을 마주하게 된다. 사기를 당하거나 배신을 경험한 이들의 사례를 살펴보면, 대체로 상대에 대한 초기 분별이 없었거나, 그 분별을 무시한 채 감정에 따라 움직였다는 공통점이 발견된다. '믿음'에 앞서 '분별'이라는 전제 조건을 간과한 것이다. 이러한 무분별한 믿음은 종국에는 상처와 상실, 깊은 후회로 이어지게 된다. 상대의 인격, 삶의 방향성, 말과 행동의 일관성, 위기 상황에서의 태도 등을 충분히 살피지 않은 채 믿음을 던지는 것은 신뢰가 아니라 착각이며, 나아가 자기 파괴로 이어질 수 있는 위험한 감정 소비에 불과하다.

건강한 관계를 형성하기 위해서는, 무엇보다 상대를 냉철하게 관찰하고 분별할 수 있는 내적 기준이 선행되어야 한다. 믿음은 무조건적 선의의 결과물이 아니라, 관계적 신뢰의 정당한 반응이다. 상대가 믿을 만한 태도와 삶을 지속적으로 보여줄 때에만, 믿음은 그 위에 조용히 자리를 잡을 수 있는 것이다.

오늘날 우리는 '믿음'이라는 가치가 점점 희석되어 가는 시대를 살아가고 있다. 거짓이 진실을 가장하고, 가식이 진정성을 흉내 내며, 언어가 소통의 도구가 아니라 공격의 무기로 사용되는 현실 속에서, '믿음'의 의미를 다시금 성찰할 필요가 있다. **믿음은 내가 품는 것이 아니라, 상대의 신뢰할 수 있는 삶으로부터 전해지는 것이고 받는 것이다.** 즉, 아무나 믿고 따르는 것이 아니라, 믿을 만한 사람에게만 마음을 내어줄 수 있는 지혜가 필요한 것이다.

소통은 믿음 위에 세워져야 한다. 무분별한 믿음은 오히려 진정한 신뢰를 해치고, 관계를 왜곡시킨다. 이제 우리는 믿음의 본질을 다시 바라보아야 한다. 상대의 삶과 신뢰성을 살피는 눈, 분별력 있는 태도, 그리고 무엇보다도 나 자신 또한 믿음을 줄 수 있는 존재인가에 대한 성찰이 필요하다. 건강한 소통은 바로 이 질문에서부터 시작한다.

디지털 시대, 소통의 위기와 회복

현대 사회의 소통 방식은 과거와 비교할 수 없을 만큼 급격히 변화했다. 대부분의 사람들이 온라인상에서 디지털화된 장비를 통해 대화하고 관계를 맺는다. SNS, 메신저, 영상통화, 댓글 등의 방식은 빠르고 편리하며, 물리적 거리를 넘어 실시간 소통을 가능하게 만든다. 그러나 편리함 이면에 깊이 없는 관계와 정서적 단절이라는 그림자가 점점 짙어지고 있다.

TV가 없던 필자의 어린 시절에는 친구들과 들판에서 뛰어놀며 신나게, 때로는 다투기도 하며, 오징어게임 같은 놀이로 하루를 보내곤 했다. 초등학교 즈음 처음으로 흑백 TV가 집에 들어왔을 때의 기억은 아직도 생생하다. TV가 없던 시절 함께 뒹굴며 놀았던 경험들은 오감과 감정을 동반한 살아 있는 기억으로 남아 있는 반면에 TV가 생긴 이후에는 친구들과의 추억과 기억들이 희미하다.

그 이유는 단순하다. 함께 부딪히고, 웃고, 다투며 오감을 통해 교감했던 소통이 진짜 '살아 있는 소통'이었기 때문이다. 인간의 뇌는 신체적 접촉과 감정이 함께한 경험을 강하게 기억한다. 반면, 디지털 소통은 편리하긴 하지만 대부분 감각적 자극이 결여된 얇고 가벼운 관계를 형성하게 된다.

소통의 깊이는 기술의 발달만으로 채워지지 않는다. 디지털 시대에 다양한 소통 채널이 넘쳐나고 있음에도 불구하고, 사람들은 이전보다 더 깊은 고립감과 우울감을 호소하고 있다. 이는 소통의 양은 많아졌지만, 질과 깊이는 줄어들었기 때문이다. 특히 SNS를 통한 관계는 책임이 약하고, 정서적 비용이 거의 들지 않는다. 손가락만 있으면 되는 소통은 편하지만, 사람을 온전히 이해하려는 과정 없이 자기중심적 착각만을 증폭시킨다.

SNS에서 사람을 접하면, 그 사람은 실제보다 과장되어 보인다. 편집된 정보, 포장된 이미지, 필터링된 일상은 상대에 대한 왜곡된 기대를 낳는다. 그 결과 타인을 현실 그대로 받아들이기 어렵게 되고, 자기도 모르게 자기 자신마저 객관화하지 못해 진정한 자기 인식의 기회는 점점 줄어들게 된다.

소통은 상대를 공감하고, 이해하며, 때론 나를 희생하고 사랑하는 감정 에너지가 들어가야 한다. 이러한 감정적 수고가 생략될 때, 관계는 표피적인 것이 되고 만다. 그래서 지금 이 시대는 그 어느 때보다도 진짜 만남과 소통이 필요한 시대이다. 용기를 내어 사람을 직접 만나고, 함께 밥을 먹고, 이야기를 나누는 시간이 회복의 시작점이 될 수 있다. 사람을 만나면 마음의 거울이 생긴다. 내가 어떤 상태인지, 어느 정도의 에너지를 가졌는지 스스로 알 수 있게 된다. **만남은 뇌를 깨우고, 감정을 해석하고, 존재를 확인시키는 통로다.**

디지털 시대의 소통 방식은 분명 인정할 만하다. 그러나 사람과 사람이 실제로 만나 오감을 통해 감정을 나누는 만남은 선택이 아니라 회복의 문제다. 이제 아이들도 게임이나 학원 중심의 관계가 아니라, 놀이터나 운동장에서 부딪히며 진짜 만남을 경험해야 한다. 가족 역시 가까이 살며 대화를 늘리고, 서로의 온기를 나누는 시간이 필요하다. SNS와 같은 가벼운 소통이 아닌, 실제 만남을 통한 깊이 있는 소통이 절실한 시대에 우리는 살고 있다.

그러나 마음의 근육이 약해진 상태에서 무작정 많은 사람을 만나면 오히려 더 상처받을 수 있다. 그러므로 소통의 방향은 양보다 질이 중요하고, 그 깊이와 안전함이 고려되어야 한다. 인간의 뇌는 반복과 지속적인 설득을 통해 변화된다. 좋은 관계, 좋은 말, 좋은 만남이 반복적으로 뇌에 전달될 때, 불안한 마음은 서서히 안정된다. 변화는 하루아침에 일어나지 않는다. 긍정적인 자극을 지속적으로 받아들이는 연습이 필요하다. 그 과정에서 좋은 사람과의 만남은 가장 강력한 치유이자 회복의 자원이 될 것이다.

우리는 디지털 시대를 살아가고 있다. 인공지능, 스마트폰, 메신저 등 인간은 이전보다 훨씬 더 많은 방식으로 연결되어 있다. 그럼에도 불구하고 사람들은 점점 더 만남을 회피하고, 얼굴을 마주하며 대화하는 것을 어려워한다. 디지털의 편리함 뒤에는 정서적 고립과 소통의 위기가 존재한다. 하지만 잊지 말자. 인간은 함께 살아야 한다. 결국 우리는 서로 연결되어 있고, 관계 속에서 성장하며 의미를 만들어간다. 소통은 단지 말을 주고받는 것이 아니라, 서로의 존재를 인정하고 이해하며 더불어 살아가기 위한 가장 본질적인 인간의 능력이다.

건강한 소통은 개인의 삶을 회복시키고, 공동체를 따뜻하게 만든다. 그것은 단순한 언어의 문제가 아니다. 인내와 성실, 훈련과 연습, 그리고 진심이 담긴 태도의 결과이다. 이제 우리에게 필요한 것은 잘 말하는 법이 아니라, 잘 연결되는 법이다. 소통을 통해 마음을 나누고, 서로를 이해하면 보다 건강한 사회를 만들어갈 수 있을 것이고 우리는 비로소 불안을 조절할 수 있고 마음의 단단함과 안정감을 가질 수 있게 될 것이다.

에필로그

감정은 극복의 대상이 아니라 함께 살아가는 친구

이 책을 쓰게 된 이유는 '저자처럼 살아보라'고 가르치기 위함이 아니다. 오히려 필자 자신도 여전히 우울과 불안 속에서 살아가고 있다. 아무 일도 없었음에도 불현듯 깊은 우울감에 빠져 힘든 날들이 여전히 있고, 지금도 크고 작은 감정의 파도 속에 흔들릴 때가 많다. 필자 또한 완성된 존재가 아닌, 여전히 성장하고 있는 한 사람으로서 이 글을 쓰게 되었다.

인간의 감정은 억제하거나 없애야 할 대상이 아니다. 감정은 인간의 본질이며, 삶의 여정 속에서 평생 함께 살아가야 할 친구와 같은 존재다. **고난은 나의 친구였고, 실패는 나의 선생이었다.** 이 삶의 철학은 필자가 감정을 대하는 방식을 바꾸어놓았다. 감정을 이겨내거나 제거하는 것이 아니라, 어떻게 관리하고 조절할 것인가의 문제로 받아들이게 된 것이다.

이제 감정은 필자에게 있어 '극복의 대상'이 아닌 '동반자'다. 삶에서 느껴지는 다양한 감정들에 대해 당황하지 않기로 했고, 또한 그것이 마치 나만 겪는 특별한 문제가 아님을 받아들이기로 했다.

그렇게 오랜 시간 동안 나 자신을 설득하며 살아온 결과, 예전보다 감정의 기복은 줄어들었고, 비교적 안정된 정서 속에서 살아가고 있다.

물론 감정에 휘둘리는 순간은 여전히 존재한다. 그러나 그런 순간이 찾아오는 빈도도, 그로부터 회복되는 시간도 점점 줄어들고 있다. 외부 환경이나 타인의 시선을 바라보는 시간을 줄이고, 내면을 들여다보는 시간을 늘려가고 있다. 나의 마음, 나의 몸, 나의 뇌 상태를 점검하며 살아가는 것, 그것이 삶의 기본이 되었다.

삶이 편리해질수록, 여유가 생길수록, 인간은 오히려 지루함과 불안을 더 강하게 느낀다. 바쁘게 움직일 때에는 정신없이 흘러가는 시간 속에 안정감을 느끼기도 한다. 하지만 바쁨으로 감정을 억누르는 것도 잠시일 뿐이다. 그 바쁨이 멈추면, 억눌렀던 감정은 더 큰 무게로 찾아오기 때문이다.

그러므로 중요한 것은 삶의 조건이 아니라, 마음의 근육이다. 외부 환경이 어떠하든 감정이 요동치지 않고 중심을 지킬 수 있는 힘, 그것이 진정한 감정 조절이다. 다가올 미래는 더욱 편리하고 빠른 시대가 될 것이다. 그러한 시대를 건강하게 살아가기 위해, 우리의 내면도 함께 성장하고 성숙해져야 한다.

그리고 완벽함을 자신에게 강요하지 않아야 한다. 스스로에게 허용치를 먼저 주어야 한다. 그래야만 타인에게도 너그러울 수 있다. 모든 문제의 근원은 외부에 있는 것이 아니라, 내 안에 있다. 나의 기준, 나의 고정관념, 나의 시선이 세상을 판단하게 만들고, 그것이 곧 나의 감정을 휘젓는 것이다.

그래서 이제는 마음의 훈련이 필요하다. 마음의 근육을 키우고, 허용과 공감, 인내와 성실의 가치를 다시 바라보아야 한다. 그러한 것들에 관심을 가지고 시간을 들여야 한다. 그것은 단기간에 완성되는 것이 아니라, 평생을 두고 훈련해야 할 모든 인간의 과제다.

필자 역시 그러한 길을 걷고 있다. 부족함을 인정하고, 타인을 이해하며, 궁극적으로는 그것이 나 자신과 공동체를 위한 일임을 믿고 살아간다. 포기하지 말자. 그리고 조급해 하지도 말자. 괜찮다. 인생은 한 방향만 있지 않다. 살다 보면 반드시 다양한 길이 열리고, 그 길은 결국 나를 어느 자리로든 인도할 것이다. 너무 힘들어서 포기하고 싶을 수 있다. 그래도 견뎌보자. 그것이 인내고, 인내는 반드시 당신에게 피할 길과 살만한 여유를 선물할 것이다.

유능한 사람보다, 탁월한 사람보다, 먼저 건강한 사람이 되자. 그것이 결국 나와 공동체 모두를 살리는 길이다. **세상에 단 하나 밖에 없는 존재, 가장 유일하고 아름다운 존재, 그것이 바로 당신이다. 힘내자. 오늘 하루도 괜찮다.**

불안한 감정의 실타래를 풀어줄 심리철학 에세이

나는 왜 불안한가

초판 1쇄 인쇄 2025년 11월 3일
초판 1쇄 발행 2025년 11월 20일

지은이 조영우

펴낸이 정용수
책임총괄 강선혜
편집장 차인태
진행 윤소연
본문·표지 디자인 최선희
영업·마케팅 정경민, 이은혜
제작 김동명 **관리** 윤지연

펴낸곳 ㈜예문아카이브
출판등록 2016년 8월 8일 제2016-000240호
주소 경기도 파주시 광인사길 79 4층(문발동)
문의전화 02-2038-3372 **주문전화** 031-955-0550 **팩스** 031-955-0660
이메일 archive.rights@gmail.com **홈페이지** ymarchive.com **인스타그램** yeamoon.arv

ISBN 979-11-6386-519-3(03190)

ⓒ 조영우, 2025

㈜예문아카이브는 도서출판 예문사의 단행본 전문 출판 자회사입니다.
널리 이롭고 가치 있는 지식을 기록하겠습니다.
이 책 내용의 전부 또는 일부를 이용하려면 반드시 저작권자와 ㈜예문아카이브의 서면 동의를 받아야 합니다.
* 책값은 뒤표지에 있습니다. 잘못 만들어진 책은 구입하신 곳에서 바꿔드립니다.